GW

Über den Deister gehn

Wahre Geschichte(n)
Sagen und Märchen
von
diesseits und jenseits des Deisters

Eine heimatkundliche Sammlung in zwei Bänden

Band 1

zusammengestellt
von
Gudrun Wildhagen und Udo Mierau

Impressum

Autoren	Gudrun Wildhagen, Udo Mierau
Herausgeber	Heimatbundgruppen Bad Münder und Barsinghausen im Heimatbund Niedersachsen e. V.
Verlag	Gudrun Wildhagen, Barsinghausen, 1996 4. Auflage 1998
Druck u. Herstellung	J. C. Erhardt GmbH, Springe

ISBN 3-9803489-5-4

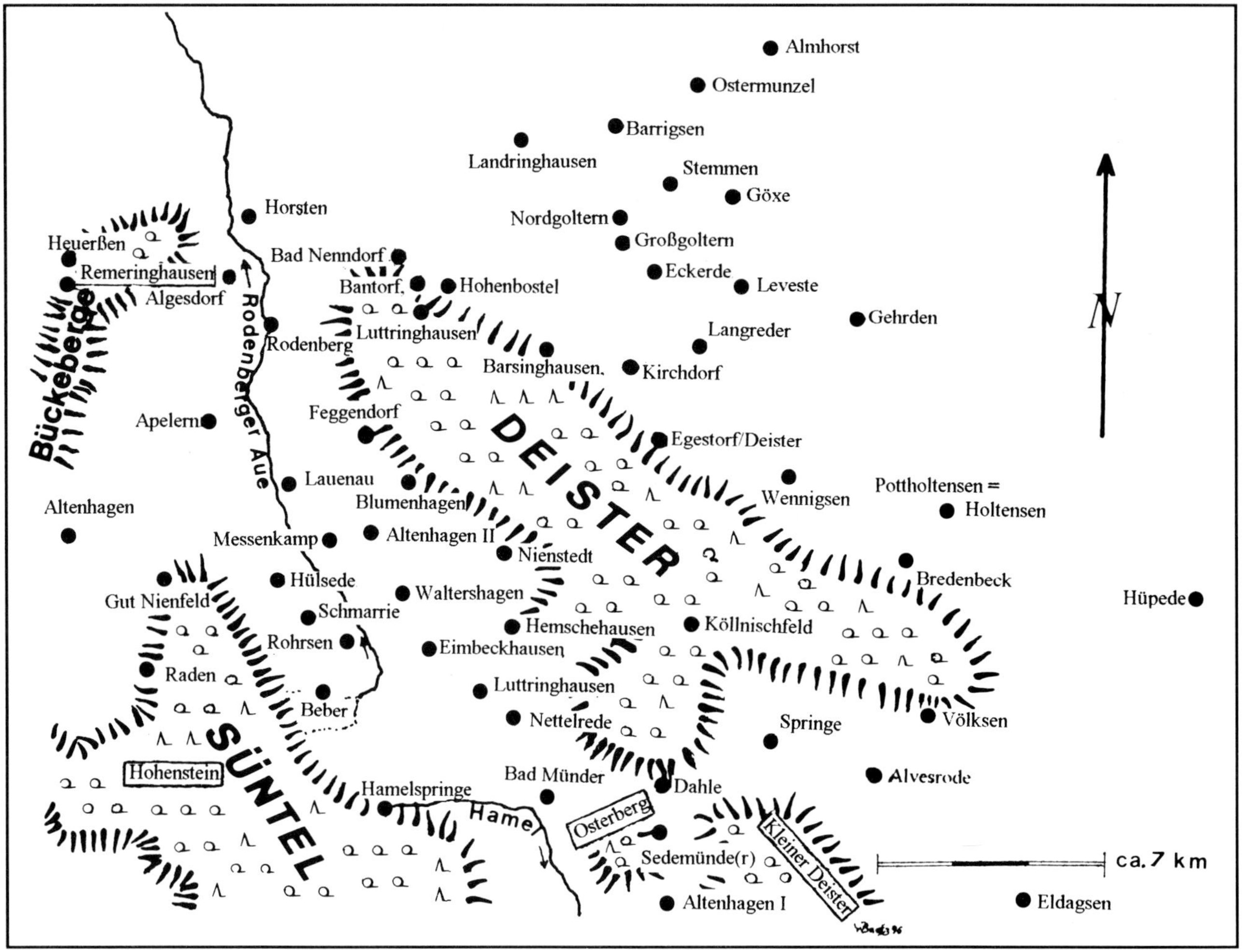

Überblick über die Lage der Orte,
in denen unsere Erzählungen spielen
(Zeichnung von Werner H. Baatz, Bad Münder, nach Angaben von Udo Mierau)

Ortsverzeichnis*

Algesdorf, Almhorst, Alvesrode, Altenhagen, Altenhagen I/Sedemünde(r), Altenhagen II, Apelern,
Bad Münder, Bad Nenndorf
Bantorf, Barrigsen, Barsinghausen, Beber, Blumenhagen, Bredenbeck,
Dahle, Deister,
Eckerde, Egestorf/Deister, Eimbeckhausen, Eldagsen,
Feggendorf
Gehrden, Göxe, Großgoltern,
Hamelspringe, Hemschehausen, Heuerßen,
Hohenbostel, Hohenstein, Holtensen bei Bredenbeck, Horsten, Hülsede, Hüpede,
Kirchdorf, Kleiner Deister, Köllnischfeld,
Landringhausen, Langreder, Lauenau, Leveste,
Luttringhausen/Bad Münder, Luttringhausen/Bantorf,
Messenkamp,
Nenndorf, Nettelrede, Gut Nienfeld/Pohle, Nienstedt am Deister, Nordgoltern,
Raden, Remeringhausen, Rodenberg, Rohrsen bei Eimbeckhausen,
Osterberg, Ostermunzel,
Pottholtensen = Holtensen bei Bredenbeck,
Schmarrie, Springe, Stemmen, Süntel,
Völksen, Waltershagen, Wennigsen

* Die Ortsangaben hier beschränken sich auf den jeweils räumlichen Kernbereich der einzelnen Sagen, Märchen und Geschichten. Ein ausführliches Ortsregister erscheint am Ende des zweiten Buches.

Zur 4. Auflage (1998):

„Das Bemühen, die (neue) Heimat kennenzulernen - ihre Landschaft, ihre Geschichte und Kultur, ihre Sprache, ihre Menschen in ihrer Eigenart - ist ein Ventil, um mit dem Heimweh fertig zu werden.“ Diese Aussage von Gudrun Wildhagen in einer Reportage vor etlichen Jahren steht groß über dem Wirken von Gudrun Wildhagen und Udo Mierau.

Udo Mierau aus Danzig, geboren 1938 in Zoppot, 1945 abenteuerliche Flucht (Wilhelm Gustloff-Tragödie) nach Nienstedt/Deister, aufgewachsen dann in Eimbeckhausen, dort heute noch wohnhaft. Mittlere Reife (Realschulabschluß), abgeschlossene Kaufmannslehre, anschließend in verschiedenen kaufmännischen Positionen. 1964 Heirat, 3 Kinder, 3 Großkinder. Tagesvollstudium der Betriebswirtschaftslehre, seit 1975 „staatl. gepr. Betriebswirt“. Bis zum beruflichen Ruhestand 1996 20 Jahre Einkaufs- und Marktleiter einer großen Lebensmittelfirma. Lange aktiv in Kommunalpolitik, zahlreichen Vorstands- und Ehrenämtern im Sport, bei den Wanderfreunden und im Heimatbund. Autor von Heimat- und naturkundlichen Veröffentlichungen.

Gudrun Wildhagen aus Franken, geboren 1931 in Bamberg, aufgewachsen in Nürnberg. Abitur, Banklehre. 1952 Heirat und Familiengründung in der Heimat ihres Ehemannes Lothar Wildhagen im Calenberger Land (Barsinghausen) im „Hannoverschen“, 3 Kinder, 4 Großkinder, excellente Hausfrau. Vollstudium Pädagogik Universität Hannover (Erwachsenenbildung, Sprachen, Volkskunde), Diplompädagogin seit 1981. Langjährige Arbeit in der Volkshochschule, Lehraufträge an staatlichen Schulen. Organisation von 6 regionalen Kunstausstellungen. Aktive Mitarbeit im Deutschen Hausfrauenbund und im Heimatbund Niedersachsen, zahlreiche Vorstands- und Ehrenämter. 1991 Gründung eines Buchverlages, Autorin, Mitautorin, Herausgeberin von Büchern auf volks- und heimatkundlichem Gebiet. Erstmalig und einmalig: Märchen von Hermann Löns, herausgesucht aus ihrer verstreuten Einbettung in dessen verschiedenen Büchern und seiner journalistischen Arbeit.(„Unter dem Schornsteinkleid...“)

Gudrun Irene Wildhagen, geb. Rosenbauer, ist im Juli 1998 verstorben. Ihr Verlag wird weiter geführt. Beide Bände „Über den Deister gehn“ erfahren kurz nach ihrem Tod eine Neuauflage. Die von ihr begonnen Überarbeitung des 2. Bandes besorgten Lothar Wildhagen und Carsten Stepniak/Barsinghausen, dem großer Dank gebührt.

Vorwort

„Wahre Geschichte(n), Sagen und Märchen . . .“, dieser Untertitel mag aufhorchen lassen. Macht sich in ihm doch Widersprüchliches und Gemeinsames zugleich sichtbar.

Märchen, diese Geschichten aus Phantasie und Poesie sind an sich zeitlos und ortsungebunden. Allerorten finden sie sich wieder mit gleichem Inhalt und nach immer wieder ähnlichem Muster. Aber in den kleinräumig umgrenzten Lebensräumen der Menschen entfalteten sie mit unzähligen örtlichen Abweichungen ihr eigenes Leben. Gerade das lockt die Neugier, ihnen im umgrenzten heimischen Bereich nachzuspüren. Sie erscheinen im zweiten Band.

Die finsteren, geheimnisvollen Wälder, die weit in die große Ebene reichten, und die unheimlichen Moore, waren in unserer Gegend das Umfeld, in dem diese Märchen entstanden. In der unwirtlichen Gegend um Deister und Süntel konnte man sich gewaltig verlaufen und verirren. Da wohnten die kleinen Erdgeister, die Zwerge, in ihren Behausungen tief unter der Erde, die sie durch abgelegene Klüfte und geheimnisvolle Löcher erreichten. Dort hüteten sie ihre Schätze. Sie waren eigentlich immer auf ihren Vorteil bedacht, auch wenn sie sich manchmal gut und hilfreich zeigten. Wenn sie einmal Gewalt über einen Menschen hatten, ging es meist nicht ohne Schaden aus. Ihre Gegengeister waren manch gute Fee und manch guter Geist, die verirrten Menschen aus der Verirrung in der Wildnis heraushalfen und ihnen den Weg in ein Leben voller Glück und Freude zeigten. Und dann waren da noch die Riesen, hünenhafte Gestalten, deren Anblick zwar Angst auslöste, die aber als gutmütig galten und niemals den Menschen etwas Böses antaten.

Wie nun Phantasie und Poesie zum Märchen gehören, so gehören Phantasie und Wahrheit zur Sage, ja, sie gehen hier ineinander über. Der Sage liegt meist ein geschichtliches Ereignis zugrunde. Sie ist in der Regel zeit- und ortsgebunden und gibt wieder, „was man sagt“, das heißt, „was man erzählt“. Daran kann etwas Wahres sein. Oder nicht? Genaues weiß man nicht, oder nicht mehr. Doch manche Sage läßt sich kaum von einem wirklichen Ereignis trennen oder ist nur aufgrund dessen verständlich. Andere Sagen haben sich so verselbständigt, daß sie sich kaum mehr einordnen lassen. Und wieviele wahre Geschichten zu Sagen wurden, läßt sich gar nicht beantworten. Aber diese „wahren Geschichten“ sind es, die der Volksmund seit Jahrhunderten erzählt und erzählt und erzählt. Und der eine fügt dieses und der andere fügt jenes hinzu. Und nach mehrmaligem Erzählen hört sich die Geschichte schon ganz anders an, als sie sich ereignet hat und wird zur Sage. Viele Sagen stammen aus einer Zeit, in der es noch keine Zeitungen gab, in der nur wenige privilegierte Menschen überhaupt lesen konnten. Deshalb kann man davon ausgehen, je weiter eine Geschichte zurückliegt, um so sagenhafter ist ihre Aussage. Und je mehr Nähe eine Sage zu unserer Zeit hat, um so mehr trägt sie von ihrem geschichtlichen Ursprung in sich.

Auch von der wahren Geschichte, die hinter diesen Sagen steht, den nüchternen Fakten im Zeitablauf und ihrem Zusammenhang, soll in diesem Buch einiges sichtbar werden. Trotzdem ist unser Buch kein Geschichtsbuch. Es soll aber die Sagen und Geschichten einbetten in den geschichtlichen Zusammenhang , mit dem sie und ihre Entstehung verbunden sind. Es ist geschrieben sowohl für den, der hier zuhause ist, als auch für den, der dieses Land an Süntel und Deister näher kennenlernen möchte. Es ist das Gebirge am Nordrand der deutschen Mittelgebirge: das Deister-Sünteltal südlich, und die Deistermulde nördlich des Deisters mit den Bergen im Vorland, dem Stemmer Berg, dem Benther Berg und dem Gehrdener Berg. Nur ab und zu greift die eine oder andere Darstellung einmal darüber hinaus, wenn es uns für das Verständnis des Zusammenhangs sinnvoll erscheint. Wer sich auf diese Geschichten einläßt, dem erschließt sich eine staunenswerte Welt. Mit kindlichem Vergnügen wird er entdecken, daß hinter mancher Sage ein ganz natürliches Geschehen steckt, natürlich in ihrer Zeitlichkeit, in ihrer Ortsgebundenheit und in ihrer Erlebenskraft. So vereinigt dieses Buch Märchen, Sagen und wahre Geschichten gleichwertig und führt dem Leser ihr Nebeneinander und Miteinander vor Augen. Gerade in dieser Zusammenschau lag für uns der Reiz, dieses Buch zu machen. Es wird auch den Blick öffnen in das Fühlen und Denken, Erdulden und Ertragen, Annehmen und Tun, in Schicksal und Geschichte der Menschen, die seit Jahrhunderten hier leben.

Wir haben für dieses Buch Veröffentlichungen aus alten Büchern, Zeitschriften und Zeitungen herangezogen, originale Berichte und viele mündliche Überlieferungen aus langen Gesprächen festgehalten. In Chroniken und Lehrerheften wurden wir fündig, und alten Landkarten entnahmen wir manchen Hinweis. Ohne die mühevolle Arbeit vieler heimatverbundener Menschen vor uns wäre dieses Buch nicht möglich geworden. Wir gedenken ihrer in Dankbarkeit. Da sind die Brüder Carl und Theodor Colshorn zu nennen, die in der Mitte des vorigen Jahrhunderts Märchen und Sagen aus dem Land Hannover nach mündlicher Überlieferung festgehalten haben. Der heimatkundlichen Sammlung von Ida Schulze verdanken wir manche Geschichte und manchen Hinweis. Auch in den heimatgeschichtlichen Veröffentlichungen von Alma Seidel haben wir wahre Geschichte und Geschichten gefunden. In ihrem Archiv, das seit ihrem Tode von ihrem Ehemann Hansjoachim Seidel betreut wird, schlummert noch viel Interessantes. Seltenes Material stammt aus dem Archiv von Wolfgang Ewig, Barsinghausen. Stedler, Parisius, Kageler, Bock, Mithoff, und viele andere haben mit ihren heimatkundlich-geschichtlichen Veröffentlichungen unsäglich viel bewahrt, das nur durch sie weiterlebt. Wir haben dankbar darauf zurückgegriffen.

Wer dieses Buch gelesen hat, wird künftig manches mit anderen Augen sehen, als bisher, wird vieles verstehen und vielleicht auch annehmen: die Kargheit der öffentlichen Bauten, Kirchen und Denkmale, die Bescheidenheit der Dörfer, die Wesensart der Menschen hier. Wir würden uns freuen, wenn unser Buch auch dazu beitragen würde, manches Märchen, manche Sage und manche Geschichte vor dem Vergessen zu bewahren, sind sie doch Zeugnis von Kultur und Geschichte für eines der interessantesten Gebiete Niedersachsens.

Dank sagen wir all denen, die uns zu unserem Buche geholfen haben. Ganz besonders danken wir Frau Marlies Berndt, Rodenberg. Frau Berndt hat für dieses Buch viele Geschichten aus dem Rodenberger Raum zusammengetragen und ausgearbeitet. Herrn Werner Baatz, Bad Münder, danken wir für die Anfertigung der Übersichtskarten und verschiedener Zeichnungen. Herr Lothar Wildhagen, Barsinghausen, hat die mühevolle historische Bearbeitung übernommen und Herr Helmut Baars, Eimbeckhausen, hat das Buch lektoriert. Beiden Herren sei aufs herzlichste gedankt.

Und nun noch ein Wort zu unserer Sammlung von wahre(n) Geschichte(n), Sagen und Märchen von diesseits und jenseits des Deisters: Sie ist so umfangreich geworden, daß wir uns entschlossen haben, sie wegen der besseren Handhabung auf zwei Bände aufzuteilen. Der zweite Band, der im wesentlichen fertiggestellt ist, wird im nächsten Jahr erscheinen.

Bei der Bewältigung der umfangreichen Schriften und Überlieferungen haben wir es wieder einmal erfahren, welches Eigenleben und welche Wirksamkeit in ihnen steckt. Erinnerungen wurden plötzlich wach und reihten sich als Kette aneinander, Rückbesinnung auf Gehörtes, Gelesenes, Erlebtes. Wir würden uns sehr freuen, wenn unser Buch hier und da dem Leser Anstoß geben würde, sich zu erinnern und ihn ermutigte, sich mit uns in Verbindung zu setzen, um Erinnernswertes vor dem Vergessen zu bewahren.

Im Jahr 1996

Gudrun Wildhagen
Barsinghausen

Udo Mierau
Eimbeckhausen/Bad Münder

Inhaltsverzeichnis - Band 1 -

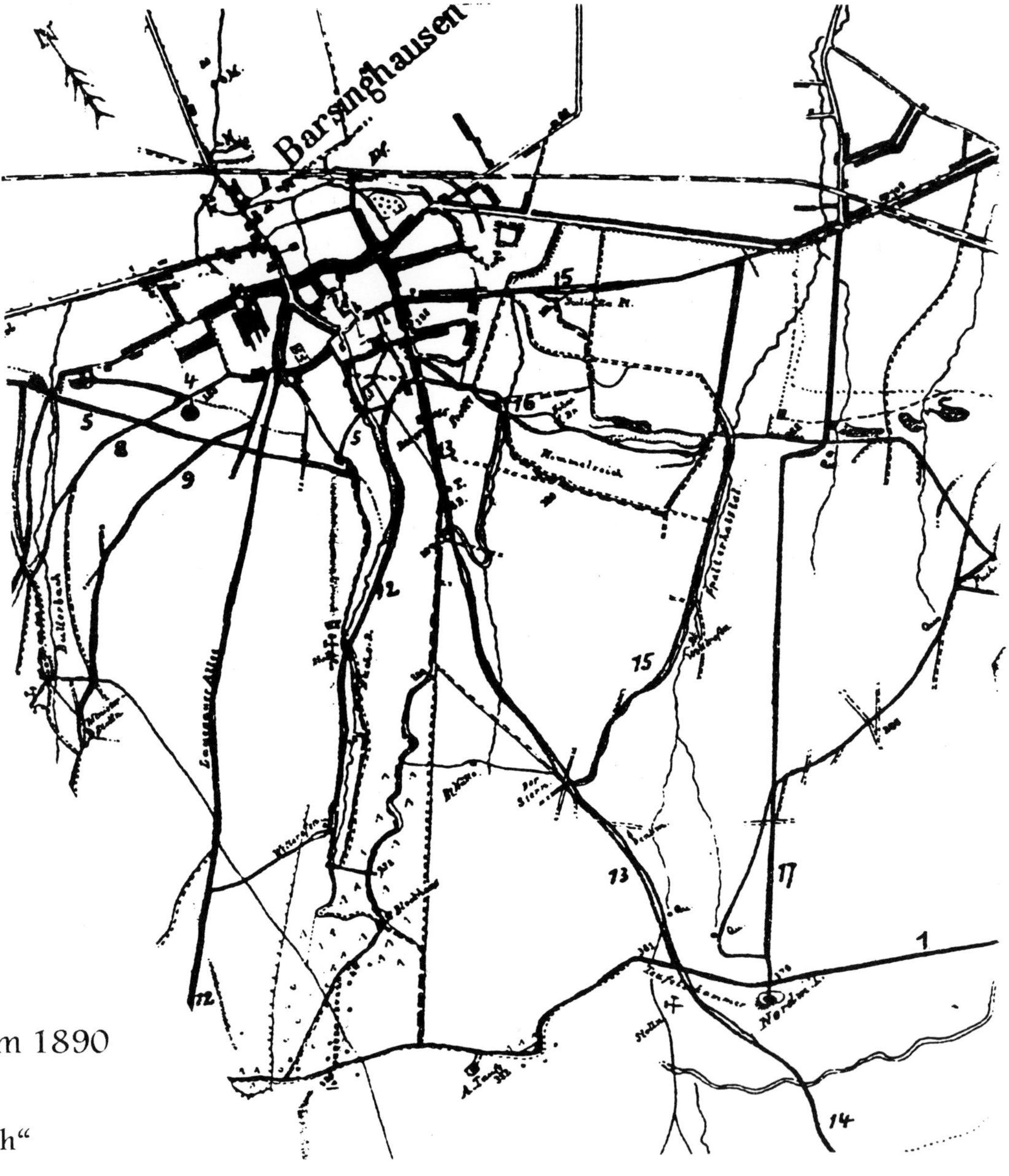

Tourenkarte um 1890
von H. Lehmann
- Ausschnitt -
mit „Himmelreich“

Über den Deister gehn

„Über den Deister gehn“ - eine Einleitung -

Der Deister ist das nördlichste deutsche Gebirge. Von Süden/Südwesten her steigt er als gewaltige Masse aus dem Deister-Süntel-Tal empor; zum Norden/Nordosten fällt er sacht ab und läuft in die Tiefebene aus mit ihren Geest- und Moorlandschaften. So ist der Deister ein natürliches Hindernis, eine landschaftliche und klimatische Grenze, die seit der Eiszeit (Elstereiszeit 350 000 - 250 000 v. Chr.) nachweisbar ist. Der Deister ist seit alters her auch eine politische Grenze. Über den Höhenzug führen eine Paßstraße, über seine nördlichen und südlichen Ausläufer zwei uralte Fernwege, die an diesen Stellen mit wenigen Kräften leicht zu sperren waren. Für den einzelnen und die Gemeinschaft war der Deister oft auch eine Schicksalsgrenze - zu Glück und neuem Leben oder zu Not und Untergang. Wer „über den Deister ging“*, der war erst einmal weg. Zu Glück? Zu Unglück? Wer weiß!

Wer den Deister von Süden nach Norden überquerte, wie schon im Mittelalter der Lauensteiner Bauernjunge Henneke Knecht, der als Schiffsmann das große Abenteuer suchte, vor dem dehnte sich die unendlich weite Tiefebene aus, lagen die Küstenstädte und die Häfen mit ihren Verdienstmöglichkeiten, das weite Meer, das ferne Amerika, die Neue Welt - die ganze Welt. Und da winkten die Freiheit, die große Chance, die Zukunft. Auch wer Schuld auf sich geladen hatte oder ein aus politischen Gründen Bedrängter, konnte sich der Verfolgung entziehen, indem er „über den Deister“ ging und damit von einem hoheitlichen Gebiet in ein anderes wechselte.

Den Deister überquerten die Hollandgänger, die Seefahrer, die Auswanderer. Die Hollandgänger arbeiteten während des Sommers in den Häfen des Nachbarlandes und fanden dort guten Verdienst. Sie kamen im Winter wieder zurück. Bei den Seefahrern war man sich dessen nicht so sicher, blieb so mancher für immer draußen. Die Auswanderer aber kamen nur in seltenen Fällen wieder, denn die Überquerung des Ozeans zwischen der Alten und der Neuen Welt war gefahrvoll und kostete viel Geld, und das Leben drüben war schwer. Nur einzelne brachten es dort wirklich zu etwas. Wer „über den Deister ging“, dem drohten in der Fremde also auch Gefahren, Verlorenheit, Verderben und Untergang.

Nicht immer warteten erst in der Fremde Glück oder Unglück. Oft wurde der Deister selbst zum Ort schicksalhaften Geschehens. An dieser natürlichen Barriere verminderte oder brach sich der Ansturm der Feinde. Auf jeden Fall aber kostete seine gewaltsame Überwindung einen hohen Preis. Das war schon zu Zeiten der Römerzüge so, und auch als die Sachsen gegen Karl den Großen und seine Christen für ihre Freiheit kämpften. So mancher, der „über den Deister“ gebracht wurde, endete auf dem großen Opferstein der alten Sachsen, der „Alten Taufe“, oder in den heiligen Stätten des Süntels. In vielen unserer Märchen, Sagen und wahren Geschichten wird dieser geheimnisvolle Bezug zum Land rings um den Deister sichtbar.

„Über den Deister gehn“ ist zu einer festen Redewendung unserer bildhaften Sprache geworden, der man in ganz Deutschland begegnen kann. Nur wenige kennen den Hintergrund, vor dem sich diese Redewendung verselbständigt hat. Sie wird auch auf Sachen übertragen und bedeutet deren Verlust: Was „über den Deister“ ist, das ist kaputt oder verloren, nicht mehr zu gebrauchen oder nicht aufzufinden. Für den Menschen ist die zweifache Bedeutung der Redewendung geblieben:

Wer einmal weg ist, der ist „über den Deister“ gegangen. Einen Menschen, mit dem man nichts mehr zu tun haben will, würde man am liebsten ‘über den Deister schicken’, damit er endlich verschwindet.

Allein am Klang des Tonfalls oder einer winzigen sprachlichen Abweichung erkennt man die andere Deutung dieser Redewendung. Der Deister wird zum Bestehen einer schicksalhaften Prüfung, eines Examens, einer Lebenskrise, einer Krankheit, eines Todeskampfes. Er ist (endlich) „über’n Deister“, er hat es endlich geschafft. Und wer noch nicht so weit ist, der ist eben „noch nicht über’n Deister.

So steckt in der Redewendung aus unserer Heimat auch Tröstliches: Ein Mitempfinden, ein Mitgehen, sich mit unabänderlichen Gegebenheiten abzufinden, einen Verlust anzunehmen, geänderte Situationen zuzulassen. Damit begründet der Ausspruch „über den Deister gehn“ auch manchmal einen neuen Anfang.

Hin und wieder wird die Ansicht vertreten, daß die Redewendung „über den Deister gehn“ ihren Ursprung in Nienstedt hat. Der Grund dafür ist die Tatsache, daß Nienstedt seit vielen Jahrhunderten eine Besitzung des Klosters Barsinghausen war. Beide Orte trennt der Deister. Darum mußten die Nienstedter zu Gottesdiensten, zu Beerdigungen, kurz zu allen kirchlichen und amtlichen Verrichtungen den Gebirgskamm überqueren, also „über den Deister gehen“. Auf der Grundlage der oben dargelegten Ausführungen erfaßt diese enge Auslegung aber nicht den ganzen Sinn des Ausspruchs „über den Deister gehn“.

* Auch anderswo finden wir natürliche topographische Grenzen - meist sind es Flüsse - bei denen sich aus ihrer Bedeutung eine ähnliche sprachliche Fixierung in einer allgemeinen Redewendung gebildet hat, beispielsweise beim biblischen Jordan „über den Jordan . . .“ oder im benachbarten Westfalen bei der Wupper „über die Wupper .. .“

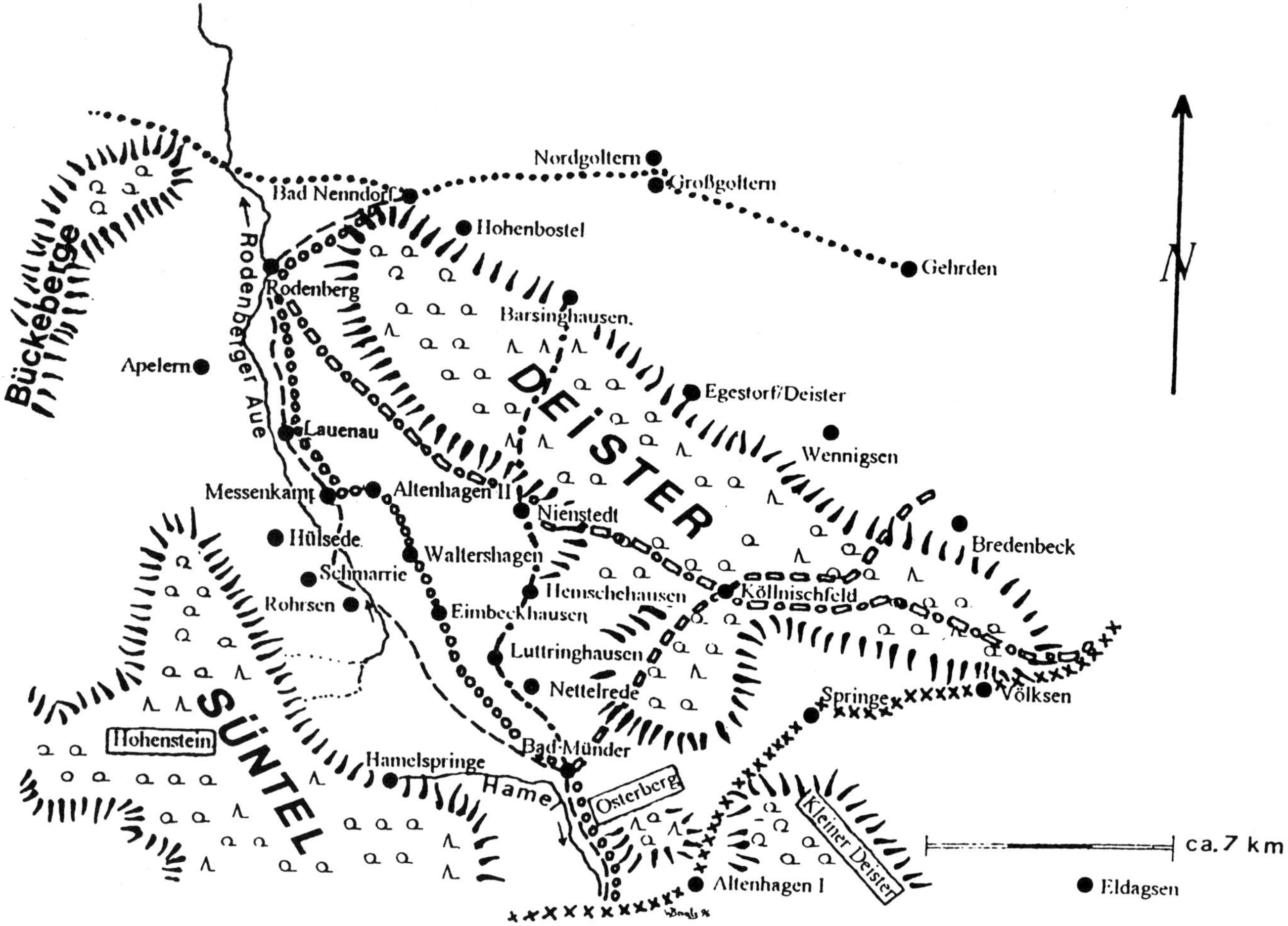

••••• Helweg vor dem Samtforde

---- Suntalweg

ooo Poststraße

□□□ Münder-Heerstraße

–•–• Römerweg u. Solpad u. St. Annen Pfad

o□o Hügelgräber-Heerweg

xxx Kunststraße Hannover-Hameln

Alte Wege über und um den Deister
(Zeichnung von Werner H. Baatz, Bad Münder, nach Angaben von Udo Mierau)

Alte Wege über und um den Deister

Die Wege sind es, über die die Menschen zueinander kommen, sei es im Guten oder im Bösen. Die Wege sind es, die die Wohnstätten der Menschen miteinander verbinden. Die Wege sind es, über die Waren, Begierden, Neuigkeiten, Krankheiten und Seuchen auch in die entlegensten menschlichen Siedlungen gelangen. Sie spielen eine große Rolle in der Geschichte allgemein und bedingen neben den unmittelbar örtlichen Verhältnissen auch das Geschehen in den Dörfern und Städten. Das wird erzählt, wird weitererzählt, von Generation zu Generation, wird zur selbständigen Geschichte, wird zur Sage. Und so sind es auch Leben und Treiben auf den Straßen und Wegen über und um den Deister, die manches Märchen, manche Sage und manche wahre Geschichte unseres Raumes mit bildhaftem Leben erfüllen und ihm den Zugang in die Welt unserer Phantasien und Vorstellungen öffnen. Ein kurzer Blick auf einige dieser Wege scheint uns deshalb an dieser Stelle angezeigt.

Über den Deister führten seit alters her Fußpfade, oft steil und unbequem. Sie verbanden auf kürzestem Wege das Deister-Süntel-Tal mit der Deistermulde, die auch „das Land unterm Deister" genannt wird. „Über den Deister" kommt man aber auch, wenn man ihn an seinen Ausläufern überschreitet, wie es durch die Hamelner Chaussee einerseits und den Helweg vor dem Santforte andererseits geschieht.

Der **Helweg vor dem Santforte*** war eine der wichtigsten Verkehrsadern im nordwestlichen Deutschland und führte von Xanten am Niederrhein in die unteren Länder der Elbe. Schon vor 2000 Jahren benutzten ihn die römischen Legionen als Militärstraße, als „via militaris". In unserer näheren Heimat führte er an der Porta Westfalica vorbei, durchzog Minden, Bückeburg, umging die Bückeberge nördlich über Obernkirchen, Stadthagen und Apelern, südlich über Kleinenbremen zum Knotenpunkt Lauenau, berührte bei Nenndorf die Ausläufer des Deisters und ging weiter über Gehrden, Ronnenberg, Pattensen, Sarstedt nach Hildesheim. Seine Trasse entlang der Ostwesthöhenzüge der norddeutschen Tiefebene ist in unserem Raum in Teilbereichen mit wenigen Abweichungen noch jetzt im Verlauf der Bundesstraße 65 (Minden - Hannover) und der Bundesautobahn (BAB 2) zu erkennen. Bei den jahreszeitlich durch Hochwasser und Frostaufbruch verursachten unterschiedlichen Wegeverhältnissen in der Deistermulde verlief er mit Sicherheit seit alters her mehrspurig. Er wich zeitweilig in höhere Berglagen am Deister (heute etwa L 391 über Bantorf - Hohenbostel) oder am Stemmer Berg aus. In der Zeit der französischen Verwaltung unter Napoleon wurde die große Straße zwischen Hannover und Bad Nenndorf als „Nenndorfer Chaussee" ausgebaut. Der andere wichtige Fernweg war die Münder Heerstraße/Hamelner Chaussee.

* Alle bedeutenden befestigten Straßen wurden Heerwege (Helwege) genannt. Es gab überregional wichtige Heerwege = Fernstraßen, sowie regionale Heerwege untergeordneter Bedeutung, die das Land kleinräumig erschlossen. Die Schreibweise variiert sehr. Man begegnet in Urkunden und in der Literatur u. a. folgenden Schreibweisen: Santford, Samtfort, Sanduort. Ihren Namen „Helweg vor dem Santforte" hatte diese wichtige Fernstraße in unserem Bereich von einer Strecke zwischen Minden und Bückeburg, wo sie unter dem Wald „Santfort" ihren Verlauf nahm.

Die **Münder Heerstraße** verlief von Münder über Köllnischfeld über den Deister nach Hannover und verband die Residenzstadt mit der ehemals bedeutenden Festung Hameln, dem 'Gibraltar des Nordens'. Auf ihr transportierten auch die Münderschen Salzpfänner ihre Salzfuder nach Hannover. Sie wurde in den Jahren 1766 bis 1771 durch die **Hamelner Chaussee** ersetzt. Diese legte die kurfürstliche Wegebau-Intendance als eine der ersten Kunststraßen im Kurfürstentum Hannover an. Die Leitung hatte der damals erst dreißig Jahre alte Ingenieur-Offizier Anton Heinrich du Plat. Als Packlage diente eine tiefe Schicht Kalkstein aus den Bredenbecker Steinbrüchen, die oberirdisch mit feinerem Material abgedeckt war. Die alte Münder Heerstraße verlor damit ihre Bedeutung, wurde aber als Kohlenabfuhrweg weiter genutzt und, vor allem auf der Seite Wennigsen/Bredenbeck, für diesen Zweck ausgebaut. Die Hamelner Chaussee ist heute die Bundesstraße 217.

Von dem „Helweg vor dem Santforte" zweigte ein nach Süden zur Hamelner Chaussee führender Heerweg ab, der das Deister-Süntel-Tal erschloß: **Der Suntalweg.** Er war Teil der großen Verbindung zwischen Neustadt und Einbeck und entsprach in seinem Verlauf in etwa der Bundesstraße B 442 in unserem Raum. Über den alten Verkehrsknotenpunkt Lauenau verlief er wahrscheinlich weiter über Schmarrie, an Rohrsen vorbei nach Eimbeckhausen. Dann ging er an Böbber vorüber nach Münder und Hachmühlen. Hier gabelte sich der Weg einerseits über Bisperode und Eschershausen nach Einbeck, andererseits über Afferde nach Hameln. Längs der westfälischen Seite des Suntalweges zog sich von Rodenberg bis Lauenau eine von der Aue durchflossene Sumpf- und Wasserfläche hin, die sehr groß gewesen sein muß. Das beweisen mehrere hier aufgefundene Eichenkähne. In dieser Landschaft sind auch die Sagen von Wassergeistern, Waterpooken, Elben und Luchtbolden entstanden, die wir in unserer Sammlung aufgenommen haben (siehe Kapitel: Wassergeister, Gespenster und ruhelose Geister). Eine alte Flurbezeichnung in der Eimbeckhäuser Feldmark heißt noch heute „Hinter dem Heerwege", eine Straße in Bad Münder trägt die Bezeichnung „Am Helwege".

Auf halber Höhe am Südhang des Deisters verlief parallel zum Deisterkamm ein, die Grenze zwischen den herzoglichen Forsten und den Stadt- und Gemeindewäldern von Springe, Münder, Nettelrede und Eimbeckhausen bildender Weg an vielen Hügelgräbern vorbei. Er mag zu einer Zeit, als das Deister-Süntel-Tal wegen seiner ausgedehnten Sümpfe nur schwer zu passieren war, eine wichtige Verbindung auf der Südseite des Deisters gewesen sein. Über seine Bedeutung laufen zur Zeit noch Nachforschungen. In dem hier beschriebenen Straßennetz soll er als **Hügelgräber-Heerweg** bezeichnet werden. An seinem Rande stehen noch heute Grenzsteine, die auf der Vorderseite das welfische Wappen mit zwei springenden Löwen, auf der Rückseite die Wolfsangel und die Jahreszahl 1602 tragen. Sein Verlauf ist denkbar in nordwestlicher Richtung zum Suntalweg und über Rodenberg zum „Helweg vor dem Santforte".

Eine das Deister-Süntel-Tal durchquerende **Poststraße** führte von Haste kommend über Nenndorf, Lauenau, Messenkamp, an Waltershagen vorbei über Eimbeckhausen nach Münder und verband die beiden großen Poststraßen in unserem Raum: Hannover - Bückeburg und Hannover - Hameln. Das waren zu Beginn des Eisenbahnzeitalters 1850 die beiden wichtigsten Kurse für die Schnell- und Personenpost in unserem Raum.

Bereits im Jahre 1640 begann der Hildesheimer Kaufmann Hinüber mit dem Aufbau des Postwesens im Kurfürstentum Hannover, und zwar zunächst durch reitende, ab 1652 auch durch fahrende Post. 1736 übernahm die Kurfürstliche Post das System und baute es in seinen beiden Zweigen weiter aus.

Von den über den Deister führenden Wegen ist heute die Landesstraße 401 über den **Nienstedter Paß** der wichtigste. Er ist die einzige befahrbare Straße über das Gebirge und verbindet Barsinghausen/Egestorf mit Nienstedt, oder die B 65 (Göxe) mit der B 442 (Eimbeckhausen). In früheren Zeiten, als man noch zu Fuß über den Deister ging, benutzte man einen uralten in unmittelbarer Nähe der „Teufelskanzel" (Kapitel „Der Teufel im Deister") verlaufenden Pfad. Es ist der **Nienstedter Kirchweg,** die kürzeste Verbindung zwischen Barsinghausen und Nienstedt und noch heute ein beliebter Waldweg. Ihn benutzten die Einwohner von Nienstedt, wenn sie zur Kirche oder zum Amt nach Barsinghausen wollten. Da die Nienstedter keine eigene Kapelle und keinen eigenen Friedhof besaßen, mußten sie auch mit ihren Toten über den Deister nach Barsinghausen gehen. Da kam es immer wieder vor, daß die Sargträger stolperten und besonders im Winter auf Eis und Schnee ausrutschen, wobei ihnen der Sarg aus den Händen glitt und unsanft in den Schnee fiel. Es soll sogar vorgekommen sein, daß der Tote aus seinem Sarg herausfiel. Um dieser Unbill ein Ende zu bereiten, bekamen die Nienstedter dann eines Tages doch eine eigene Kapelle und auch einen eigenen Friedhof.

Überhaupt war die Verbindung des Klosters Barsinghausen zur Südseite des Deisters und zum Deister-Süntel-Tal recht intensiv, weil das Kloster dort erhebliche Besitzungen hatte. Dazu gehörte wohl einst auch die 13 Morgen große Nonnenwiese. Diese Wiese soll das Kloster Barsinghausen einst dem Vollmeierhof Nr. 1 in Milliehausen/Eimbeckhausen unter der Bedingung geschenkt haben, daß der jeweilige Besitzer den Nonnen Übernachtung gewähren mußte, wenn sie zwischen Barsinghausen und Münder unterwegs waren und derer bedurften.

* Die Nonnenwiese liegt, durch einen Wanderweg getrennt, unmittelbar hinter den Fischteichen hinter dem Landschulheimgelände. Nach Süden wird sie durch den Walterbach begrenzt, an der nördlichen Begrenzung ist ein noch in Konturen angedeuteter Wassergraben erkennbar, der einst zu einem der Fischteiche führte. Daß an der Sage etwas Wahres dran ist, läßt sich daraus schließen, daß die Nonnenwiese, obwohl sie ein Nienstedter Flurstück ist, seit altersher - man weiß nicht, seit wann - zum Eigentum des oben genannten Hofes gehörte. Als der letzte Eigentümger des Hofes, W. Dieckmann, nach dem zweiten Weltkrieg unverheiratet starb, wurde sein Land an die Erben verteilt. Dabei kam die Nonnenwiese in das Eigentum des Landwirts Platte in Eimbeckhausen/Milliehausen.

Anmerkung: Im Jahr 1970 suchten wahrscheinlich Mitglieder der Baader-Meinhof-Gruppe (Rote- Armee-Fraktion) Unterschlupf in einem kleinen Waldhäuschen, das am Rande einer Wiese im Walterbachtal steht. Ein Zeitzeuge berichtet, er sei gerade mit Heumachen beschäftigt gewesen, als ein mit mehreren Personen besetzter PKW mit hannoverschem Kennzeichen von der Kreisstraße Nienstedt-Messenkamp her den Waldweg herunterkam. Kurz darauf sei ein junger Mann auf ihn zugekommen und habe ihn nach der Walterbachquelle gefragt. Er wollte Trinkwasser holen. Wenige Tage später wimmelte es im Tal von Polizisten. Sie fahndeten vornehmlich nach Ulrike Meinhof, die sich da versteckt halten sollte. Die Suchaktion war aber erfolglos. Die Gesuchten waren wahrscheinlich gewarnt worden und hatten das Walterbachtal bereits verlassen.

Der Nienstedter Kirchweg änderte seinen Namen mehrmals. Nach einer alten Karte des ehemaligen Buchhändlers Nolte aus Barsinghausen hieß er früher einmal **„Römerweg"**. Auf ihm sollen einst gefangene

Römer von den Cheruskern zu den heiligen Stätten auf dem Deister gebracht oder über den Deister zu den heiligen Stätten auf den Süntel geführt worden sein, um dort geopfert zu werden (siehe Kapitel: Alte Taufe).

Stedler meint, daß wir im Nienstedter Kirchweg möglicherweise den **Sankt-Annenpfad** vor uns haben, auf dem einst die Pilger vom Norden des Deisters nach Sankt Annen bei Münder wallfahrteten (siehe Kapitel: Sankt Annen). Westlich dieses Weges liegt oberhalb der großen Kurve vom Schwarzen Weg eine Waldflur mit dem Namen „Am St.-Annenpfad". Der bergan führende Weg geht durch den Sankt Annenborn und kommt an einem Kamp vorbei, der, nach Stedler, früher „Sankt Annenkamp" hieß. Der lag auch westlich des Weges. Nach einer uralten, verloren gegangenen Sage soll hier einst eine Sankt-Annen-Kapelle gestanden haben. Den Namen „Sankt-Annenpfad" büßte der Weg wahrscheinlich im Zuge der Reformation ein, als Herzogin Elisabeth im 16. Jahrhundert die Abgötterei abschaffte und auch die damalige Wallfahrtstätte Sankt Annen bei Bad Münder zerstören ließ. Nach Weber (Flurnamensammlung des Landkreises Hannover/Egestorf) war der Sankt-Annen-Pfad auf Barsinghäuser Seite aber - jedenfalls von 1600 bis 1700 - nicht identisch mit dem Nienstedter Kirchweg, sondern verlief etwa parallel dazu oberhalb des Fuchsbachtales und mündete erst jenseits des Kammweges auf den nach Nienstedt führenden Weg. Er dürfte aber, welchen Verlauf er auch einst nahm und welchen Namen er auch immer trug, noch viel älter sein: Schon im 6. Jahrhundert müssen ihn Menschen benutzt haben. Damals soll ein Händler *(oder war es ein Dieb?)* mehrere Ringe und Tüllenbeile* am Sankt-Annenpfad oberhalb von Barsinghausen vergraben haben. Der Fund wird als 'Hortfund von Barsinghausen' bezeichnet, ist einmalig und von großer Bedeutung. Er befindet sich im Museum in Rinteln.

* Der 'Hortfund von Barsinghausen' stammt aus der Zeit des Übergangs von der Eisenzeit zur Bronzezeit. Er setzt sich zusammen aus gleichartigen Gegenständen, von denen einige aus Eisen, andere aus Bronze sind. Es handelt sich wahrscheinlich um Handelsware und nicht, wie sonst bei solchen Funden, um Grabbeigaben. Es ist allerdings nicht auszuschließen, daß die Gegenstände aus kultischen Gründen niedergelegt wurden. (Lit.: Jacob Friesen., in: Einführung in Niedersachsens Urgeschichte - III. Teil: Die Eisenzeit. Verlag August Lax, Hildesheim 1974)

Streckenweise ist der Nienstedter Kirchweg identisch mit dem **Soltpad (Solpadd** - auch Salzpfad oder Salzweg genannt). Er heißt so, weil auf ihm die Salzträger von Münder das dem Kloster Barsinghausen aufgrund seiner Beteiligung an den Münderschen Salzpfannen zustehende Salz-Deputat über den Deister trugen.

Auch der von Barsinghausen über den Deister nach Nienstedt führende **Bierweg** gibt Anlaß, nach dem Ursprung seines Namens zu fragen. Die Bierbrauer sollen ihn gegangen sein, wenn sie das in der Barsinghäuser Klosterbrauerei gebraute Bier nach Nienstedt in die dortige Klosterbesitzung brachten.

Auf der Höhe des Deistergebirges führt der Kammweg entlang. Er wird in alten Karten in seinem Verlauf teils mit **„Fastweg"**, teils mit **„Egge"** bezeichnet. Sowohl „Fast" als auch „Egge" sind ganz allgemein Bezeichnungen für Gebirgsrücken.

Grenzsteine von 1602 entlang des Hügelgräber-Heerweges

Im Jahre 1602 wurde in einem Grenzvertrag zwischen Braunschweig-Calenberg und der Grafschaft Schaumburg beschlossen, entlang dieses Weges, an dem die Territorien der beiden Herrscherhäuser aneinanderstießen, Grenzsteine zu setzen. Den Vertrag unterschrieben die beiden Kanzler von Braunschweig-Calenberg und Schaumburg, Johann Jagemann zu Hardenberg und Anthon von Wietersheim zu Apelern im Stift Fischbeck am 17. Februar 1602. Mit dem Setzen der Steine wurde sogleich begonnen. Bereits am 10. August desselben Jahres waren zwischen der Bantorfer Höhe und dem Schmeersgrund und zwischen Hemschehausen und Köllnischfeld 15 Grenzsteine gesetzt und nach ihrer Lage beschrieben. Trotzdem hörten die Grenzstreitigkeiten nicht auf. Am 25. Juli 1611 beklagte sich der Rat der Stadt Münder bei dem Großvogt und Amtmann zu Calenberg, daß die Schaumburgischen die Grenzsteine „übel schinpieret, auch etliche Stücke von denselben menschling, mutwillig und freventlich geschlagen“ und sämtliche Grenzsteine vom Schaumburgischen Knick bis auf den Hohenstein verschleppt und teilweise zertrümmert haben. - Die noch vorhandenen Grenzsteine zeigen auf der Calenberger Seite (Staatsforstseite) zwei springende Löwen, das Kennzeichen des Hauses Braunschweig und auf der anderen Seite im Deister und im Waldgebiet des Amtes Lauenau eine senkrechte Wolfsangel als Symbol der Welfen, im Schaumburger Gebiet und im Deister-Sünteltal dagegen das Schaumburger Nesselblatt.

Schmeergrund, Stein Nr. 21
Seite des Amtes Calenberg

Grenzstein im Schmeergrund, Stein 21
Seite des Amtes Lauenau

Stein Nr. 8 am Süntelhang mit
dem Schaumburger Nesselblatt

Ein Grenzstein von 1602 mit der Ordnungszahl 15 steht heute auf der Grenze zwischen der Eimbeckhäuser Rittergutsforst und der Staatsforst am neugebauten Wege von Schmeersgrund nach Nienstedt. Auf der Eimbeckhäuser Seite ist die senkrechte Wolfsangel, das Hoheitszeichen der Welfen zu sehen, die andere, die Staatsforstseite, zeigt zwei nach links springende Löwen, das Hoheitszeichen des Hauses Braunschweig.

Die Wolfsangel

Die Wolfsangel ist ein altes hannoversches Jagd- und Forstzeichen und von der königlich hannoverschen Forstverwaltung schon im 17. Jahrhundert als Hoheitszeichen gebraucht. Sie erschien auf den Knöpfen der Forstuniformen, auf Forstwerkzeugen und wurde in zum Fällen betimmte Bäume eingeritzt.

Die Wolfsangel ist aber viel älter. Sie stammt wahrscheinlich aus dem altgermanischen Runenalphabet, bedeutet dort eoh = Eiche und hatte in ihrer ursprünglichen Bedeutung immer etwas mit Wald zu tun. Man findet sie aber auch als Haus- und Hof- und Gemeindemarke am Hause, auf gefällten Bäumen, auf Leichensteinen. Sowohl der niedere Adel, als auch Patriziergeschlechter, Bürger und Bauern verwendeten bis ins 12./13. Jahrhundert stehend oder liegend als Familienmarke. Sie ist auf verschiedene Weise in Wappen aufgenommen und wird auch heute wieder verwendet. Hermann Löns hatte die liegende Wolfsangel mit Durchstrich zu seinem Erkennungszeichen gewählt.

Die Wolfsangel fand auch symbolisch Verwendung: Liegend war sie eine Sieg-Rune. Ein Strich durch die Mitte machte sie zum Warnzeichen. An Flußübergängen und sonstigen gefährlichen Stellen, an Waffen und Toren angebracht bedeutete sie „Vorsicht, hier ist Gefahr. Hüte dich". An Viehställen warnte sie „Hüte dich vor bösen Geistern, Ungeziefer, usw."

Das Wort 'Angel' ist altgermanischen Ursprungs und hat allgemein die Bedeutung von Haken. Ein zum Haken gebogener metallener Stab wurde als Fischer-, Schiffer- und Zimmermannshaken verwendet. Er diente aber auch den Soldaten bei der Erstürmung von Mauern. Um das Jahr 800 wird die (Wolfs-)Angel in einer Landgüterverordnung Karls des Großen erwähnt. Es heißt dort, man solle - um der Wolfsplage Herr zu werden, den Wölfen „mit Gift und Angeln, aber auch mit Gruben und Hunden" nachgehen. Und vom Wölfe-Fangen erhielt die Wolfsangel dann auch ihren Namen. Sie sah als solche aber wohl anders aus als die, welche die Heraldik verwendete: Im Hauptstück befand sich ein Loch und die Enden waren scharf geschliffen. Ein junger Baum wurde niedergebogen und die Wolfsangel mit einem Köder daran befestigt. Wenn nun der Wolf die Beute schnappte, löste sich die Feststellvorrichtung, der Baum schnellte hoch, und die scharfen Haken bohrten sich in den Fang des Wolfes, so daß er fest an der Angel hing. Auch sogenannte Wolfsgruben, tiefe Gruben mit senkrechten Wände, die an ihrem Grund mit Wolfsangeln versehen waren, dienten zum Wölfe-Fangen. Kam nun der Wolf und wollte an einen da ausgelegten Köder, brach er durch die aus dünnen Zweigen bestehende leichte Bodenabdeckung ein und die Wolfsangeln spießten ihn auf. Solche Wolfsgruben fanden auch bei der Kriegsführung Verwendung.

Im Deister erschien die Wolfsangel erst 1602 auf Grenzsteinen. Noch immer stehen einzelne davon an alten Forstgrenzen. Aber die Kennzeichnung mit der Wolfsangel hat sich bis in unsere Zeit erhalten. 1975 wurde das dem Forstfiskus gehörende Inventar damit gekennzeichnet.

Schicksal am Wege

Schicksal am Wege

Es war für die Menschen schon immer von besonderem Reiz, sich an den großen Verkehrswegen anzusiedeln. In unserem Raum waren dies vor allem drei: der „Helweg vor dem Santforte“, der alte Verbindungsweg Hameln-Hannover und der Suntalweg. Hier floß der Verkehr, hier flutete das Leben vorbei, hier sah man Menschen und Wagen aus dem eigenen und auch aus fremdem Lande. Hier erfuhr man schneller, was in der Welt vor sich ging. Hier machten Handel und Wandel ein „volleres Leben“ möglich, als in den abgelegeneren Wohnstätten im Innern des Landes, zu denen oft nur mühsam passierbare Wege führten. Durch all das war das Leben an den großen Straßen auch viel weniger beschwerlich und durch das ständige Hin und Her führte man ein großzügigeres und freieres Leben. Und wie ungebunden waren erst die Menschen, die auf diesen Wegen hin- und herzogen und sich nur von ihren handwerklichen Geschicklichkeiten, ihren vielen Kunden, und mitunter auch von flinken Diebereien nährten?

Oft gerät es ganz aus dem Blick, daß diese vermeintlich freiere Existenz einen hohen Preis forderte. Wer ungebunden auf der Straße lebte, wer zum „fahrenden Volk“ gehörte, wie die Zigeuner (Tatern), der war eigentlich nirgends daheim, der fand nirgendwo ein festes Zuhause, ja, er war überhaupt nirgends so recht willkommen, schon gar nicht auf längere Zeit.

Und für die Menschen, die nahe der großen Straßen lebten, gab es auch viele Nachteile. Krieg und Bedrängnis, Krankheit und Not kamen schneller zu ihnen. Die Pest, eine Seuche, die alle fünfzig Jahre epidemieartig auftrat, holte sich hier ihre ersten Opfer. Die Bevölkerung der Siedlungen entlang der großen Heerwege war Plünderung und Brandschatzung durch vorbeiziehende oder vordringende Soldaten eher und massiver ausgesetzt, als die Menschen im Landesinneren. Viele dieser Dörfer fielen wüst, weil ihre Bewohner sie verlassen mußten, um wenigstens ihr Leben zu retten. Die zahlreichen Wüstungen im Deister-Süntel-Tal und in der Deistermulde mögen das beweisen.

Manch hartes Schicksal vollzog sich am Wege, von dem keine Nachricht und keine Urkunde zeugt. Von anderen Ereignissen wieder sind uns Berichte erhalten, die teils geschichtlich, teils sagenhaft sind. Densingehusen und Sedemünde sollen dafür zwei Beispiele sein: Diese beiden Dörfer teilten ihr Schicksal mit anderen, die untergingen, weil sie an einem großen Heerwege in ähnlicher Lage waren.

Aus all dem wird die enge Beziehung deutlich, die zwischen dem weltoffenen flutenden Verkehr und der kleinräumig bodenständigen Bevölkerung im Deister-Süntel-Tal und in der Deistermulde bestand. Und vergleicht man den Verlauf der modernen Fernstraßen mit den alten Heerwegen, so stellt man fest, daß die große Richtung noch immer stimmt. Und auch der Fernverkehr hat seine Auswirkungen auf die Umgegend erhalten. Das zeigt sich heute besonders negativ entlang der Autobahn 2 zwischen Berlin und Dortmund.

Für Tatern verboten!

Die Tatern (mundartlich von 'Tataren'), wie die Zigeuner im Mittelalter hießen, gehörten zu den Nichtseßhaften, zum bunten Volk auf den großen Wegen. Sie galten als gefährlich, als diebisch und gewalttätig und wurden mit umherstrolchendem Gesindel und Verbrechern gleichgestellt, waren wenig beliebt, und in Dörfern und Städten glaubte man, sich vor ihnen schützen zu müssen. Um nun vor allem den Zigeunern selber klar zu machen, daß sie die braunschweigisch-lüneburgischen Grenzen bei höchster Strafe nicht überschreiten dürften, stellte man da, wo die Grenzen die Verkehrswege schnitten, sogenannte Taternpfähle auf. Darüber erfahren wir aus Regierungsverordnungen aus den Jahren 1709 und 1710 folgendes:

> „. . . ist den Zigeunern der Eintritt in hiesige Lande bey Leib- und Lebensstrafe verboten". Und da angenommen werden mußte, daß die Zigeuner des Lesens und Schreibens unkundig waren und sich keiner auf Unwissenheit berufen sollte, wurde angeordnet, an diesen Pfählen Bildtafeln anzubringen, „an welche ein Zigeuner so an dem Galgen hänget, und ein anderer so an die Karre geschlossen, zu malen".

Im Deister gab es mindestens zwei Taternpfähle. Einer steht noch heute oberhalb von Bredenbeck, wo er auf dem Verbindungsweg zwischen dem Schaumburgischen und dem Hannoverschen Lande die Grenze anzeigt. Der Sage nach soll sich hier einst eine Zigeunerbande längere Zeit aufgehalten haben. Dieser Ort mag für die überall unerwünschten Tatern günstig gewesen sein, weil sie je nach Lage der Dinge schnell über die Grenze ins Hannoversche oder ins Schaumburgische wechseln und sich dadurch der Verfolgung durch die Behörden des jeweils anderen Landes entziehen konnten. Während dieses Aufenthaltes soll ein Mitglied der Sippe gestorben und am Ort beerdigt worden sein. Deshalb stellt dieser Taternpfahl möglicherweise auch ein Gedächtnismal dar.

Aus dem vorigen Jahrhundert ist bekannt, daß man Personen, welche man im Schaumburgischen nicht haben wollte, gefangennahm und bei Köllnischfeld über die Landesgrenze ins benachbarte Hannover abschob. Ob man dabei den Taternpfahl bei Bredenbeck bewußt umging, ist nicht bekannt, aber doch anzunehmen.

Ein Taternpfahl stand auch am anderen Ende des Deisters, oberhalb von Bantorf, nämlich dort, wo der Nachtflügelweg auf den Hessischen Grenzgraben zuläuft. Er sollte unerwünschte Personen, die auf dem Heelwege daher kamen, vor dem Betreten der hannoverschen Lande warnen. Joh. Erh. Redeker zeichnete ihn im Jahre 1757 in eine Grenzkarte ein, die er zum Zwecke der Beilegung von Grenzstreitigkeiten zwischen der Königlichen Privatjagd und der angrenzenden adeligen Koppeljagd anfertigte.

(Flurnamensammlung des Landkreises Hannover,
Heft Wennigsen , Heft Hohenbostel)

Der Untergang des Dorfes Densingehusen (Densinghausen)

In dem Tal, das den Strutzberg von dem gegenüberliegenden Galenberg trennt, lag einst am Helweg vor dem Santforte das kleine Dörfchen Densingehusen (Densinghausen).

Aus der jahrhundertelangen Bedrängnis durch die vorüberziehenden Kriegsvölker der Franken, der Ungarn, der wilden Heerhaufen in den ständigen Streitereien der Landesherren, Herzöge und Grafen untereinander, hatten die Bewohner des Tales gelernt, zu überleben, sich zu schützen. Sie zogen Wall und Graben und versuchten, sich durch Hecken und das bewährte Knicksystem in den sogenannten Landwehren zu sichern. Gerade hier an der Grenze war die Angriffslust der Feinde meist noch frisch, und so drohten Plünderung und Gewalttat ohne Ende.

Gegen einen anderen Feind, die auch auf den großen Helwegen mit ins Land geschleppte Pest, gab es lange keine Gegenwehr. Sie suchte das Tal von Zeit zu Zeit heim und forderte auch ihre Opfer.

Wie anders war es, wenn man im nahen Rodenberg zum „Sankt-Annen-Fest“ rüstete! Dann wimmelte es durch`s Tal von allerlei fahrendem Volk, von Seiltänzern, Gauklern, Geschichtenerzählern, Spielleuten und Quacksalbern, die auf dem Rücken und auf Karren ihre Zelthütten und Waren hinschafften, gefolgt von allerlei Bettlern und Bewohnern der Umgegend.

So wechselten Zeiten des Friedens und Unfriedens bis zum Dreißigjährigen Krieg. Das Jahr 1625 aber wurde schließlich zum Schicksal- und Todesjahr des alten Dorfes Densingehusen. Der Lehrer L. Feder aus Bantorf hat die Ereignisse einmal zusammengetragen, die wir hier gekürzt von ihm übernehmen:

Im Juni 1625 zog der Dänenkönig Christian durch, der sich aber mit Schutzgeldern zufrieden gab. Kurz darauf wurden die ungezügelten Horden Tillys zu einer schlimmen Geißel für das Tal. Tillys Reiter plünderten und brandschatzten die Dörfer, quälten und erstachen die Bewohner. Sie schändeten die Frauen und weideten sich an den Qualen der Mißhandelten, denen oft der Tod wurde. Der 18. August 1625 aber sollte der letzte Tag all des unsäglichen Leides werden. An diesem Tage kam ein spanisches Söldnerregiment der Kaiserlichen von Bückeburg und Stadthagen heranmarschiert. Die unglaublichsten Gerüchte über schlimme Greuel eilten ihm voraus. Die Bewohner der an der großen Straße liegenden Dörfer Reinsen, Großhegesdorf und Soldorf flohen mitsamt dem Vieh und ihrer wertvollsten Habe in die schützenden Wälder des Deisters. Daß Rodenberg der Plünderung entging, verdankte es seinem in dieser heiklen Lage außerordentlich geschickt handelnden Bürgermeister. Er ging dem nahenden Regiment entgegen, bot dem Obersten 60 Taler Schutzgeld, und bat um Schonung seiner Stadt. Daraufhin lagerte das Regiment vor dem Tore und wurde mit fünf Tonnen Bier und zwei Tonnen Branntwein bewirtet. Als alles geleert war, zog es durch die Stadt, deren Einwohner sich in ihren verschlossenen Häuser versteckt hielten. Den Söldnern war bei schwerster Strafe verboten, aus der Kolonne zu treten. Rodenberg war gerettet!

Für Densighausen aber sollte die Gabe der Rodenberger entsetzliche Folgen haben. Als die Schreckensnachricht vom Nahen der spanischen Unholde durch das Tal lief, waren Jung und Alt auf den Feldern mit der Ernte beschäftigt. Der alte Schäfer, der auch Nachtwächter des Dorfes war, gab das Feuersignal. Da stürzten alle ins Dorf, packten das Notwendigste zusammen und verließen in größter Eile ihre Häuser. Das restliche Vieh vor sich hertreibend, schleppten sie in Körben und Karren ihre notwendigste Habe den Strutzberg hinauf dem Deister zu. Von dort konnten sie beobachten, wie von Klein Nenndorf her in einer dichten Staubwolke der welsche Söldnerhaufen heranzog. Reiter sprengten über die Felder, wurden hier und da zwischen den Häusern und Gärten sichtbar. Schon wälzte sich der ganze wüste Knäuel ins Dorf. Hornsignale, Schreien und Lärmen, Krachen und Klirren schallten herauf. Bald verrieten Qualm und lodernde Flammen das Schicksal des Ortes. Es war sein Ende. - Im nahen Nenndorf fanden die Obdachlosen neue Wohnsitze.

(nach L. Feder)

Blick auf Nenndorf
links die „Franzosenstraße", die heutige Buchenallee

Sedemünde - das verschwundene Deisterdorf

In der Nähe der Kreisstadt Springe, am nordwestlichen Abhang des Burgberges, lag vor Zeiten das Dorf Sedemünde*. Der Ort hatte in alter Zeit eine weit größere Bedeutung als heute angenommen wird. Sein Haupthof, zu dem vierzehn Höfe im Ort gehörten, war der Mittelpunkt einer Villikation**. Sedemünde wurde im Laufe der Jahrhunderte immer wieder in Kriegswirren hineingezogen, und das wohl vor allem deshalb, weil es an der großen Heerstraße Hannover-Hameln lag.

Im hohen Mittelalter wurde Sedemünde durch eine Schlacht berühmt, zu der folgender Vorfall Anlaß gab: Der Abt von Fulda, Heinrich von Erthal, hatte gewisse Hoheitsrechte auf die Stadt Hameln für 400 Pfund Feinsilber an den Bischof von Minden verkauft, womit weder der regierende Herzog Albrecht der Große von Braunschweig (gest. 1279) noch die Hamelner Bürger einverstanden waren. Darüber kam es zur blutigen Fehde. Der Bischof von Minden fiel in die welfischen Lande ein, und seine Scharen hausten dort - besonders in der Gegend von Wunstorf - wie die Teufel. Am **28. Juli 1259** trafen die feindlichen Heerhaufen aufeinander. Es kam zu einer erbitterten Schlacht. Schließlich mußten die Hamelner das Feld räumen. Der Bischof hatte gesiegt. Sicher hat Sedemünde unter dieser Auseinandersetzung der verfeindeten Parteien schwer gelitten. Es konnte sich aber wieder erholen.

Im Dreißigjährigen Krieg dagegen, nach der Erstürmung der Weserstadt Quern-Hameln durch Tilly **im Jahre 1625,** wurde Sedemünde völlig verwüstet und von seinen Einwohnern verlassen. Nach dem großen Krieg, in dem Tillys Truppen das Land Kalenberg schwer heimsuchten - Springe, Völksen und Münder wurden ausgeplündert und in Brand gesteckt - war Sedemünde nicht mehr bewohnt.

(nach Ida Schulze***/Dr. Robert Poppe)

* Sedemünde, auch Segemünde, und im 10. und 11. Jahrhundert „Sidemmi", später auch „Sedemundyn" genannt, ist nicht identisch mit dem heutigen Dorf Sedemünder, das westlich der Hannover-Hamelner Straße nach Bad Münder zu liegt.

** Das Stift Minden hatte im 11. und 12. Jahrhundert in unserem Raum ein Villikationssystem aufgebaut: Einem Haupthof waren eine Anzahl von Höfen angegliedert. Die Aufsicht über die Villlikation oblag einem Verwalter (major villicus), der vom Grundherrn eingesetzt wurde. (Lathwesen)

*** Ida Schulze, geb. Engelke, ist eine Schriftstellerin und Märchenkennerin unserer Heimat. Sie wurde 1878 in Augustfehn in Ostfriesland geboren. Im Jahr 1899 heiratete sie in Lauenau, wo ihr Vater im Jahr 1887 eine Apotheke übernommen hatte, den fast vierzig Jahre älteren Forstmeister Gustav Schulze, der schon zwei Ehefrauen durch den Tod verloren hatte. Der Schulze-Weg im Deister ist nach ihm benannt. Gustav Schulze starb 1931 im Alter von 92 Jahren. Seine Witwe zog von Lauenau nach Alvesrode, einem kleinen Dorf am Rande des Sauparks. Hier wohnte sie zwanzig Jahre, dann verlegte sie ihre Wohnung nach Beber. Dort starb sie 1968 im Alter von 90 Jahren. Sie wurde in Lauenau beigesetzt. Ida Schulze hat ihr langes Witwentum gut genutzt. Sie betrieb unermüdlich Sprachforschung und sammelte bei alten Leuten Wörter über Begriffe und Brauchtum, mit denen sie einen Beitrag zum Niedersächsischen Wörterbuch lieferte. Sie schrieb Chroniken und sammelte Märchen und Sagen unserer Heimat. Beiträge von ihr wurden in den bei uns erscheinenden Tageszeitungen veröffentlicht, u. a. in der Neuen Deister-Zeitung (Springe). Außerdem schrieb sie selbst Märchen. Ihr Bestseller aber war ein Kochbuch: Sie bearbeitete das von Henriette Davidis 1844 herausgegebene Kochbuch, das lange Zeit als Standard-Kochbuch für die bürgerliche Küche in Deutschland galt, neu und setzte damit das Werk von Henriette Davidis fort. „Das neue Kochbuch" von Davidis-Schulze erschien 1933 zum ersten Mal und hatte 1951 bereits die 12. Auflage.
Einige Erzählungen haben wir aus ihrer unveröffentlichten Sagensammlung übernommen.

Die Schlacht bei Sedemünde

Im Jahre 1259 war große Kriegsnot zwischen den Quern-Hamelnern* und dem Bischof von Minden. In den frühen Morgenstunden des 28. Juli zogen die Bürger Quern-Hamelns in Wehr und Waffen aus den Toren ihrer Stadt zum Kampf gegen die Truppen des Bischofs von Minden. Über Hillinghesvelder erreichten sie 'dat Huß to Hachemolen' (Schloß Hachmühlen). Von dort zweigte rechterhand ein Weg nach Burg Hohenrut ab, links führte ein Knüppeldamm über Oldenhagene nach Sedemundyn. Als sie 'das Holz vor dem Berge' - ungefähr die Stelle, an der sich heute das Streittor befindet - erreicht hatten, machten sie Halt und hielten Kriegsrat. Der „boverste Overiste" teilte seine Schar und 'tweenhundert gongen' (zweihundert Mann gingen) auf das Bordeland vor Sedemünde. Dort lagerte er mit seinen marschmüden Leuten ohne sich aber durch Wartmannen (Wachtposten) zu sichern.

Unbemerkt von den Hamelnern lagen die Truppen des Bischofs von Minden in dem zwischen Münder und Halerspring gelegenen 'Bergholte'. Sie überfielen die ungedeckt auf freiem Felde ruhende feindliche Schar, die durch den Schrecken der Überrumpelung und durch die Wucht des Angriffes 'genzlichen yn versturinghe verrücket'(gänzlich in Verstörung versetzt)), völlig durcheinander geriet. Auf beiden Seiten wurde manliken (mannhaft) gefochten, aber der Kampf scheint nur von kurzer Dauer gewesen zu sein. Die Hamelner erlagen der feindlichen Übermacht. Viele der 'Hamelnschen Borgheren' (Hamelner Bürger) wurden erschlagen, der Rest gefangen genommen.

Als der 'boverste Overiste' sah, daß alles verloren war, warf er 'sin isern bost unde panser wappene' (seine eiserne Rüstung und Waffen) von sich und ging zum Feinde über. Vergebens warnte ihn der Kesselschmied Kunchhovere (Kunchover) aus dem Ochsenbruch, der auf hamelnscher Seite stand, vor der Schande, 'an de hamlnschen lüde' (den Seinen) Verrat zu begehen. Der Overiste hörte nicht darauf. Die Gefallenen wurden ausgeplündert und ihres Harnischs beraubt, die erbeuteten Münzen mit dem Bilde Lunte Pawels wurden verteilt - unde de Overiste halp dorbi.

Die Leichen blieben tagelang unbestattet liegen - eine Beute der wilden Tiere. Später wurden die Gebeine in einem Grab am Ende des Dorfes Sedemünde beigesetzt.

In der dem Kampftag folgenden Nacht stand Vollmond ein, so warteten die Mindener nicht bis zum Morgengrauen, um die Gefangenen, die 'barvoten an Schuhe' (barfuß ohne Schuhe) laufen mußten, fortzuführen. Eile schien geboten, um einer Verfolgung zu entgehen. Aber nichts geschah. Der Weg ging nach den Salzpfannen von Münder und weiter nach dem Holze von Smaringhusen (Smaringhe = Schmarrie), wo man den völlig Ermatteten die erste Ruhe gönnte. Bis dahin hatte der Ovriste den Mindenern als Wegführer gedient - dann entfloh er, denn im Sachsenlande grüßte ihn keiner mehr.

Am nächsten Tag brachten die 'Herren und Ritter der Mindenschen' die Gefangenen 'unde grote Bracht unde Herligkeyt' im Triumphzug nach Minden. Die Fehde war zu Ende. Der Friede wurde in Wunstorf geschlossen, also daß er „stark und vast blive, yn ewigkeit werend".

(Ida Schulze: nach einer alten Chronik)

* „Quern-Hameln" ist die alte Bezeichnung für das heutige Hameln und bedeutet „Mühlen-Hameln", nach den vielen Schiffsmühlen, die da einst in der Weser lagen und die Kraft des Stromes nutzten. (Ulrich Scheuermann erklärt „Quern" enger mit „Handmühle, besonders zur Grützebereitung.")

Die Glocken von Sedemünde

Als Tilly'sche Truppen das Dorf zerstörten, beraubten sie auch die Kirche und steckten sie in Brand. Da fingen die Glocken in dem brennenden Turm an zu läuten und stürzten, als dieser zusammenbrach, in den darunter liegenden Weiher. Laut schallte ihr Klang aus dem Wasser. Als ihre warnende Stimme auch jetzt nicht verstummen wollte, ergriff Entsetzen die frechen Kirchenräuber. Zitternd am ganzen Leibe warfen sie ihren Raub fort und eilten davon. Noch heute kann der Bauer, der am Glockenbrinke hinter dem Pflug geht, zuzeiten die Glocken in der Tiefe klingen hören. Dann läßt er die Arbeit ruhen und spricht ein stilles Gebet für die, deren Blut hier einst im Kampf für das Heimatdorf die Erde tränkte. Er muß sich aber hüten, während des aus der Tiefe empordringenden Glockenklangs eine bestimmte Stelle am Glockenteich zu betreten, sonst versinkt er augenblicklich mit Pflug und Gespann in die unergründliche Tiefe.

(nach Ida Schulze/Dr. Robert Poppe)

Der Glockenteich von Sedemünde

Vor Hunderten von Jahren, so erzählt eine andere Sage, wurde Sedemünde durch ein Erdbeben zerstört. Keines seiner Häuser blieb erhalten. Die Trümmer bedeckten die weite, durch dieses Naturgeschehen entstandene Erdsenke. Allein die Kirche blieb erhalten, aber der Turm mit der der Jungfrau Maria geweihten Glocke brach herunter. Die Dorfbewohner bargen die Glocke aus dem Schutt. Kaum hatten sie das getan, füllte sich das Becken der Erdsenke mit aus der Tiefe aufquellendem Wasser. So entstand der Sedemünder Teich. Die das Erdbeben überlebenden Sedemünder Einwohner fanden Zuflucht im nahen Altenhagen. Dorthin nahmen sie die Glocke mit. Und die Sedemünder Marienglocke läutete fortan vom dortigen Kirchturm, wenn ein Sedemünderaner zu Grabe getragen wurde. Als sie dem letzten geläutet hatte, flog sie aus dem Schalloch hinaus und zurück nach Sedemünde. Dort versank sie im Teich, der seitdem der „Glockenteich" genannt wird.

(Ida Schulze)

Das Marienbild von Sedemünde

In alter Zeit stand auf dem Katzbuckel in der Sedemünder Straße ein Marienbild. Manch einem, der in Not und Bedrängnis davor gekniet und gebetet hatte, war Hilfe zuteil geworden.

Einst geriet dort ein Fuhrmann mit seinem hoch beladenen Wagen in einen Sumpf, und alle Versuche, das Fuhrwerk vorwärts zu bringen, scheiterten. Anstatt nun Vorspann zu holen oder einen Teil der Ladung abzuwerfen, fluchte der Mann greulich darauflos und hieb auf die Pferde ein. Die aber brachten den Wagen dennoch nicht einen Schritt vorwärts. Da gedachte der Fuhrmann des wundertätigen Marienbildes und meinte, weil denn das Fluchen nichts genutzt hätte, könne er es auch mal anders versuchen. So kniete er vor dem Bilde nieder, Hilfe heischend. Doch vergebens - es schien, als seien die Räder des Wagens nur noch tiefer in den zähen Schlamm eingesunken. Noch einmal wandte er sich dem Bilde zu - aber weil er fluchend die wehrlose Kreatur mißhandelt hatte, brauchte er auf keine himmlische Hilfe zu hoffen. Den Fuhrmann überkam eine sinnlose Wut, er holte eine Axt vom Wagen und hieb damit auf das Marienbild ein, daß es laut polternd zu Boden stürzte. Im selben Augenblick fuhr ein Blitzstrahl vom Himmel hernieder, krachend rollte der Donner und der Fuhrmann versank mit Wagen und Pferden im grundlosen Sumpf.

Am andern Tage fanden die Einwohner von Sedemünde das geschändete Marienbild und bargen es in ihrer Kirche. Da kam Krieg über das Land. Not und Tod, Brand und Zerstörung kennzeichneten seine Spur. Auch Sedemünde fiel ihm zum Opfer. Der Kirchturm brach herunter, nur die Kirche selbst, die das Marienbild bewahrte, blieb verschont.

Die Einwohner von Sedemünde, die den Untergang des Dorfes überlebten, zogen nach Altenhagen. Das Marienbild haben sie mitgenommen und da in der Kirche aufgestellt. Als der letzte Sedemünderaner gestorben war, kehrte es zurück zum Katzbuckel an der Sedemünder Straße und ist dort im Erdboden versunken.

(Ida Schulze)

Die Teufelskanzel
(Foto von Udo Mierau um 1975)

Der Teufel im Deister und im Sünteltal

Teufelskanzel, Teufelskammer, Teufelsküche, Himmelreich

Die Warnung vor dem Teufel im Deister weist mit ihren Anfängen sicher in die Zeit des Mittelalters zurück. Die alten Sachsen kannten die christlichen Vorstellungen von Hölle und Teufel nicht. Da hatten es die christlichen Missionare Karls des Großen schwer, im Heidenlande die neue Lehre zu verbreiten. Die hier ansässigen Sachsen wollten ihren heidnischen Göttern treu bleiben und wehrten sich hartnäckig gegen den neuen Glauben. Deshalb bemächtigten sich die Missionare der alten heidnischen Kultplätze und nutzten sie für ihre Interessen. Wenn das nicht möglich war, ersetzten sie sie durch angenehmere oder leichter zugängliche Plätze. Die alten Kultstätten tabuisierten sie und brachten sie mit bösen Geistern oder gar dem gefährlichsten unter ihnen in Verbindung, dem Widersacher Gottes, dem Teufel.

So mag es auch der ursächsischen Kultstätte auf dem Deisterkamm ergangen sein. Südwestlich des Nordmannsturmes befindet sich noch heute inmitten von hier massenweise herumliegenden Steinblöcken unterschiedlicher Größe ein gewachsener Felsblock, der an Mächtigkeit und Größe die weit bekanntere „Alte Taufe“ sogar noch übertrifft. Er soll der Sage nach einst der Mittelpunkt der alten Kultstätte auf dem Deister gewesen sein. Er wird **Teufelskanzel** genannnt, ist ein Kulturdenkmal und trägt die Buchstaben TK (Teufelskanzel).

Geht man vom Nordmannsturm aus den Kammweg in westlicher Richtung entlang, kommt man bald an einem mächtigen Steinbruch vorbei, der nur wenige Meter neben dem Weg liegt. Hier beginnt die sich bis zur „Alten Taufe“ hinziehende **„Teufelskammer“.**

Wenige Meter westlich des Nordmannsturmes führte einst ein schmaler Pfad in den Steinbruch hinunter. Der ist heute völlig zugewachsen und kaum noch zu finden. Die mächtigen Wände des Steinbruchs ragen aber noch immer hoch empor. In einer Ecke liegt die **„Teufelsküche“.** Davon gibt es nur mündliche Überlieferungen. Der Name ist nirgends schriftlich verzeichnet. Man weiß nicht, welche Bedeutung die Teufelsküche einst hatte.
Die in den Felsen gehauenen Zeichen sind neuerer Zeit. Ein Schild, das an einen Baum genagelt ist, wies in die Teufelsküche hinunter. Es ist inzwischen völlig verrostet, und die Aufschrift ist auch nicht mehr lesbar.

Das bedeutendste Zeugnis der germanischen Kultstätte auf dem Deister ist die frühere Opferstätte, die **„Alte Taufe“.** Sie ist heute ein bedeutendes Kulturdenkmal, unter Schutz gestellt und mit AT gezeichnet. Über sie erzählt unser nächstes Kapitel. Darin findet die „Alte Taufe“ Erwähnung als Teil der germanischen Kultstätte auf dem „Deister“. Anders als heute wurden in früher Vorzeit sämtliche Höhenzüge um das Sünteltal „Süntelgebirge“ genannt. Einige Höhenzüge dieses Gebirges trugen zusätzlich eigene Namen. Der Teil oberhalb Barsinghausens, und <u>nur</u> dieser Teil, wurde „Diester/Deister“ genannt, was so viel bedeutete wie Wald/Holz des germanischen Gottes Ziu/Thiu. (Später wurde dann dieser Name für den gesamten Höhenzug verwendet.) In der Nähe der „Alten Taufe“ liegen das **„Westerrad“** und das **„Osterrad“.** Es sind zwei nebeneinander liegende runde Bodenformationen. Weber hat sie in seiner Flurnamenkarte auf der nördlichen Seite des Kammweges angegeben. Vielleicht haben sie auch noch zu der Kultstätte auf dem Deister gehört. Mancher meint, es handele sich bei „Westerrad“ und „Osterrad“ um ein und denselben Ort, und ob man von „Westerrad“ oder von „Osterrad“ spricht, das hänge nur davon ab, aus welcher Richtung man zur „Alten Taufe“ geht: Von Hohenbostel aus läuft man in Richtung Osten, also aufs „Osterrad“, von Egestorf aus aber nach Westen, also aufs „Westerrad“.

Während nun die Missionare von Kirchdorf aus, wo wahrscheinlich die erste christliche Kirche am nördlichen Deister eingerichtet wurde, überall in den umliegenden Dörfern die neue Lehre von Jesu, dem Erlöser, und vom Himmelreich, aber auch von dem bösen Teufel verkündeten, belegten sie gleichzeitig die alten Kultstätten mit Tabus und warnten davor, sie weiterhin aufzusuchen. Und damit die Menschen diese auch wirklich mieden, boten sie, ihrem Glauben gemäße, neue heilige Stätten und Heiligtümer an

Partie im Himmelreich
auf einer Ansichtskarte um 1900

Das **„Himmelreich“**, etwa auf halbem Wege zwischen Kirchdorf und Deisterkamm war vielleicht ein solches. Der Name „Himmelreich“ hat sich über Jahrhunderte erhalten, gerät jetzt aber immer mehr in Vergessenheit. Der Barsinghäuser Lehrer und Rektor Otto Backhaus arbeitete heimatkundliche Wandervorschläge für seine Schule aus, die er im Jahr 1927 in einer kleinen Broschüre herausgab. Dabei erwähnt er auch das „Himmelreich“ als Wanderziel. Es muß ein sehr beliebtes Waldgebiet gewesen sein, denn das Himmelreich war zu Anfang unseres Jahrunderts auch ein gern gewähltes Barsinghäuser Postkartenmotiv. Es wurde sogar in Werbeschriften verwendet. Leider ist es auf offiziellen Land- oder Flurkarten nicht angegeben. Nur in einer Deister-Touren-Karte, gezeichnet von H. Lehmann (ohne Herkunft und Datum) und in einer Wanderkarte für den Deister und Süntel von Klindworth's Verlag von 1886 haben wir es gefunden. Aber bis auf den heutigen Tag kennen alte Barsinghäuser seinen Namen und wissen, wo es liegt. *(Siehe hierzu Seite 18).*

Geht man davon aus, daß in Kirchdorf in frühester Zeit der Christianisierung das allererste Gotteshaus „unterm Deister“ errichtet wurde, dann liegt es nahe, anzunehmen, daß mit dem Namen Himmelreich, genau zwischen heiliger christlicher Stätte und heidnischer Tabuzone mehr gemeint ist, als nur der Name einer Waldflur. Ins Himmelreich zu kommen, ist das erstrebenswerte Ziel der Christen schon auf Erden. Für die, die den neuen Glauben annahmen, waren die zeitraubenden und beschwerlichen Wege hinauf zum Deister vorbei, konnten sie doch auf halber Strecke ins Himmelreich gelangen! Das muß schon ein bedeutender Platz für die alten Sachsen gewesen sein, den man so verteufeln mußte und dem man sogar ein „Himmelreich“ vorlagerte. So mag die alte Kultstätte auf dem Deister für Jahrhunderte in Vergessenheit geraten sein. Ob sie die Missionare zerstörten, ob sie verlassen wurde und mit der Zeit verfallen ist, niemand weiß es. Mit den Steinen aus der Teufelskammer soll das erste Kloster in Barsinghausen gebaut worden sein.

Geht ja bei Nacht nicht in den Deister!

In alten Zeiten, als der Teufel noch leibhaftig auf der Erde umging, war man auch im Deister nicht vor ihm sicher. Von Egestorf bis Hohenbostel trieb er da sein Unwesen. „Geht ja bei Nacht nicht in den Deister!“ warnten die Leute aus Egestorf. Denn oberhalb von Egestorf trieb er es besonders arg. In der Geisterstunde stieg er aus seiner Hölle, vom Waldrand bis hinauf zum Teufelsmoor und den Kamm entlang ritt er auf einem Besen die Wege auf und ab und kritzelte geheime Zeichen auf die Kreuzungen. Wer da um Mitternacht noch unterwegs war, der wurde gebannt und übel zugerichtet und konnte froh sein, wenn er mit dem Leben davonkam. Manchen befiel dann ein unerklärliches Schaudern, alles an ihm fing an zu zittern, und im Kopf wurde er auch ganz wirr, daß er für Wochen krank und elend lag, und mancher blieb krank und elend sein Leben lang. Deshalb warnten die Alten in Egestorf: „Geht ja bei Nacht nicht in den Deister“!

(nach Bock; auch bei Mittelhäuser)

Die Sage vom Lügenstein

Mitten in Göxe, an der Kreuzung, wo sich die Mindener Straße (Bundesstraße 65) mit der Landstraße Leveste/Kirchwehren kreuzt, steht ein Naturdenkmal, eine mächtige Eiche. Unter diesem Baum befindet sich eine dicke runde Steinplatte, die auf mehreren runden Findlingen liegt. Dieser Stein hat weit und breit an Größe und Gewicht nicht seinesgleichen. Das ist der Lügenstein.

Niemand weiß, wie lange dieser Stein da schon liegt. In vorchristlicher Zeit war hier vielleicht eine Opferstätte, an der unsere germanischen Vorfahren zu ihrem Gotte Ziu beteten und ihm Opfergaben darbrachten. Dann kam Karl der Große und mit ihm das Christentum in die Gegend. Die Germanen wollten von der neuen Religion aber nichts wissen und verteidigten ihren Glauben mit Mut und Gewalt.

Es kostete die christlichen Priester viel Mühe, die neue Lehre unter der Bevölkerung zu verbreiten. Sie griffen deshalb alle Möglichkeiten auf, die sich ihnen boten, um ihre Religion zu verkünden. Dabei benutzten sie auch die altgermanischen, heidnischen Kultstätten, an die die Leute gewohnt waren. Der große kreisrunde Stein in dem Dorf Göxe - sein ehemaliger Name war Gokesse, mag der der Mittelpunkt eines Versammlungsplatzes der alten Germanen gewesen sein. Von da aus riefen die Missionare den Heiden zu, daß alles, was bisher von diesem Steine aus verkündet worden sei, nur eitel Lüge und allein das Christentum der wahre Glaube sei.

Der heute dort an der Kreuzung liegende Stein ist nicht mehr der aus Urvätertagen. Der soll viel mächtiger und größer, ein richtiger Koloss, gewesen sein. Im vorigen Jahrhunder haben ihn Leute aus Stemmen zerschlagen und die Steinbrocken zum Hausbau verwendet. Die Göxer waren über diesen Frevel sehr erbost und gerieten mit den Stemmern in heftigen Streit. Die Stemmer Einwohner mußten den Stein ersetzen. Der ist zwar viel kleiner ausgefallen, hält aber doch die Erinnerung an diese Stätte der Begegnung zwischen Heidentum und Christentum wach.

Der Lügenstein in Göxe
Federzeichnung von Sigrun Steinwedel

Die Sage vom Teufelsstein

Es war vor vielen hundert Jahren. Da wurde den Einwohnern aus Springe von der Obrigkeit verboten, Holz aus dem Walde zu holen. Da war guter Rat teuer, denn das Holz brauchten die Leute dringend. In dieser misslichen Lage erschien der Teufel beim Bürgermeister von Springe und versprach ihm, seine Leute könnten so viel Holz holen, wie sie wollten, wenn sie ihm nur alle fünf Jahre einen Mann dafür gäben.

Da meinte der Bürgermeister, das lasse sich wohl machen und schloß den Pakt mit dem Teufel. Die Springer waren es zufrieden, denn so wurden sie auf billige Art mit der Zeit alle Bösewichter los. Das ging so über lange Zeit. Aber als der Teufel eines Tages, gemäß der Vereinbarung wiederkam, um das Versprochene abzuholen, gab es gerade keinen Bösewicht, den man ihm hätte übergeben können. Da war guter Rat teuer. Und weil sich die Springer nicht entscheiden konnten, wen sie dem Teufel mitgeben wollten, forderte dieser den Bürgermeister auf, selbst mitzukommen. Dem armen Mann blieb nichts anderes übrig, er mußte dem Teufel folgen. Das tat er natürlich recht ungern, und so faßte er all seinen Mut zusammen, packte den Teufel am Kragen und schleuderte ihn in hohem Bogen so kräftig auf einen Stein, daß sich seine beiden Füße darin abdrückten. Und da der Teufel nicht zwei gleiche, sondern einen Menschen- und einen Pferdefuß hat, drückten sich in dem Stein ein Menschen- und ein Pferdefuß ab. Der Stein liegt noch heute an der Hallerquelle bei Dahle und zeugt von der mutigen Tat des Bürgermeisters.

Der Teufel soll danach in Springe nie wieder erschienen sein.

Der Teufel unter den vier Linden

Von Egestorf nach Barsinghausen führt noch heute der Egestorfer Kirchweg. Er geht hinter der Bergenhalde entlang und verläuft etwas südlicher als der Pfad, auf dem die Egestorfer vormals, als sie noch keine eigene Kirche besaßen, nach Barsinghausen zum Gottesdienst gingen. Ungefähr auf halber Länge liegt ein Ort, der heute noch der Vierlindenplatz heißt. Diesen gibt es schon sehr lange. Auf ihm standen einst vier knorrige, alte, die Ecken eines Quadrats bildende Linden.

Nun geschah es einstmals, daß ein Egestorfer Bauer schwer erkrankte und mitten in der Nacht sein letztes Stündlein nahte. Da schickte die Bäuerin den Knecht nach Barsinghausen, daß er den Pfarrer hole, um dem Sterbenden das Heilige Abendmahl zu reichen. Der Knecht machte sich auf den Weg, und als er sich dem Vierlindenplatz näherte, verkündete die Kirchdorfer Turmuhr die Mitternachtstunde. Da sah der Knecht vor sich in der Ferne einen Lichtschimmer auftauchen. Nur langsam ging er auf die Erscheinung zu, denn es war die Geisterstunde. Je näher er dem Vierlindenplatz kam, umso deutlicher konnte er erkennen, daß der ganze Raum zwischen den vier alten Linden von einem bläulichen Licht erfüllt war. Mitten auf dem Platz, über den der Weg führte, stand ein Tisch und vor dem Tisch saß auf einem Stuhl der Barsinghäuser Pastor und las in einem dicken Buch. Das war doch sonderbar! Der Knecht wandte kein Auge von der Erscheinung. Und da sah er, trotz des matten Lichtscheins, unter dem Talar, der sich etwas verschoben hatte, einen Pferdefuß. Jetzt wußte er Bescheid. Von Grauen geschüttelt, stürzte er weiter den Weg entlang und gelangte schließlich außer Atem nach Barsinghausen. Ungestüm pochte er an die Tür des Pfarrhauses. Der Pfarrer öffnete, und der Knecht berichtete in hastigen Worten von der Erscheinung, der er auf dem Wege begegnet sei und von dem Zweck seines Kommens.

Nun machten sich beide auf den Weg nach Egestorf. Als sie zu dem Platz unter den vier Linden kamen, war der Spuk noch immer derselbe. Mit glühenden Augen schaute die gespenstische Gestalt auf den ruhig daherschreitenden Diener Gottes und den zitternden Knecht. Der Pastor hob die Hand, machte das Zeichen des Kreuzes und fragte mit strafender Stimme: „Satan, was tust Du in meiner Gestalt? Hinweg!“ Da verschwand der Spuk. In demselben Augenblick schlug die Kirchdorfer Turmuhr eins. Der Pfarrer und der Knecht setzten ihren Weg nach Egestorf fort und erreichten ohne weitere Gefährung das Haus des Sterbenden.

(Bock - nach P. Frentrup)

Die gerettete Seele

In Barrigsen lebte vor Zeiten ein Bauer, der unbedingt eine neue Scheune bauen mußte. Er besaß aber weder das nötige Geld dazu, noch borgte ihm im Orte jemand etwas. So machte er sich auf den Weg in die Nachbardörfer und fragte dort nach Geld, erhielt aber auch da nichts. So trat er, unmutig vor sich hinredend, wieder den Heimweg an. Als er so dahinschritt, merkte er plötzlich, daß jemand neben ihm ging. Er kam mit dem Fremdling ins Gespräch, und der fragte dies und jenes, und so redeten sie auch bald über die notwendige Scheune und das fehlende Geld. Der Fremde aber war niemand anders als der Teufel. „Verkaufe mir Deine Seele, und ehe morgen früh der Hahn kräht, hast du Deine Scheune“, sagte er.

Dem Bauern war ganz bang ums Herz. Aber schließlich willigte er ein und ging nun nach Hause, ganz gedrückt wegen des Seelenhandels. Seiner Frau sagte er von der Begegnung nichts und auch nichts von dem Handel, den er mit dem Teufel getroffen hatte. Als es nun Mitternacht wurde, begann ein unheimliches Gerassel und Gepolter im Hofe. Der Teufel baute mit seinen Gesellen die Scheune. Von dem Lärm erwachten die Bauersleute, und jetzt konnte der Bauer nicht mehr anders, er weihte seine Frau in den Handel ein.

Die Bäuerin war eine kluge und besonnene Frau. Sie überlegte eine kleine Weile, dann sagte sie: „Nein, deine Seele kriegt er nicht!“ Und als die Geisterstunde ihrem Ende nahte, und die Scheune bis auf ein kleines Stück fertig war, da schlich sich die Bäuerin zum Hühnerstalle und weckte schnell den Hahn. Der fing sofort an, aus Leibeskräften sein „Kikerikie“ hinauszuschmettern. Im selben Augenblick stob der Teufel mit den Seinen in wilder Hast davon. Die Seele des Bauern war gerettet.

Das fehlende Stückchen Wand ließ der Bauer am anderen Tag selbst einsetzen. Doch es hielt nicht. In der darauffolgenden Nacht fiel es wieder heraus. So oft der Bauer auch die Wand wieder in Ordnung brachte, jedesmal stieß sie der Teufel in der darauffolgenden Nacht wieder ein. Und das blieb so, bis die Scheune eines Tages verfallen war und abgetragen wurde.

Woher die Teufelsbrücke ihren Namen hat

Vor alten Zeiten lebte in Rodenberg ein gräflicher Wildschutzjäger mit Namen Dagobert. Er war in seinem Amt und Dienst für die Deisterwaldung verpflichtet und durchstreifte fast täglich sein weit ausgedehntes Schutzgebiet. So stieg er eines Tages im Grover Holze zum Dalgrund hinab. An der Dalgrundbeeke angelangt, erblickte er am jenseitigen Hang einen Hirschbock. Er legte sein treffsicheres Rohr an und der Hirsch brach tödlich getroffen zusammen. Da aber die sonst so leicht zu durchschreitende Dalgrundbeeke infolge eines kurz zuvor niedergegangenen Wolkenbruchs zu einem brausenden Sturzbach angeschwollen war, konnte Dagobert an seine Jagdbeute nicht herankommen.

Als er nun ratlos nach dem erlegten Hirschbock hinübersah, trat plötzlich aus dem Gebüsch ein rotbärtiger Mann hervor, angetan mit rotem Rock und einem schwarzen mit roter Hahnenfeder gezierten Hut. An dem heißen Schwefelgeruch, der ihm von dem Manne entgegenströmte, an den glühenden Augen und auch an dem Pferdefuß, der unter dem roten Rock hervorlugte, merkte Dagobert sofort, daß er es mit dem leibhaftigen Satan zu tun hatte. Aber als echter Jägersmann kannte er keine Furcht.

Da sprach der Rote: Dagobert, ich will zurstelle eine Brücke bauen, daß Du hinüberkommen und Dir den Hirschbock holen kannst, und ich begehre für diesen guten Dienst weiter nichts, als daß Du mir zubilligst, Dich in mein Reich zu holen, sobald Du mich mit lauter Stimme darum anrufen wirst. So Du aber diesen Wunsch niemals aussprichst, kannst Du unbedrängt als ein guter Christenmensch leben und sterben.

Dagobert, der in seiner schlichten Einfalt die List des Teufels nicht durchschaute, ging unbedenklich auf den Handel ein, insbesondere, da er dem Verführer gegenüber keinerlei Verpflichtungen übernahm, die sein Seelenheil gefährdeten. Er sprach deshalb: „Topp, ich bin's zufrieden".

Darauf stieß der Teufel mit seinem Pferdefuß dreimal heftig auf den Erdboden und alsbald kamen zwei lange dicke Holzbohlen zum Vorschein, welche er aus dem Gestrüpp herauszog und trotz ihrer gewaltigen Schwere mit leichter Mühe aufhob und nebeneinander von einem Ufer zum andern über den brausenden Bach legte. Dann aber war der unheimliche Geselle ohne Gruß unter Zurücklassen eines blauen Schwefeldunstes in dem dichten Gebüsch verschwunden.

Dagobert überschritt, ohne zu zögern, den fest und sicher liegenden Steg, schleppte den erlegten Hirsch nach Rodenberg hinab und lieferte ihn im Schlosse bei dem Amtmanne ab. Dabei berichtete er von seinem Erlebnis im Deister. Der Amtmann aber wurde sehr zornig, weil Dagobert sich mit Belzebub eingelassen hatte und warnte ihn nicht wenig vor dessen listigen Anschlägen.

Gar bald war die Geschichte allgemein bekannt und groß war der Zulauf nach dem Grover Dalgrund, denn ein jeder wollte den vom Teufel errichteten Steg mit eigenen Augen schauen. Auch wurde dieser Steg, da er die beiden hohen Ufer des Waldbaches bequem verband, in der Folge viel benutzt.

Ein Jahr war seitdem vergangen, da saß eines Abends der Wildschutzjäger im Kreise fröhlicher Zecher am großen Biertisch in der Braustube und erzählte nach Jägerart ein unglaublich klingendes, haarsträubendes Jagdabenteuer nach dem anderen. Als nun seine Zechgenossen ein ungläubiges Gelächter anstimmten, da schlug Dagobert dröhnend mit der Faust auf den Tisch und schrie mit erregter Stimme: „De Düwel schall mek halen, wenn't nich wahr is!"

Kaum waren diese gotteslästerlichen Worte seinem Munde entwichen, da kam der Teufel mit einem Feuerschein und zischendem Geräusch in die Braustube gefahren, packte - zum Entsetzen aller Anwesenden - den Dagobert ins Genick und fuhr mit seinem überlisteten Opfer hinaus und geradewegs in die Hölle.

Die Brücke über den Grover Grund, welche schon bald nach ihrem Entstehen die „Teufelsbrücke" genannt wurde, behielt diesen Namen bis auf den heutigen Tag. Wer aber hingeht und über die Brücke gehen will, der findet sie nicht mehr. Sie ist längst verfallen und wer hinüber will, muß die steile Böschung hinab- und auf der anderen Seite wieder hinaufsteigen. Im Tal steht ein Waldgasthaus. Es hat früher „Zur Teufelsbrücke" geheißen. Heute heißt es „Zur Heisterburg". Der Volksmund aber hat sich den alten Namen bewahrt, und die Wanderer, die die Waldschänke ansteuern, sagen noch heute, sie gehen zur Teufelsbrücke. Und eine kleine Brücke ist da auch wieder. Die ist aber von Menschenhand gebaut und liegt viel tiefer, als die ehemalige Teufelsbrücke.

(nach Mithoff, Band II, S. 93 - 94)

Vom Teufelsholz

Im vorigen Jahrhundert stand im Süntel ein ganzer Wald von krüppeligen Buchen, die mit ihren tausendfach verdrehten Ästen und Zweigen ein undurchdringliches Dickicht bildeten. Wie sinnlos wuchsen sie da auf dem Süntel zwischen Hülsede und Raden. Zu gar nichts nutze! Mit diesem Holz konnte kein Tischler und kein Zimmermann etwas anfangen. Es taugte nicht zum Hausbau, nicht für Möbel, nicht für Ackerwagen und Räder. Und auch sonst überhaupt zu nichts! Nicht einmal als Wintervorrat ließ sich ihr Holz stapeln, weil kein Zweig gerade war. Derart sinnlose Gewächse konnten nur vom Teufel sein. Vom „Teufelsholz" sprach man deshalb und vernichtete den Wald in der Mitte des 19. Jahrhunderts. (Siehe hierzu das Kapitel „Was die von Münchhausen zum Überleben der Süntelbuche beitrugen")

Diese Süntelbuchen
aus dem Kurpark Bad Nenndorf
zeigen deutlich,
wie knorrig und verdreht
Stamm und Äste der Süntelbuchen
wachsen.
(Foto: Udo Mierau)

Erzählungen um die Alte Taufe

Die 'Alte Taufe' - der Opferstein auf dem Deister

Auf dem Deister, zwischen dem Nordmannsturm und dem neuen Fernsehturm, etwas abseits vom Wege, liegt ein Steinkoloß, von dem aus man weit in das Deister-Süntel-Tal hineinschauen kann. Er hat in seiner Oberfläche eine Mulde, in der immer, auch in der heißesten Jahreszeit, etwas Wasser vorhanden ist. Das ist die 'Alte Taufe'. Drei germanische Gaue grenzten hier einst aneinander: der Bukkigau im Süden, der Maerstemgau im Norden und der Lithigau im Westen.

Lange Zeit war der Stein vergessen. Erst im vorigen Jahrhundert entdeckte ihn ein Lehrer wieder und widmete ihm seine Aufmerksamkeit. Seitdem steht er im Interesse der Geschichtforschung, aber Genaueres hat man nicht über ihn in Erfahrung bringen können. Da nimmt es nicht wunder, daß sich die Sage um den alten Stein gerankt hat.

Die natürliche Grenze, die der Deister zwischen dem Deister-Süntel-Tal und dem Land unterm Deister bildet, hat wohl dazu geführt, daß sich dieseits und jenseits des Deisters unterschiedliche Sagen über die 'Alte Taufe' gebildet haben. Sie greifen aber alle zurück auf die Zeit Karls des Großen und sind im Kern dieseits und jenseits des Deisters die gleichen: die gewaltsame Einführung des Christentums im hiesigen Raum. Die Sage von der 'Alten Taufe' nach Bock steht für die nördliche, die von Meissel für die südliche Seite. Umfangreicher erzählt Pastor Fromme die Sage von der 'Alten Taufe' und macht sie zum Inhalt seiner dramatischen Geschichte über die Entstehung von Luttringhausen.

Die Sage von der „Alten Taufe" - nach Bock

Auf dem Kamm des Deisters liegt oberhalb Barsinghausens die „Teufelskammer". Regellos liegen dort große und kleine Sandsteinblöcke umher. Der größte ist die „Alte Taufe". Der Stein hat ungefähr die Form eines Würfels von drei Metern Seitenlänge. Auf dem ansteigenden Hang ragt er an der oberen Seite jedoch nur einen Meter aus der Erde hervor. Auf der Oberseite dieses Steinriesen befindet sich eine beckenartige Vertiefung. Sie ist fast immer mit Wasser gefüllt. Auch in den trockensten Zeiten. Die alten Germanen sollen den gewaltigen Steinblock als Opferstein benutzt haben. Nach der Einführung des Christentums diente er als Taufstein, daher der Name „Alte Taufe". Die Sage erzählt von ihm folgendes:

Auf der „Egge" bei der „Teufelskammer" lag in uralter Zeit die Burg eines heidnischen Adeligen, der Lutter hieß. Mit grimmmigem Hass verfolgte er die Christen, wo immer er sie traf und zwang sie zum Kampf. Der Besiegte mußte ihm dann den erstgeborenen Sohn oder die älteste Tochter übergeben. Die Gefangenen führte er auf seine Burg und opferte sie seinen Göttern auf dem alten Stein, der inmitten seines Burghofes lag. Gnade kannte der rauhe Kriegsmann nicht. Mit größter Befriedigung schaute er zu, wie das Blut in das Becken floß. Er wollte daraus den Willen der Götter erkennen.

In einem dieser Kämpfe war Lutter unterlegen. Nun mußte er seine Tochter, seine einzige Tochter, hergeben. Von da an war er noch blinder in seinem Haß gegen die Christen. Seine Wut kannte keine Grenzen, dachte er doch nicht anders, als daß die Sieger sein einziges Kind getötet hätten, wie er es tat! Das war aber nicht so. Die Christen unterrichteten seine Tochter in der Lehre des Christentums und bekehrten sie. Der Vater aber hörte nichts wieder von ihr. So er erfuhr er auch nicht, daß sie verheiratet war und einen erwachsenen Sohn hatte.

Auf einem seiner Streifzüge im Deister nahm Lutter nun eines Tages zwei Männer, Vater und Sohn, gefangen. Er kannte sie nicht, und sie kannten ihn nicht. So wußte er auch nicht, daß sie sein Schwiegersohn und sein Enkel waren. Lutter wollte, wie immer, die beiden Männer zwingen, Wodan anzubeten. Die aber weigerten sich und sprachen: „Christus, Sieger, gib Gnade den Heiden und mir!“ Ergrimmt über diesen scheinbaren Trotz tötete Lutter seinen Schwiegersohn auf dem Blutsteine. Dem Jüngling wollte er noch Bedenkzeit geben, denn dessen Gesichtszüge erinnerten ihn sehr an seine Tochter. Weil er aber standhaft blieb und sich nicht in seinem Glauben erschüttern ließ, sondern nur sprach: „Christus, Sieger, gib Gnade den Heiden und mir!“ schleppte er ihn auch zu dem Blutstein in seinen Burghof und tötete ihn auch.

Als Lutters Tochter von dem Schicksal ihres Mannes und ihres Sohnes erfuhr, machte sie sich in unsäglichem Schmerz auf zu ihrem Vater. Sie ging in die Burg hinein. Am flackernden Herdfeuer, auf Bärenfellen liegend, fand sie ihn.

Zwei gewaltige Hunde, die zu seinen Füßen gelegen hatten, sprangen mit wütendem Geheul auf sie zu. Sie fuhr zusammen und blieb leichenblaß stehen. Mit drohender Gebärde erhob sich der Vater und trat auf sie zu. Aus seinen Augen blitzte grausame Wut, als er das Kreuz auf ihrer Brust erkannte. Abwehrend, mit erhobenen Händen, rief das geängstigte Weib aus: „Christus, Sieger, gib Gnade den Heiden und mir!“ Dann brach sie zusammen. An der Stimme und im plötzlich heller aufflammenden Lichtschein des Herdfeuers erkannte der Vater seine Tochter. Wortlos umschlang er sie mit seinen Armen und legte sie sanft auf ein Ruhebett. Er wußte, von wem er diese Worte schon gehört hatte! Er wußte plötzlich, wen er in jenen beiden Männern getötet hatte. Er fühlte das Walten des wahren Gottes. Lutter erkannte jetzt, daß er die Christen zu Unrecht verfolgte und faßte den Entschluß, selbst Christ zu werden. Er ließ sich auf dem Stein, auf dem er seine vielen unglücklichen Opfer hingerichtet hatte, taufen.

So wurde aus dem Opferstein ein Taufstein. Das am nordwestlichen Deisterabhang liegende und heute mit Bantorf vereinte Dorf Luttringhausen soll nach Lutter benannt sein.

Die Sage von der „Alten Taufe" - nach Meissel

Es war kurz nach Karl des Großen Tode. Unsere Vorfahren, die alten Sachsen, waren Christen geworden, aber nur äußerlich. Im Innern hielten sie an ihren Göttern fest. Da lebte im Sünteltale ein vornehmer Sachse mit Namen Magnus. Der war noch ein Heide. Wie alle Verkünder der den Sachsen aufgezwungenen Religion, haßte er auch den Mönch Amelung, den ersten Geistlichen in Apelern. Noch mehr aber haßte er diejenigen seiner eigenen Stammesgenossen, die sich hatten taufen lassen und Christen geworden waren und verfolgte sie auf das Grausamste.

So geschah es einst, daß er eine Mutter mit ihrem fünfjährigen Söhnlein gefangen nahm, die beide kurz vorher getauft waren. Da die Mutter von dem Christenglauben nicht lassen wollte, führte er beide zu dem alten Opferstein auf dem Deister. Hier drohte er der Mutter, sie und ihr Kind dem Donar zu opfern, wenn sie dem fremden Glauben nicht abschwöre. Aber sie blieb standhaft. Da kannte die Wut des Heiden keine Grenzen. Erbarmungslos schlachtete er erst das Kind vor den Augen der Mutter, dann diese selbst.

Doch der angstvolle Blick des unschuldigen Kindes und die Standhaftigkeit der Mutter mußten wohl sein Herz gerührt haben. Plötzlich erwachte sein Gewissen und ließ ihm keine Ruhe mehr. Da beschwor ihn seine Gemahlin, die schon heimlich eine Christin geworden war, von dem alten Heidenglauben zu lassen und sich zu dem Christengotte zu bekehren.

Magnus willigte schließlich ein und wandte sich an den von ihm bisher so gehaßten und bekämpften Mönch Amelung von Apelern. Der unterrichtete ihn in dem neuen Glauben. Als die Taufe vollzogen werden sollte, meinte Magnus, kein Platz in der ganzen Gegend sei dafür besser geeignet, als der alte Opferstein auf dem Deister. Dorthin begaben sie sich. Oben im Stein befindet sich ein Becken, das immer mit Wasser gefüllt ist. Mit diesem Wasser wurde Magnus getauft.

Von daher stammt der Name „Alte Taufe". Danach ist hier aber keiner mehr getauft worden.

Die Luttersage - nach Pastor Fromme - in Plattdeutsch (Hohenbosteler Mundart)

oder: Die Entstehung von Luttringhausen

Die ganze Kraft und Ausdrucksstärke der niederdeutschen Sprache erschließt sich eigentlich erst so richtig, wenn man die Geschichte laut liest, wenn man sie „in den Mund nimmt". Auch der, dem das Niederdeutsche/PLatt fremd ist, sollte es einmal probieren. Ein Falsch oder Richtig gibt es beim Niederdeutschen nicht, weil es keine einheitliche und festgelegte Grammatik und Phonetik gibt und sich die Sprache oft schon von einem Dorf zum andern unterscheidet.

Wenn eine von Endorp *(Nenndorf)* na de Lanner *(Landwehr)* hentau gait un is baben up den Galenbarge ankomen, hat hei ne wie Utsicht in't hannöversche Land twischen Deister un Leine. Dat eirste Kerkdörp, dat hei da tau seien kricht, licht hoch an den Deister un heet Letterhusen *(Luttringhausen)*. Von düssen Dörpe maut mine Geschichte beginnen.

In den eolen säxischen Tiden, as use Vörfahren noch Heiden wören, lebe eine in Letterhusen, dei nenne sek Lutter. Dei harre sek da en steinen Hus ebuet ünner der Hohen Heide un baben den Badendike, up de Stee, dei wi vondage noch den 'Hof' nennet. Anners was noch nein Hof da, ok neine Kerke un neine Pfarre, un neine Schaule. Bloot dat steinen Hus was da, wo Lutter wahne, un dat heet Letterhusen. Düssen Lutter hoire dat ganze Letterhüser Feld, un van den Deister sau veel Grund und Bodden, as hei me sine Kaie afhoien könne. Hei was also en riken Heren.

In densülbigen Tiden leben de Heiden me den annern, dei all Christen wören, meist in Kriege, un use Lutter was en grausamen Fiend van de Christen. Hei nenne sei garnich anners as dei 'Sackermenter', wegen ehren Däupesakrament *(Sakrament der Taufe)*, dat sei tau ehrer Selichkeit bruken. Eis kaimen dei Christen me greoter Heeresmacht an, aber nich up Use *(zu uns/ hierher)*. Dütmal schölle dei Fahrt na de Elbe hentau gahn. Sei kaimen aber dör dat Lippsche heraneteogen, güngen zwischen Hameln un Rinteln aber de Weser un wollen bi Weibeke aber den Süntel un sau na den Deister un na der Leine tau in't Leuneborgsche hentau. Da maken sek de Heiden up ut den ganzen Calenbarger Lanne, un achten nich, dat Freede was un sammeln sek baben up den Süntel un luern den Christen up. As dei nu nich wiet van'n Hohnsteine baben in't Gebirge kaimen und wören seck nix Arges mauen *(denken, vermuten)*, dartau bi den steilen Wegen moie *(müde)* von't Marschierent, da braiken Use me greoten Geschrei ut den Holte herut un störten as de Wülwe aber dei Christen her. Da fung en scheuslichet Morden und Metscheln an. Bet up düssen Dag heet dei Stee, wo düt eschein is, dat Dachtelfeld, un von Beber un Bake an bet na Pole un Apelern hentau finnet sei ünnerwilen *(zuweilen)* noch vandage bin Ackern ganze Lager von Minschenknaken und Stücker van Lanzen un Swertern un saune Dinge. Dei vödderste van allen was jümmer use Lutter, gans scheuslich as en Düwel antausein in siner Ossenhaut aber'n Rügge un wegen der Ossen-Häuern *(Ochsenhörner)*, dei öne up den Koppe saiten. As hei sau in besten Slachten was, da stötte hei up twei, dei wören Vader un Sohn, un dei Sohn was en ganz jungen Minschen as van Melk un Blaut. Use Lutter nam tauierst den Vader up et Korn und slaug öhne den Schädel kort. Da föll ön dei Junge vor sine Kneie un bidde den grimmigen Minsche um sin junget Leben. „Ek sin dei einzige Sohn von mine Mudder“, sä hei, „dei gifft dek för meck, wat du man födderst, schenk mek, bidde, min Lebent!“

„Du Sackermenter“, snof *(schnaubt)* Lutter öhne an, „du kummst mek gerade recht vor mine Fäute. Sau'n Jüngchen, dat seuke eck, du schast betalen, wat an minen Kinne verbraken is. Binnet den Jungen un schaffet den Sackermenter na den Deister up dat Osterrae. - Sine Lüe wusten Bescheid un däen, wat hei sä.

Me den Osterrae hat et aber düsse Bewandtnis: Dei olen Heiden harren ok ören Gottesdeinst up öre Wise; den hailen sei an'n hilligen Steen up der blanken Heide oder up'n hogen Barge. Use *(die Unsrigen/ Hiesigen)* harren öhre Stee up den Osterrae baben up den Deister. Da rage dei Sandstein hoch in dei Luft, stickele, mächtige Felsen, as van Riesen eplantet. Da leigen dei Blöcke ümeher, greote, unsachte Stücke, dei Minschenhand nich beweget. Da sach man henut up Land un Lüe, up den wien Wald vuller Böme, da suse und bruse dei Wind in den Bäuken, da hulen dei Wülwe an dei Brinken. Dar was öhre Stee, wo sei den Götzen deinen me Slachten von Pären, me Frätent und Supent und Brüllent. Van de Heidenschanne, dei sei da upfeuren, nenne dei Christen düsse Stee dei Düwelskamer, un sau het sei noch bet up düssen dag.

Dat allerscheuslichste aber, wat sei da driewen, dabi einen aiset *(fröstelt)* wenn eine blott daran denket, dat was, dat sei da ok Minschen slachten, öhren Götzen tau Ehren. Datau naimen sei dei, dei sei füngen, in den Krigent. Dei möten dran gläuwen, denn Gnade was nich bi den Heiden. Nu wetet wie Bescheit, wat dat in sek harre *(was das bedeutet),* wat dei wilde Lutter sä: „Schaffet den Sackermenter up dat Osterrae!“

Nich wiet von de Düwelskamern licht en gefährlich greoten Stein, sau lank as breit und sau hoch as dick. Midden up is en Lock as en Becken un 'ne Rille taun Affleitent. Den nennen dei Heiden den Aexterstein *(Marterstein).* Dat was dei Stein taun Slachten von dei Minschen. Düssen Stein umstünnen dei Heiden an den annern morgen na'r Slacht up den Süntel, me girigen Ogen dat Aexten *(Schlachten, Töten)* tau seien, dat sei vereuben wollen an den gefangenen Christen. Dei stünnen ebunnen un naket taur Halwe *(an der Seite).* Dicht an den Stein aber stunt dei Prester von dei Heiden, von Kopp bet tau Fäuten in witter Lennewant, dei ünnen me roen Strämeln *(Streifen)* benait was, sin elenlangen Bart me bunten Bännern döreflochten, up den Kopp en Kranz von Mistbusch *(Mistel),* in'r Hand dat Slachtemest.

„Dei Ölste taueirst!“, sau reip hei me Bärenstimme. Da graipen dei Helpers den Ölsten un leen *(legen)* en awer den Stein. Hei nam sin Mest un sette es recht an den Hals up dei Slagader. Nu keik hei herume in Kreise. Da füngen sei an, öhren Slachtgesang tau singen, gräsig *(grauenhaft)* tau hoiren. Dei Christe, den dat Mest an'r Kehle satt, harre Tit, sin Vaderunser tau been *(beten)* . Dei Sank *(Gesang)* was tau Enne, dei Prester stötte tau *(stößt zu).* Hoch spritze dat Blaut in dei Luft, fäll up den Stein dal, flat in dat lock herin, störte ut'r

Rillen herut un laip van de Steinwand heraff. Da brüllen dei Heiden lut up in gräsiger *(ungeheurerer)* Freude un laipen hertau un laten seck Blaut up Schilt un Swert un Arm un Bost flaiten, dat schölle sei Kraft geben taun Siege un bewaren vor tötlichen Wunnen. Noch tucke dei Liknam, da störte dei Prester an af un raip: „Den annern herup!“ Un nu gunk düt scheusliche Slachtent van nien los. An lesten Enne kam ok dei Jüngste an de Rege. „Dat ist mine!“ sä Lutter. Da bidde noch eis *(noch einmal)* dat junge Blaut üme sin Lewen. Hei dachte an sine Muder, un dat Lebent is so seute.

Da was't, as gänge wat vor in Lutter sine Seele. Sine Ogen fleigen hin un her, denn up den Jungen sin Gesicht, denn tau'r Halwe *(zur Seite)*; denn stieren se weer up den Jungen. „Schast leben!“, raip hei, „awer swöre dinen Glaben af, du Sackermenter!“ Da lüchten den Jungen sine Ogen up, düt wort harre öne holpen, hei harre seck weer. Hei was'n Mann eworen in düssen Ogenblicke. „Eck swöre nich af“, sä hei fast un gewiß, „hier is min Lewen!“.

„Henup up den Aexterstein! Sau räcke eck min Kind!“, schrie Lutter in Wut un kräftige Arme faten den Jüngling. Hei lach taun Slachtent bereit. Da roip hei lut: „Christe, Sieger, gib Gnade den Heiden und mir!“
Da störte sin Blut, da tukke sin Lief, da was sine Seele genesen.

„Du schast betalen, wat an minen Kinne verbraken is“, harre Lutter eseggt, un weer sä hei: „Sau räcke eck min Kind!“ Wo hei dat meine, dat will eck nu vertellen:

Et wören wohl twei halbe Stige Jahre (zwanzig Jahre) her, da drüngen ok eis dei Christen me Gewalt in dat Land. Use Vörforen können dataumalen nix maken un mösten seck taun Verdrägent bekwemen. Üme den Verdrag awer faster tau maken, mösten alle use Edelluie eint von öhren Kinnern hergeben, dei naimen dei Christen me as Börgen in öhre Lant. Lutter möste ok eint hergewen, un weil sine Jungens noch unmündig wören, so gaf hei sine Tochter herut, dei was söstein Joare *(sechzehn Jahre)* alt. Dat güng sünner *(ohne)* Jammernt nich af, un Ingrimm sat ihn in dei Ogen.

Nademe harren sei gue Dage in den fremmen Lanne. Sei wören alle ünnerwiesen in de christliche Lehre un laten seck däupen. Dei Jungen leren wat rechts, un dei Mäkens frien bi de Rege. Lutters Dochter frie ok un kreich en lütjen Jungen, den nenne sei Lutter, na ören Vader. Tau dene was awer neine einzige Nachricht von sine Dochter weer ekomen. Hei hailt sei für dote. Na heinart frat seck nu gleunige Haß gegen dei Christen deip in sin Harte in und Rache was sine einzige Seute *(Süße/Trost)*. Darümme sä hei: „Sau räcke eck min Kind!“

As dei lütje Lutter nu heranwasst, da vertelle sine Muder öne faken *(oft)* van sinen Grotvadern in den Heidenlanne und van Letterhusen un van de Düwelskamern, un den Aexterstein, wo sei de Christen slachten dän. Un wen den Jungen aiselich *(kalt/ fröstelig)* wurd vor Grivent *(Grauen)*, denn sä sine Muder: „Kum, Lutter, wie wilt been“, un sei been: „Christe, Sieger, gib Gnade den heiden und mir!“ Denn sä dei Junge:

„Muder, wenn eck eirst grot bin, denn will eck na Letterhusen, na minen Grotvadern, den will eck taun Christen bekeren.“ Un as nu na Jaren dei Kriegsfart na'r Elbe losgung, da bidde dei junge Lutter, dei nu söstein Jar alt was, sinen Vader, hei möchte öne mee nehmen, hei wolle sinen Grotvader beseuken. „Man tau“, sä de Vader, me dei Luie twischen Deister un Leine is upstunt *(zur Zeit)* Free, eck sin meck Arges nich mauen *(ich vermute nichts Schlimmes)*. Make dinen Affscheit van dei Mudder.“ Un de Muder gaf ören Son den Segen un sä: „Verget ok din Been nich“. Lutter versprok ör dat in dei Hant un sau güngen sei hen.

As sei nu na langen Marschirent up den Süntel ankaimen, da sä dei Vader: „Süh, Junge, nu kannste den Deister all seien; acher den Barge liggt Letterhusen, nu sint wi balle bi den Grotvader“. Jawoll, den schöllen sei balle tau seien krigen, awer anners, as sei dachten. Nich lange sau lagg von Lutters Swert erslan sin Dochdermann up den Süntel, un dat Blaut von sinen Enkel was up den Deister vergaten, klebe an sine Hant. Hei wuste dat nich, hei schöllet awer balle gewar wern.

As dei Nachricht von den Blautbae up den Süntel in dat Christenland kam, da was veel Wenent un Fragent un Klagent; un as nu Lutters Dochder Umfrage hailt, da wör öhre as gewiß vertellt, dat öhre Mann dote was, awer wo ör Kind eblewen ist, dat wußte nemmes nich *(niemand nicht / keiner)* tau mellen.

Herr Gott Vader! Sei dachte an dat Osterrae, un dei Gräsen *(Grausen)* güngen öhre dör; sei dachte an den Aexterstein, sei kenne öhre Luie. Sei wuste wol, wat sei tau daun harre, dei kindlose Witwe, sei make seck up un wanke *(wanderte)* taur Heimat.

Eines Abends lag dei ole Lutter bi'n Füerfake *(Herdfeuer)* up dei Bärenhaut. Taur Halwe twei swarte Teven, gefährliche Beister. Aber öhne an'r Wand hunk sine Ossenhaut, daran sein Schilt, daneben sine Lanzen un sin Swert. Up den Fake *(Herd)* brenne lustig dat Füer, roe Flammen spelen dör dei dicken Eikenklötze un lüchten aber dei Däle. Taur Hant stünt sin Beierkrauch, me Silber beslan, grot as upstunt neine mär sint; den sprack hei flidig tau. Ünnerwilen *(mittlerweile)* smeit hei'n Wort herut un kwassele in sin Bart: „Sackermentische Junge! Wat glupscht du mek an? Wat schall düt Gesichte? Mine Docher is all lange dote. Lat meck mittemen *(Laß mich damit zufrieden)*. Un dann weer na'ner Wile: Wat wimmere düsse Junge? Christe, Sieger? Ja, schoine Sieger! Gib Gnade den Heiden und mir. - Dei Heide will neine Gnade un du schast neine hebben! - Mankin *(zwischendurch)* knurren dei Teven. Nu slügen sei an. Tritte laiten seck hoiren. Dei Dör dä seck up. En Wif, swart un bleik, lait seck seien. En Ogenblick bleif sei da stan, as anewossen. Denn strekke sei öhre Hänne ut un schrie lut up: „Min Vader, min Vader!“ un slaug strakelangs *(der Länge nach)* up dei Däle. Hei sprunk in dei Höchte und boire dei Fru up (hob die Frau auf). Hei sach öhr in't Angesicht. Sine Lippen tukken, awer hei harre nein Wort.

„Vader“, sä sine Dochter, „wo is mine Mutter?“ Dat gaf öhne dei Sprake weer: „Sei storf vor Gram“. „Wo sin mine Bräuer?“ Hei knursche twischen dei Tänen: „Von den Christen erslan“. Da sunk öhr Kopp up dei

Boste *(auf die Brust)*, da wrung sei dei Hänne un beet ut gemarterter Seele: „Christe, Sieger, gib Gnade den Heiden und mir!"

Nu awer reit dei Ole dei Ogen up, hei stötte sine Dochter wütend trügge, hei schrie lut up: „Christin bist du? Wer ist der Junge, den sinen Vader eck slaug, - der Junge, den eck slachte up den Aexterstein, dei usach like as du *(der aussah wie du)*, dei ok bee as du?" Hoch up richte seck da dat Wif, Ogen wit ut'n Koppe, Hant gerichtet up den bebenden Mann: „Dei Mann, den du slaugest, was din Dochdermann! Dat Kint, dat du slachtest, was din Fleisch un Blaut. - Min Kint hast du eslacht!"

Das was tau veel vör den Olen. Hei brak in einen Klumpen tauhope (zusammen). Sine Dochter daneben. Den annern Morgen finnet wi de beiden noch tausamen. Grote Verännerung is över Nacht me Lutter voregan, an Lif un Seele. Sin Hoor is in'r Nacht slotenwit *(schlohweiß)* eworen. En Schuddernt schot anthand *(zuweilen)* dör sinen Liknam. Sine Dochter sit bi öne, sülmst en Jammerbild. Öhr Harte weent, öhre Ogen hewet neine Tränen. Awer dat is dei Ünnerscheit twischen Christen un Heiden, dat'n Heidenharte rein utbrennt in'r Hitte der Anfechtunge un nix nachblift as Asche, en Christenharte awer hat wat in seck, dat kann nich verbrennen, dat is sin Globe, dei ut'n Füer reiner un faster herutkumt. Wat den Vader mangele, dat harre dei Dochter ersettet un harre nich naelaten, Erbarmen üm Erbarmen den Mörder von öhre Kinne tau geven.

Dei Heilige Geist was voranegahn me siner Gnade; hei harre dei natürlichen Gefäule upereget, as'n Windstorm dei Wolken jaget, darna me hell uplüchtenden Blitz dat Heidenharte edrapen. Nu smolt et hen as Waß ünnern Lichte. Dat Licht was dat wort siner dochter, dei hei verloren meine, un dei hei nu weer harre; dei öhne nich taureke dat Blaut öhres Kinnes. Düt was dat grötste Wunner vor sinen Ogen und gaf den Utslag. Dat Wort siner Dochter was dat Evangelium van Jesu. Nein anner Wort deit Wunner; düt awer hoirt nich up, Wunner tau daun an Heiden un Christen. In dersülwigen Nacht harre et sin Wunner edahn an Vader un Dochter.

„Mine Dochter", sä dei Vader, „eck will Baen sennen *(Boten senden)* na Apelern tau den olen Amelunk. Wenn dei hoiret, dat du weer da bist, sau mag hei et ja gläuwen, dat eck Christ wern will, anners gläuwet hei et nich, eck hewwe öhne tau veel Boiset edahn. Hei hat'n Christenprester bi seck, dei schall meck däupen in dines Gottes und dines Kinnes Gottes Namen".

„O düt Kinnesoge", raip hei denn weer, „wo dat uplüchte von einem Heldenmut, - düt Kinneswort, stärker as min Arm un Swert! - Hei wolle meck taun Christen bekeren, hat hei esäggt. Hei hat meck bekeret, Christ ist Sieger, sine Gnade schall min Trost wesen *(sein)*. - Eint awer maut sin. Dat Blaut up den Aexterstein lat meck neine Ruhe. Dat maut versünet wern. Da ist mine Blautschult vullbracht, da will eck Jesus bidden, dat hei mine Blautschulden afwaschet. Dei Aexterstein schall min Däupstein weren."

As dei Baen von Letterhusen na Apelern keimen, da make dei ole Amelunk grote Ogen. Hei reip den Prester. Dei antere (antwortete) den Baen: „Gelobet sei Jesus Christ! Segget juen *(eurem)* Heren, dat eck jück *(euch)* up den Fäuten *(Füßen)* folge.“ Dei Baen güngen, dei Prester kam, dei ole Amelunk kam mee. Hei wolle dat Wunner Gottes seien, un hei sach et un freue seck un preise Gott, dat hei'n Licht anesticket harre in dei Deisternacht.

Alsodane *(alsbald/ bald darauf)* maken sei seck up den Weg na'n Aexterstein taur Däupe. Dei Prester voran. Lutter folge. An sine Halwe gunk sine Dochter, an de annern Amelung, achter *(hinter)* öhne her Lutters Lüe *(Leute)*. Wo öhr Here hengunk, da wollen sei ok hengahn, un wo öhr Here bleif, da wollen sei ok bliewen. Dat was Mennentrue (Männertreue). Sei güngen den Fastweg (Kammweg) an den Höchtebrink entlang, an dei Heisterborch vörbi up den Rotebrink, un sau füdder up den Tungenbrink na den Osterrae. As sei nu nahe keimen un den Aexterstein saigen, da gunk Vader un Dochter dei minschliche Kraft ut. Sei güngen in öre Kneie liggen, un dei ole Lutter reip lute: „Christe, Sieger, gib Gnade den Heiden und mir!“

„Amen“, sä de Prester und bee den Globen der Christen. Darna kaimen sei tour Stee. Hir funt dei unglückliche Muder öhre Tränen weer, heite un veele. Sei bucke *(lehnte)* ören Kopp an den Stein und fate öhn me beiden Hännen. „Latet sei“, sä dei Prester, sei is in öhren Rechte. Sei weent hillige Tranen aber'n hillig Blaut“. Lutters Lüe wuschen nu den Stein von allen Blaut rein, dat noch dran klebe und füllen dat Lock baben up me reinen Water. Dana recke dei Prester sine Hand aber den Stein un sä: „Im Namen des Vaters und des Sohnes und des heiligen Geistes, Amen. Fahre aus du unreiner Geist von dieser Stätte und gib Raum dem reinen Geiste.“ Un nu wart Lutter edoft me sinen ganzen Huse. Un von dei Stunne an was Lutter en annern Minschen.

Dat eirste, wat hei däe, dat was, dat hei dei Kerke in Letterhusen bue. Sinen Binnenhof gaf hei dei Parre un Land sau veel as noidich. Dat anner Land verdeile hei ünner sine Lüe, na sinen Dode arflik *(erblich)* tau besitten, me allen Gerechtsamen in Felle un Walle. Dat Patronat aber dei Kerken kreigen nadem dei Verwandten siner verstorfenen Fru, dei ok Christen wören, un seck Heren von Swalenbarg un Pürmunt nennen un upstunt *(jetzt)* Fürsten von Waldeck sint. Nu is aber dat Patronat all manchen Dag bi Kloster Baschehusen. Lutter storf in hogen Oller un liggt in siner Kerken vor'n Altar begraben. Sine Dochter gunk ok ganz ut'r Welt herut. Dei Welt harre öhr nix mehr tau geven. Da baben up'n Deister, dicht bi den Aexterstein, den sei von der Tit an ‘Lutters Däupe’ heiten un den wi vondage *(heute)* noch ‘dei ole Däupe’ nennen, da bue sei en Kloster un wart geistlich. Van da harre sei den Blick na den Dachtelfelle up den Süntel, wo öhre Mann den Dot nam von öhres Vaders Hand; un dei Stee, wo dat Blaut öhres Kinnes vergoten wart, hatte sei vor dei Klosterporten. Sei erlewe noch, dat dei ganze Deister christlich wart, un an mancher bekehrten Seele kreich sei Gesellschaf in ören Kloster.

Sönndags keimen dei Nonnen na Letterhusen taur Kerken. Dei Dör an der Südhalwe *(Südseite),* dei nu lange Jare tauemuert is, dat was dei Nunnenporte, da güngen sei in. Dat Kloster is all lange verfallen, in Kreegstiden gunk et ünner. Nademe is et in Baschehusen weer upebuet, un dat stait bet up düssen Dag.. Dei Stee, wo dat eirste stunt, heit noch jümmer 'dat ole Kloster'. Dei ole Däupe *(Alte Taufe)* is an öhrer Stee ebleven un mannich eine, dei da hengait, den gewaltigen Stein tau beseien, denket nich, wat up der Stee seck allens tauedrägen harre. Dat sägget awer alle Lüe, dat dat Water in der olen Däupe sin Lebedage nich alle wert, du magst henkomen, wenn du wut *(willst).* in der olen Däupe is jümmer Water.

Die Alexandri-Kirche in Bantorf/Luttringhausen (Südseite)
und die zugemauerte „Nonnenpforte"

Die Lotharsage - nach Pastor Fromme - in Hochdeutsch
oder: Die Entstehung von Luttringhausen

Wenn man von Bad Nenndorf aus auf die Landwehr zugeht und oben auf dem Galenberge angekommen ist, hat man eine weite Aussicht ins hannoversche Land zwischen Deister und Leine. Das erste große Kirchdorf, das man sieht, liegt hoch am Deister und heißt Luttringhausen. Mit diesem Dorfe muß meine Geschichte beginnen.

In den alten sächsischen Zeiten, als unsere Vorfahren noch Heiden waren, lebte einer von ihnen in Luttringhausen, der hieß Lutter (Lothar). Der hatte sich dort ein steinernes Haus gebaut, unter der hohen Heide und unter dem Badeteich, auf der Stelle, die wir heute noch den „Hof“ nennen. Sonst war kein Hof weit und breit, auch keine Kirche und keine Pfarre und nicht der Schulpalast. Nur das steinerne Haus stand da, worin Lutter wohnte, und das hieß Lutterhausen. Lutter gehörte das ganze Feld ringsum und von dem Deister so viel Grund und Boden, als er mit seinen Kühen abhüten konnte. Er war also ein reicher Herr. In diesen Zeiten lebten die Heiden mit den anderen, die schon Christen waren, meist im Kriege und Lutter war ein grausamer Feind der Christen. Er nannte die Christen nicht anders als die Sakramenter, wegen ihres Taufsakramentes, das sie zu ihrer Seligkeit brauchten.

Einst zogen die Christen mit großer Heeresmacht heran. Sie wollten aber nicht in unsere Gegend, sondern an die Elbe. Sie zogen durch das Lippische heran, gingen zwischen Hameln und Rinteln über die Weser und wollten bei Weibeck über den Süntel und so nach dem Deister und nach der Leine zu ins Lüneburgische hinein. Da machten sich auch die Heiden auf aus dem ganzen Kalenberger Lande und achteten nicht, daß Friede geschlossen war. Sie sammelten sich oben auf dem Süntel und lauerten den Christen auf. Als diese nicht weit von dem Hohenstein oben ins Gebirge kamen und nichts Böses vermuteten, dazu in den steilen Bergen von allem Marschieren müde waren, brachen die Unsrigen mit großem Geschrei aus dem Holze hervor und stürzten wie Wölfe über die Christen her. Ein schreckliches Morden und Abschlachten begann. Bis auf den heutigen Tag heißt die Stelle, wo dies geschehen ist, das Dachtelfeld (Dachtel = Prügel, Dachtelfeld = Prügelfeld, Schlachtfeld) und von Beber und Bakede bis nach Pohle und Apelern hin findet man zuweilen noch heutzutage beim Ackern ganze Lager von Menschenknochen und Stücke von Lanzen und Schwertern und solchen Dingen. Der Vorderste von allen war immer unser Lutter - ganz schrecklich wie ein Teufel anzusehen in seiner Ochsenhaut über dem Rücken und wegen der Ochsenhörner, die ihm auf dem Kopfe saßen. Als er so im besten Abschlachten war, stieß er auf zwei, die waren Vater und Sohn. Der Sohn war ein ganz junger Bursche wie von Milch und Blut. Lutter sticht zuerst den Vater nieder und schlägt ihm den Schädel ein. Dann will er den Jungen greifen. Der fällt vor ihm auf die Knie und bittet den grimmigen Menschen um sein junges Leben. „Ich bin der einzige Sohn meiner Mutter“, sagte er, „die gibt Dir für mich, was Du forderst. Schenke mir, bitte, mein Leben!“

„Du Sakramenter!", schnaubte Lutter ihn an, „Du kommst mir gerade recht vor die Füße, so einen Jüngling, den suche ich, Du sollst bezahlen, was an meinem Kinde verbrochen ist. Und seinen Leuten ruft er zu: „Bindet den Jungen und schafft den Sakramenter auf das Osterrad!" Seine Leute wußten Bescheid und taten was er sagte. Mit dem Osterrade hatte es aber diese Bewandtnis: die alten Heiden hatten auch ihren Glauben und ihren Gottesdienst auf ihre Weise, den hielten sie an heiligen Steinen auf der blanken Heide oder auf hohen Bergen ab. Die Kalenberger hatten ihre Stelle auf dem Osterrade oben auf dem Deister, oberhalb von Nienstedt. Da ragten mächtige Sandsteine hoch in die Luft, steile Felsen wie von Riesenhand dorthin gepflanzt. Da lagen Blöcke umher, große ungeschlachte Stücke, die keines Menschen Hand je bewegt hat. Da sah man hinaus auf Land und Leute und auf den weiten Wald voller Wild. Da sauste und brauste der Wind in den heiligen Buchen, da heulten die Wölfe an den Brinken. Da war die Stelle, wo sie ihren Götzen dienten mit dem Schlachten von Pferden, mit Fressen und Saufen und Brüllen. Von der Heidenschande, die sie da aufführten, nannten die Christen diese Stelle die Teufelskammer, und so heißt sie bis auf den heutigen Tag. Das Allerscheußlichste aber, was sie da trieben und wobei einem schaudert, wenn man bloß daran denkt, das war, daß sie da auch Menschen schlachteten, ihren Göttern zu Ehren. Dazu nahmen sie die Gefangenen aus den Kriegen. Die mußten daran glauben, denn Gnade gab es nicht bei den Heiden. Das also hieß es, wenn Lutter sagte: „Schafft den Sakramenter auf das Osterrad!"

Nicht weit vom Osterrad mit der Teufelskammer und der Teufelskanzel liegt das Westerrad. Dort ragt ein mächtiger großer Stein aus der Erde, so lang als breit und so hoch als dick. Mitten auf ihm befindet sich eine Vertiefung, ein Becken, und eine Rille zum Ableiten, den nannten die Heiden den 'Exterstein'. Diesen Stein umstanden sie am anderen Morgen nach der Süntelschlacht um mit gierigen Augen das Extern mit anzusehen, das sie da verüben wollten an den gefangenen Christen. Die standen gebunden und nackt an der Seite. Dicht am Stein stand der Priester der Heiden, vom Kopf bis zu den Füßen in weiße Leinwand gekleidet, die unten mit roten Streifen benäht war. Sein ellenlanger Bart war mit bunten Fäden durchflochten, auf dem Kopf trug er einen Kranz von Mistelzweigen, in der Hand das Schlachtemesser.

„Der Älteste zuerst!" rief er mit Bärenstimme. Da griffen die Helfer den Ältesten der Gefangenen und legten ihn über den Stein. Der Priester nahm sein Messer und setzte es rechts an den Hals auf die Schlagader. Nun sah er herum im Kreise. Da fingen sie an, ihren Schlachtgesang zu singen - entsetzlich anzuhören. Der Christ, dem das Messer an der Kehle saß, hatte Zeit, sein Vaterunser zu beten. Der Gesang ging zu Ende, der Priester stieß zu und hoch spritzte das Blut in die Luft, fiel auf den Stein wieder herunter, floß in das Becken hinein, stürzte aus der Rille heraus und floß von der Steinwand herab. Da brüllten die Heiden laut vor gräsiger Freude. Sie liefen herzu und ließen sich Blut auf Schild und Schwert, auf Brust und Arme fließen. Das sollte ihnen Kraft geben zum Siege und sie bewahren vor tödlichen Wunden. Noch zuckte der Leichnam, da stürzte der Priester ihn hinab und rief: „Den nächsten herauf!" Und nun ging das scheußliche Schlachten von neuem los. Zuletzt kam der Jüngste an die Reihe. „Der gehört mir", sagte Lutter. Der Jüngling bat zuerst um sein Leben. Er dachte an seine Mutter, und das Leben ist so süß! Da war es, als ginge etwas vor in Lutters Seele.

Seine Augen flogen hin und her, dann auf des Jungen Gesicht, dann zur Seite, dann stierten sie wieder den Jungen an. „Sollst leben!“ rief er, „aber schwöre Deinem Glauben ab, Du Sakramenter!“ Da leuchteten die Augen des Jungen auf. Das Wort hatte ihm geholfen. Er faßte sich. Er war ein Mann geworden in diesem Augenblick. „Ich schwöre nicht ab“, rief er fest und gewiß, „hier ist mein Leben!“

„Hinauf auf den Exterstein! So räche ich mein Kind!“ schrie Lutter voller Wut, und kräftige Arme faßten den Jüngling und legten ihn auf den Opferstein. Da rief er laut:“ Christe, Sieger, gib Gnade den Heiden und mir!“ - Da stürzte sein Blut, da zuckte sein Leib, da war seine Seele genesen. „Du sollst bezahlen, was an meinem Kinde verbrochen ist“, und „so räche ich mein Kind“, hatte Lutter gesagt. Und was er damit meinte, sei im Folgenden erzählt:

Es war wohl an die zwanzig Jahre her, da drangen einst die Christen mit Gewalt in das Land. Unsere Vorfahren konnten dazumal nichts machen und mußten sich zum Vertrage bequemen. Um den Vertrag aber fester zu machen, mußten alle Edelleute dieser Gegend eines von ihren Kindern als Geiseln hergeben und weil seine Jungen noch unmündig waren, gab Lutter seine Tochter heraus, die war sechzehn Jahre alt. Das ging nicht ohne Jammer ab, und Ingrimm setzte sich in seinem Herzen fest.

Die Christen nahmen die Geiseln mit in ihr Land, und die hatten gute Tage in der Fremde. Sie wurden in der christlichen Lehre unterwiesen und ließen sich taufen. Die Jungen lernten etwas Rechtes und die Mädchen heirateten. Lutters Tochter heiratete auch und bekam einen Jungen, den nannte sie Lothar, nach ihrem Vater. Zu dem alten Lutter aber war keine Nachricht von seiner Tochter mehr gekommen. Deshalb hielt er sie für tot. Nach Heidenart fraß sich glühender Haß gegen die Christen tief in sein Herz, und Rachegedanken waren seine einzige Süße. Darum war es auch, daß er sagte: „So räche ich mein Kind“.

Als der kleine Lothar nun heranwuchs, erzählte ihm die Mutter viel von seinem Großvater in dem Heidenlande und von Luttringhausen und von der Teufelskammer und dem Exterstein, auf dem sie die Christen schlachteten. Und wenn dann dem Jungen schauderte vor Grauen, dann sagte seine Mutter: „Komm, Lothar, wir wollen beten“: Und sie beteten „Christe, Sieger, gib Gnade den Heiden und mir“.

Dann sagte der Junge: „Mutter, wenn ich groß bin, dann will ich nach Luttringhausen zu meinem Großvater gehen und ihn zum Christen bekehren.“ Und als nun nach Jahren die Kriegsfahrt an die Elbe losging, da bat der junge Lothar, der nun sechzehn Jahre alt war, seinen Vater, er möchte ihn mitnehmen zu seinem Großvater in dem Heidenlande. „Nur zu“, sagte der Vater, „mit den Leuten zwischen Deister und Leine ist zur Stunde Frieden. Ich vermute nichts Arges. Mache Deinen Abschied von der Mutter.“ Und die Mutter gab ihrem Kinde den Segen und sagte: „Vergiß auch Dein Beten nicht“. Das versprach ihr Lothar in die Hand, und so gingen sie hin, der Vater mit dem Sohn.

Als sie nun nach langem Marschieren auf dem Süntel ankamen, sagte der Vater: „Sieh, Junge, nun kannst Du den Deister schon sehen. Hinter dem Berge liegt Luttringhausen. Nun sind wir bald bei Deinem Großvater." Den sollten sie auch bald zu sehen bekommen. Aber anders, als sie dachten.

Nicht lange, so lag vor Lutters Schwert sein Schwiegersohn auf dem Süntel und seines Enkels Blut, auf dem Deister vergossen, klebte an seiner Haut. Er wußte es nicht, sollte es aber balderfahren. Es war das Jahr 782. Als die Nachricht von dem Blutbade auf dem Süntel in das Christenland kam, da war viel Weinen und Klagen und Fragen, und als nun Lutters Tochter Umfrage hielt, da ward ihr erzählt, daß ihr Mann tot wäre. Aber wo ihr Kind geblieben, das wußte niemand zu sagen. Herr Gott, Vater! Sie dachte an das Osterrad. Sie dachte an den Exterstein. Sie kannte ihre Leute - und ein Grausen ging ihr durch und durch. Die nun kinderlose Witwe machte sich auf und wanderte zur Heimat. Sie wußte wohl, was ihrer da wartete.

Eines Abends lag der alte Lutter bei dem Feuerherde auf seinem Bärenfell, ihm zur Seite seine zwei schwarzen Hunde, gefährliche Biester. Über ihm an der Wand hing seine Ochsenhaut, daran sein Schild, daneben seine Lanzen und sein Schwert. Auf dem Herd brannte lustig das Feuer. Rote Flammen spielten durch die dicken Eichenklötze und leuchteten über die Diele. Zur Hand stand sein Bierkrug, mit Silber beschlagen, so groß, wie heute keine mehr sind. Fleißig sprach er dem Bier zu. Bisweilen sagte er einige Wörter und murmelte in seinen Bart: „Sakramentischer Junge! Was guckst Du mich so an? Was soll Dein Gesicht? Meine Tochter ist tot, laß auch Du mich in Frieden!" Und dann, nach einer Weile: „Was wimmert dieser Junge? Christe, Sieger? - Ja, schöner Sieger! Gib Gnade den Heiden und mir? Die Heiden brauchen keine Gnade. Und Du sollst keine haben!" Zwischendurch knurrten die Hunde. Nun schlugen sie an. Tritte ließen sich hören, die Tür tat sich auf. Ein Weib, schwarz und bleich, kam herein. Einen Augenblick blieb sie stehen, wie angewachsen. Dann streckte sie ihre Hände aus und schrie laut auf: „Mein Vater! Mein Vater!" und fiel der Länge nach auf die Diele. Lutter sprang in die Höhe und hob sie auf. Er sah ihr ins Gesicht. Seine Lippen zuckten, aber er brachte kein Wort heraus. „Vater", sagte seine Tochter, „wo ist meine Mutter?" Das gab ihm die Sprache wieder. „Sie starb vor Gram". „Wo sind meine Brüder?" Er knirschte mit den Zähnen. „Von den Christen erschlagen!" Da sank ihr Kopf auf ihre Brust, da rang sie die Hände und betete aus gemarteter Seele: „Christe, Sieger, gib Gnade den Heiden und mir." Nun riß der alte Lutter die Augen auf. Er stieß seine Tochter wütend zurück und schrie laut auf: „Christin bist Du? - Und wer ist dann der Junge, dessen Vater ich erschlug? - und der Junge, den ich schlachtete auf dem Exterstein - der auch so betete, so wie Du?".

Hoch auf richtete sich da das Weib, die Augen weit aufgerissen, die Hand auf den bebenden Mann gerichtet: „Der Mann, den Du erschlugst, das war Dein Schwiegersohn, das Kind, das Du schlachtetest, war Dein eigen Fleisch und Blut! Mein Kind, mein Kind hast Du dahingeschlachtet!" Das war zuviel für den alten Mann. Er brach in einem Haufen zusammen, seine Tochter daneben. Bis zum andern Morgen lagen sie so beisammen.

Große Veränderung ging über Nacht mit Lutter vor, an Leib und Seele. Sein Haar wurde in einer Nacht schlohweiß und Schaudern schoß zuweilen durch seinen Körper. Seine Tochter war bei ihm, selbst ein Jammerbild. Ihr Herz weinte, aber ihre Augen hatten keine Tränen. Das ist der Unterschied zwischen Christen und Heiden, daß ein Heidenherz ausbrennt in der Hitze der Anfechtung und nichts zurückbleibt als Asche. Ein Christenherz aber hat etwas in sich, das kann nicht verbrennen, das ist der Glaube, der aus dem Feuer reiner und fester herauskommt. Was dem Vater mangelte, ersetzte ihm die Tochter, und sie ließ nicht nach, Erbarmen über Erbarmen dem Mörder ihres Kindes zu geben.

Der Heilige Geist war vorangegangen mit seiner Gnade. Er hatte die natürlichen Gefühle angeregt, wie ein Windsturm die Wolken jagt, dann mit hellaufleuchtendem Blitz das Heidenherz getroffen. Nun schmolz es hin wie Wachs unterm Lichte. Das Licht war das Wort seiner Tochter, die er verloren meinte und die er nun wiederhatte, die ihm nicht zurechnete das Blut ihres Kindes. Das war das größte Wunder vor seinen Augen und gab den Ausschlag. Das Wort seiner Tochter aber war das Evangelium von Jesus. Kein anderes Wort tut Wunder, dies aber hört nicht auf, Wunder zu tun an Heiden und Christen. Und noch in derselben Nacht hatte es seine Wunder verrichtet an Vater und Tochter.

„Meine Tochter“, sagte Lutter, „ich will Boten senden nach Apelern zu dem alten Amelung. Wenn der hört, daß Du wieder da bist, so mag er es ja glauben, daß ich ein Christ werden will, anders glaubt er es nicht. Ich habe ihm viel Böses angetan. Er hat einen Christenpriester bei sich, der soll mich taufen in Deines Gottes Namen und in Deines Kindes Gottes Namen. „O, dies Kindesauge!“ rief er immer wieder, „wie das aufleuchtete von Heldenmut, dies Kindeswort, stärker als mein Arm und mein Schwert! Er wolle mich zum Christen bekehren, hat er gesagt. Er hat mich bekehrt! Christe ist Sieger, seine Gnade soll mein Trost werden. Eines aber muß sein: Das Blut auf dem Exterstein läßt mir keine Ruhe, das muß versöhnt werden. Da ist meine Blutschuld vollbracht, da will ich Jesus bitten, daß er meine Blutschuld abwäscht. Der Exterstein soll mein Taufstein sein.“

Als die Boten des alten Lutter nach Apelern kamen, da machte der alte Amelung große Augen. Er rief den Priester. Der antwortete dem Boten: „Gelobt sei Jesus Christus! Saget Eurem Herrn, daß ich Euch auf den Füßen folge.“ Die Boten gingen. - Der Priester kam. Der alte Amelung ging mit. Er wollte das Wunder Gottes sehen, und er sah es und freute sich und pries Gott, daß er ein Licht angesteckt hatte in der Deisternacht. Alsbald machten sie sich auf den Weg nach dem Exterstein zur Taufe. Der Priester schritt voran, Lutter folgte. An seiner Seite ging seine Tochter, an der anderen Seite Amelung. Hinter ihnen kamen Lutters Leute. Wo ihr Herr hinging, da wollten sie auch hingehen und wo ihr Herr blieb, da wollten sie auch bleiben. Das war Männertreue. Sie zogen den Fastweg entlang und den Hechtbrink, an der Heisterburg vorbei, weiter über den Rossebrink und den Zungenbrink zum Osterrade.

Wie sie ihrem Ziel nahe kamen und den Exterstein sahen, da gingen Vater und Tochter die menschliche Kraft aus. Sie fielen auf die Knie und der alte Lutter rief laut: „Christe, Sieger, gib Gnade den Heiden und mir!“ - „Amen“, sagte der Priester und betete den Glauben der Christen. Danach kamen sie zur Stelle. Hier fand die unglückliche Mutter ihre Tränen wieder. Heiße und viele. Sie hielt ihren Kopf an den Stein und faßte ihn mit beiden Händen. „Laßt sie“, sagte der Priester, „sie ist in ihrem Rechte. Sie weint heilige Tränen über ein heiliges Blut“.

Lutters Leute wuschen nun den Stein von allem Blut rein, das noch daran klebte und füllten das Loch obenauf mit reinem Wasser. Danach reckte der Priester seine Hand über den Stein und sprach: „Im Namen Gottes, des Vaters, des Sohnes und des Heiligen Geistes! Amen. Fahre aus, Du unreiner Geist, von dieser Stätte und gib Raum dem reinen Geiste.“ Und nun wurde Lutter getauft mit seinem ganzen Hause. Von der Stunde an war er ein anderer Mensch. Zuerst baute er die Kirche in Luttringhausen. Seinen Binnenhof gab er der Pfarre und Land so viel wie nötig. Das andere Land verteilte er unter seine Leute, die es nach seinem Tode erblich besitzen sollten, mit allen Gerechtsamen in Feld und Wald.

Das Patronat über die Kirche bekamen die Verwandten seiner verstorbenen Frau, die auch Christen waren und sich „Herren von Schwalenberg und Pyrmont“ nannten und später „Fürsten von Waldeck“ hießen. Nun aber ist das Patronat schon manchen Tag beim Kloster Barsinghausen.

Lutter starb in hohem Alter und liegt in seiner Kirche vor dem Altar begraben. Seine Tochter ging auch ganz aus der Welt. Die hatte ihr nichts mehr zu geben. Oben auf dem Deister, dicht bei dem Exterstein, den sie von der Zeit an „Lutters Taufe“ nannten und den wir jetzt noch als „Die Alte Taufe“ kennen, da baute sie ein Kloster und ward geistlich. Von da hatte sie den Blick nach dem Dachtelfelde auf dem Süntel, wo ihr Mann den Tod gefunden hatte von ihres Vaters Hand, und die Stelle, wo das Blut ihres Kindes vergossen ward, hatte sie vor der Klosterpforte. Sie erlebte noch, daß der ganze Deister christlich wurde, und von mancher bekehrten Seele bekam sie Gesellschaft im Kloster. Sonntags kamen die Nonnen nach Luttringhausen zur Kirche. Die Tür der Südseite, die nun seit vielen Jahren zugemauert ist, das war die Nonnenpforte. Da gingen sie hinein und hinaus.

Das Kloster ist lange verfallen. Es ging in Kriegszeiten unter. Danach wurde es in Barsinghausen wieder aufgebaut, und da steht es bis auf den heutigen Tag. Die Stelle, wo das erste Kloster stand, heißt noch immer „Dat olle Kloster“. Die „Alte Taufe“ ist an ihrer Stelle geblieben, und manch einer, der dort hingeht, den gewaltigen Stein zu sehen, weiß nichts von dem, was sich hier einst zugetragen hat. Das aber sagen alle Leute: daß das Wasser in der Alten Taufe sein Lebetage nicht alle wird, du magst hinkommen, wann du willst. In der „Alten Taufe“ ist immer Wasser.

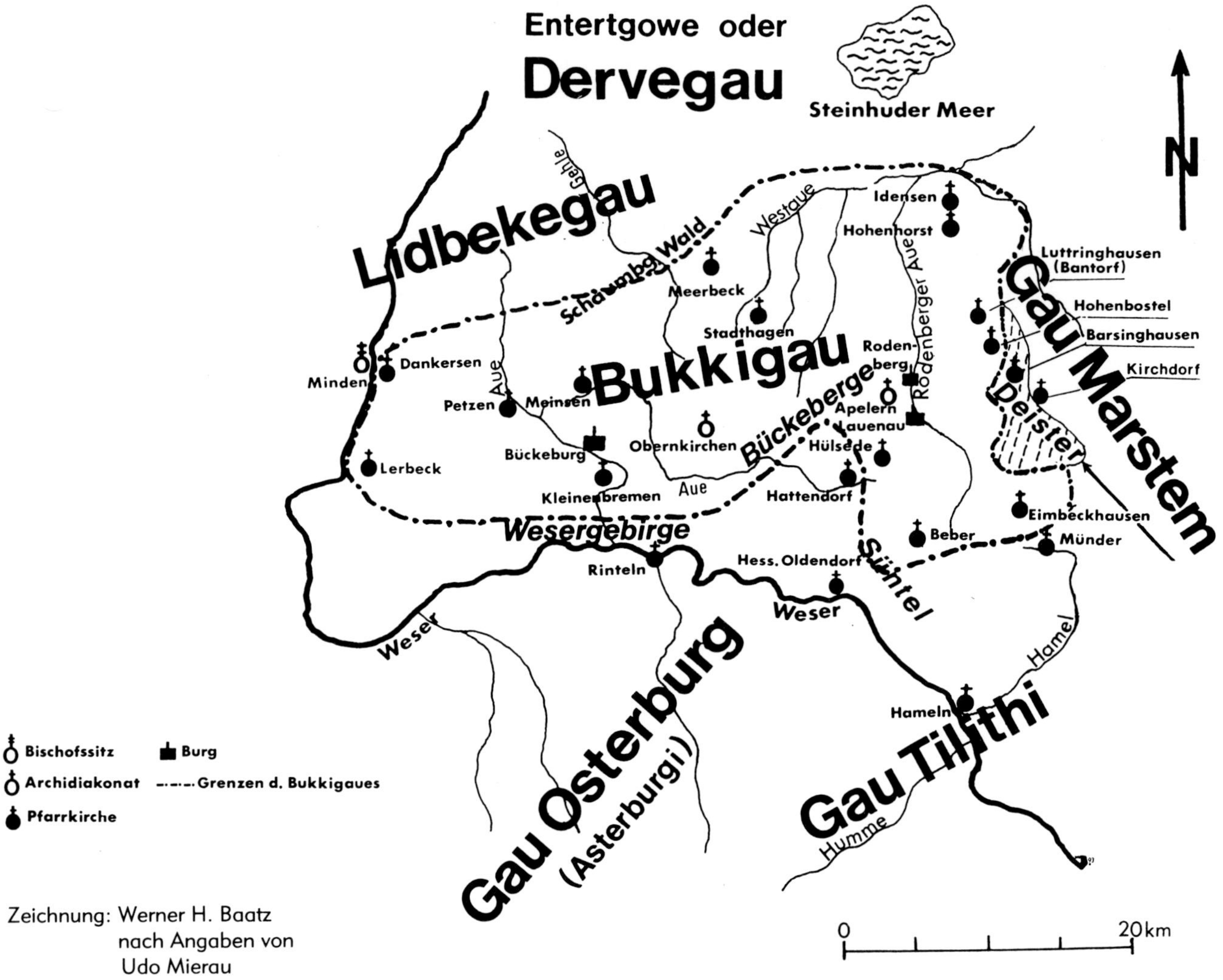

Der Bukkigau und die an ihn grenzenden Gaue der Sachsen
im 8./9. Jahrhundert
(Zeichnung von Werner H. Baatz nach Angaben von Udo Mierau)

Karl der Große am Deister und im Sünteltal

Die Süntelschlacht im Jahre 782

Nach dem Tode seines Bruders im Dezember 771 wurde Karl der Große Herrscher über das gesamte Frankenreich. Bereits 772 begann er einen 33jährigen Krieg gegen die Sachsen mit dem Ziel, sie zu unterwerfen und in sein Reich einzugliedern. Die zwangsweise Christianisierung der heidnischen Sachsen sollte die Unterwerfung vollenden.

Im Juli 782 ersetzte er auf dem Reichstag zu Lippspringe die bisherige sächsische Gauverfassung durch eine fränkische Grafschaftsverfassung. Sie faßte die sächsischen Siedlungen zu Kirchspielen zusammen, setzte die Ablehnung der Taufe, Menschenopferung, Hexenglaube sowie die Tötung von Bischöfen, Priestern und Diakonen unter Todesstrafe. Sie verordnete weiter, daß die Angehörigen eines Kirchspiels gemeinsam der Kirche einen Hof und zwei Hufen Land zu schenken und alle an die Kirche und die Pfarrer den Zehnten abzuliefern haben, eine frühe Form der späteren Kirchensteuer.

Dieser Erlaß trug wahrscheinlich zu dem noch 782 ausgebrochenen Aufstand der Sachsen bei. Der Anführer dieses Freiheitskampfes war der sächsische Adeling Widukind, der 777 erstmalig in den fränkischen Annalen als „Übeltäter" erwähnt wird.

Nach der Beendigung des Reichstages zu Lippspringe kehrte Karl der Große nach Westfranken zurück. Jetzt rief Widukind zum Widerstand gegen die Franken auf. Dieser Aufstand führte zur Tötung von Priestern, Missionaren und den eingesetzten fränkischen oder fränkisch gesinnten Grafen und fand seinen Höhepunkt in der für die Franken so verlustreichen Schlacht auf dem Dachtelfelde im Süntel im Jahre 782. Widukinds Scharen vernichteten das eilends zu einem Feldzug gegen die Sorben herbeigerufene ostfränkische Heer völlig. Die fränkischen Reichsannalen (Annales regni Francorum) und die Einhard Annalen (Annales Einhardi) gelten hierbei als wichtigste Geschichtsquellen. „Geschichte schreiben immer die Sieger!" Das galt auch hier. So unterscheiden sich die beiden historischen Zeugnisse in einem wesentlichen Punkt:

Die fränkischen Reichsannalen umspannen den Zeitraum vom Tode Karl Martells 741 bis zum Jahre 829 und gelten als offiziöse Geschichtsschreibung der siegreichen Karolinger. Der Reichsannalist spricht bei der Schilderung der Süntelschlacht von einem Sieg der Franken. Einhard dagegen, der als Schwiegersohn Karls des Großen (er war mit Karls Tochter Emma vermählt) enger Vertrauter des Kaisers und Gelehrter an seinem Hofe hinreichend Einblick auch in militärische Dinge hatte, beschreibt als Wissenschaftler - sine ira et studio - (= „ohne Haß und ohne Begünstigung" - d. h. objektiv bemüht) die Niederlage des fränkischen Heeres.

Einige Geschichtsschreiber und Heimatforscher stellen das Dachtelfeld als Schlachtfeld in Frage und nehmen an, daß sich die blutige Auseinandersetzung an anderen Plätzen in der Nähe des Süntels zugetragen hat, zumal die alte Bezeichnung „Suntal" im Mittelalter auch das Wiehen- und Wesergebirge mit umfaßte. Aus dem

Deutschen Wörterbuch der Sprachwissenschaftler Gebrüder Grimm geht hervor, daß 'Dachtel' mit 'Ohrfeige' oder auch 'Schlag an den Kopf' gleichzusetzen ist. 'Dachteln' wurde ursprünglich im Sinn 'einen Denkzettel verpassen' im Sprachgebrauch verwendet.

Zur Darstellung des zeitlichen Ablaufs der Schlacht und zum Verständnis der Überlegungen zum Ort des Geschehens sind nachstehend die beiden Annalen im Wortlaut wiedergegeben. Die in Klammern kursiv eingefügten Angaben sind zusätzliche Erläuterungen des Verfassers.

Aus den Reichsannalen ergibt sich, daß sich Karl am 25. Juli 782 offenbar auf dem Rückwege von der Lippequelle zum Rheinland *(Köln)* befand.

> „Damals *(im Jahre 782)* zog König Karl über den Rhein und hielt eine Versammlung ab, wo die Lippe entspringt. Dorthin kamen alle Sachsen außer dem aufständischen Widochind. Auch kamen dorthin Nordmannen, Boten des Königs Sigifrid, nämlich Halptani mit seinen Genossen. Ebenso trafen dort auch Avaren ein, die vom Kagan und Jugurr abgeschickt waren. Nachdem der Reichstag hier zu Ende war, kehrte König Karl nach Franzien zurück.
> Und als er wieder umgekehrt war, erhoben sich die Sachsen wieder in der gewohnten Weise auf Betreiben des Widochind. Ohne daß dies König Karl wußte, schickte er *(König Karl)* seine Boten Adalgis, Gailo und Worad, sie sollten das Heer der Franken und Sachsen gegen ein paar Slaven in Bewegung setzen, die sich erhoben hatten. Und als die obgenannten Boten unterwegs von der Erhebung der Sachsen hörten, warfen sie sich, als sie die obgeannnte Schar *(der Franken)* einholten, auf die Sachsen und handelten von da an ohne Auftrag König Karls. Und sie begannen einen Krieg mit den Sachsen, und in tapferem Kampfe, wobei viele Sachsen fielen, blieben die Franken Sieger. Und dort fielen auch zwei von den Boten, Adalgis und Gailo, im Berge, der Suntdal genannt wird."

Einhard, Karls Biograph, schildert die Zusammenhänge des Jahres 782 ausführlicher:

> „Als er *(Karl)* nach Schluß des Reichstages *(in Lippspringe)* über den Rhein nach Gallien *(Westfranken)* zurückgekehrt war, kam Widokind, der sich zu den Nordmannen *(Dänen)* geflüchtet hatte, wieder heim in sein Vaterland und reizte die Sachsen mit eitlen Hoffnungen zum Aufruhr. Unterdessen wurde dem König gemeldet, daß die slavischen Soraben, welche das Land zwischen Elbe und Saale bewohnen, ins Gebiet der ihnen benachbarten Thüringer und Sachsen eingebrochen seien und mehrere Orte mit Raub und Brand verwüstet hätten. Sogleich berief er drei seiner Beamten, den Kämmerer Adalgis, den Marschall Gailo und den Pfalzgrafen Worad, und befahl ihnen, mit dem Heerbann der Ostfranken und Sachsen die Vermessenheit der störrischen Slaven möglichst schnell zu bestrafen. Als sie jedoch, um den ihnen erteilten Auftrag auszuführen, in das sächsische Gebiet kamen, hörten sie, daß die Sachsen nach dem Rate Widukinds sich zum Kriege gegen die Franken gerüstet hätten; sie gaben also den Zug gegen die Slaven auf und rückten mit den Ostfranken dahin, wo die Sachsen sich versammelt haben sollten. Schon auf sächsischem Boden begegnete ihnen Graf

Theoderich, ein Anverwandter des Königs, mit den Truppen die er bei der Nachricht von dem Abfall der Sachsen in der Eile hatte aus Ribuarien *(Köln-Bonner Raum)* zusammenbringen können. Er gab ihnen den Rat, zuerst - trotz der Eile - durch Kundschafter möglichst rasch in Erfahrung zu bringen, wo die Sachsen seien und was bei ihnen vorgehe, und alsdann, falls die Beschaffenheit des Ortes es zulasse, zu gleicher Zeit sie anzugreifen. Dieser Rat fand Beifall bei ihnen, und sie rückten nun mit jenem vereint zum Suntal geheißenen Berge, auf dessen Nordseite die Sachsen ihr Lager aufgeschlagen hatten. Nachdem hier der Graf Theoderich sein Lager aufgeschlagen hatte, setzten sie der Verabredung gemäß, um so den Berg leichter umgehen zu können, über die Weser und lagerten sich am Ufer des Flusses. Wie sie sich nun aber untereinander besprachen, fürchteten sie, die Ehre des Sieges möchte dem Theoderich allein zufallen, wenn er in der Schlacht bei ihnen wäre, und beschlossen, ohne ihn mit den Sachsen anzubinden, nahmen also die Waffen zur Hand und rückten, als ob sie es nicht mit einem zur Schlacht geordneten Feind zu tun, sondern Fliehende zu verfolgen und Beute zu machen hätten, so schnell als jeden sein Roß tragen mochte, dahin vor, wo die Sachsen vor ihrem Lager in Schlachtreihe standen. So übel der Anmarsch, so übel war auch der Kampf selbst; sobald das Treffen begann, wurden sie von den Sachsen umringt und fast bis auf den letzten Mann niedergehauen. Wer sich jedoch retten konnte, floh nicht in das eigene Lager, von dem sie ausgezogen waren, sondern in das Theoderichs, welches über dem Berg drüben lag. Der Verlust der Franken war noch größer, als es der Zahl nach schien, denn die zwei Sendboten Adalgis und Gailo, vier Grafen und von anderen erlauchten und vornehmen Männern an die zwanzig wurden getötet, außer den anderen, die ihnen gefolgt waren und lieber mit ihnen sterben, als sie überleben wollten."

Auf die Schlacht am Süntel folgte das Blutbad von Verden an der Aller, bei dem 4500 Sachsen, vornehmlich Edelinge, heimtückisch umgebracht worden sein sollen. Sie waren unter der Zusage freien Geleits zur Führung von Verhandlungen arglistig in eine Falle gelockt worden. Da loderte der von Widukind geführte Widerstand von neuem überall im Lande auf. Es kam zu Feldschlachten bei Detmold und an der Hase, die jedoch mit verlustreichen Niederlagen für das sächsische Aufgebot endeten.

Als sich die militärische Überlegenheit Karls des Großen immer mehr auf das Land auswirkte, gab Widukind auf. Im Jahre 785 ließ er sich zu Attigny im damaligen Westfranken taufen. Das Schicksal des letzten freien germanischen Stammes wurde damit entschieden. Der Sieg in der Süntelschlacht war vergeblich erkämpft worden.

Die Heisterburg

Oberhalb von Feggendorf, am westlichen Ende des Deisters, liegt oben auf der Höhe eine alte germanische Wallburg, die Heisterburg. Die ehemalige Hauptburg, ein gewaltiges Viereck, in dessen Mitte sich eine tiefe Grube, die sogenannte Küche befand, nachweislich ein eingestürzter Brunnen, ist heute noch gut zu erkennen. Um Teile der vorgelagerten Wallanlagen zu finden, muß man schon genauer hinsehen.

Welche Bedeutung der Heisterburg einst zukam, darüber gab es lange unterschiedliche Meinungen. Man kann beispielsweise lesen, daß es sich bei ihr um einen Versammlungsplatz gehandelt hat, von dem aus sich die alten Cherusker den Römern entgegengeworfen haben. Oder man liest, daß die alte Wallanlage eine fränkische Festung war, die unter Karl dem Großen gebaut wurde. Eine Postkarte vom Anfang unseres Jahrhunderts, die es auch heute noch, oder wieder, zu kaufen gibt, stellt die Heisterburg gar als eine steinerne Burgruine dar. Die Forschung glaubt sich aber heute sicher zu sein, daß wir es bei der Heisterburg mit einer sächsischen Schutzburg zu tun haben, einer Anlage, in die sich die am Deister lebende Bevölkerung zurückziehen konnte, wenn der Feind nahte. So ist es nur natürlich, daß das Geschehen um die Süntelschlacht auch an die Geschichten um die Heisterburg erinnert - jedenfalls von sächsischer Seite aus.

„Im Jahre 782 sollen sich die Sachsen mit Weib und Kind und ihrer ganzen Habe hier versammelt haben, um sich mit dem Heere, das Karl der Große gegen die slavischen Völker senden wollte, zu verbinden. Doch Wittekind*, der aus der Verbannung wiedergekehrt war, wollte sich diese günstige Gelegenheit, sich an den Franken zu rächen, nicht entgehen lassen. Deshalb versammelte er seine Gefolgsleute um sich und bereitete einen Plan vor, um die Franken anzugreifen, wenn sie von Oldendorf her bei dem Hohenstein durch den Süntel zögen.

Auf einem weiten Plateau, das später den Namen Dachtelfeld erhalten sollte, legten sich die Sachsen in den Hinterhalt und als nun die Franken sorglos über das Feld zogen, stürmten die Sachsen plötzlich aus ihren Schlupfwinkeln hervor, erschlugen eine große Anzahl von ihnen und jagten die anderen von der Hochebene in das Tal, welches Dachtelfeld und Hohenstein trennt. Dort machten sie alles nieder, was sich ihnen in den Weg stellte. Der kleine Bach, der durch dieses Tal fließt, soll vom Blute der erschlagenen Krieger so rot gewesen sein, daß er seitdem 'Blutbach' genannt wird. Und das Tal heißt noch heute das 'Blutbachtal'. Diejenigen Franken, die dem Sachsenschwert entkamen, wurden gefangen genommen, nach dem Westerrade oberhalb Barsinghausens auf den Deister geführt und da bei dem Opferstein, den man heute die „Alte Taufe" nennt, den Göttern geopfert. Die Beute aber soll man nach der Heisterburg gebracht haben, wo man den errungenen Sieg feierte."

* Wittekind = Widukind

Hohensteiner Nelke und Roter Traubenholunder

Auf dem ehemaligen Schlachtfeld im Süntel kann man die rote Hohensteiner Nelke finden. Sie wächst nur hier und sonst nirgendwo. Sie ist der Sage nach aus dem Blut der erschlagenen Krieger hervorgesprossen. Und auch die roten Beeren des an den Hängen des Totentales wachsenden Traubenholunders sollen ihre rote Farbe von dem Blut der damals getöteten Franken haben.

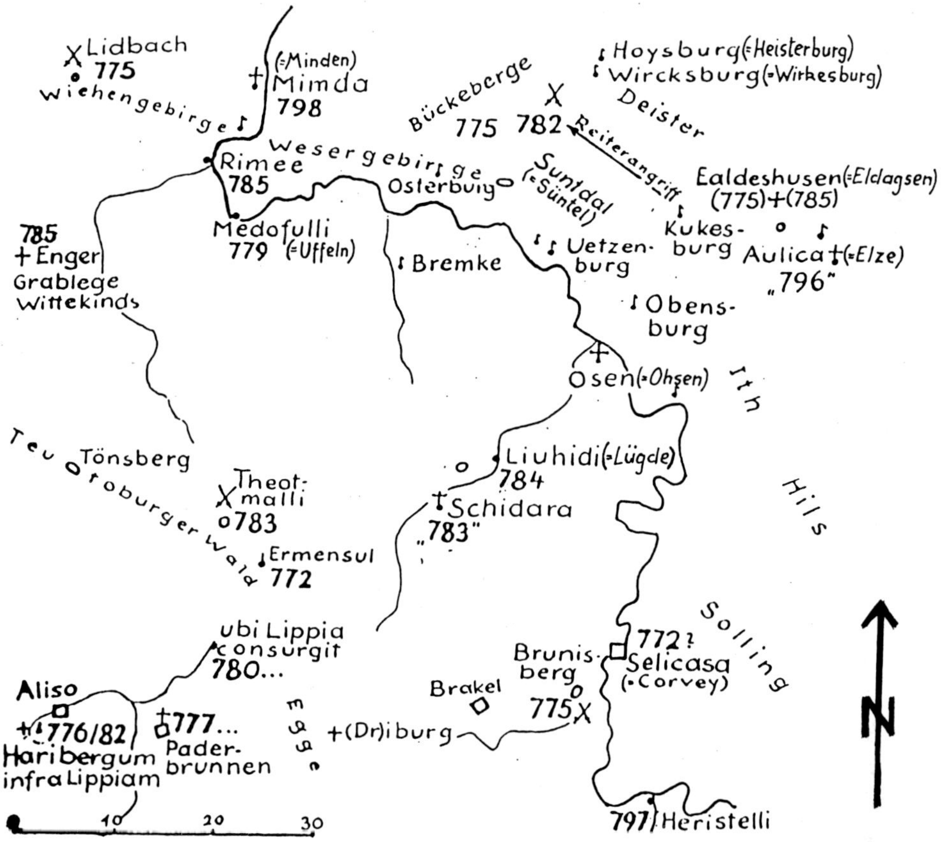

Die Aufenthalte Karls des Großen im Weserbergland

vor und nach der Süntelschlacht

(Archiv Udo Mierau, Quelle unbekannt)

Karl der Große im „Alten Lager“

Eine Flurlage zwischen dem Vorwerk Theensen bei Bad Münder und dem Fuß der Anhöhe Hülsebrink nach Klein Süntel/Flegessen zu, heißt „Im Alten Lager“. Möglicherweise war hier ein Lagerplatz der alten Sachsen unter Widukind vor der Schlacht auf dem Dachtelfeld im Jahre 782. Daß Karl der Große „Im Alten Lager“ nächtigte, ist geschichtlich nicht belegt und eher unwahrscheinlich. Aus den bereits erwähnten Annalen des Einhard geht aber mit Sicherheit hervor, daß Karl um das Jahr 775 am Deister und Süntel weilte. In diesem Jahr kam er von der Oker in den Bukkigau, um mit den Angrivariern, einem Sachsenstamm, zu verhandeln. Geschichtsschreiber vermuten, daß der Weg Karl des Großen dann über Hildesheim, Eldagsen, durch die Deisterpforte bei Springe und das Deister-Süntel-Tal in Richtung Minden geführt hat.

Der Verlauf seines über drei Jahrzehnte dauernden Kampfes, die Sachsen zum Christentum zu bekehren, führte Karl den Großen auch selber in das sächsische Kernland um Deister und Süntel, wo die Menschen mit besonderer Treue an ihrem alten Glauben festhielten und sich hartnäckig weigerten, das Christentum anzunehmen. Mit einem großen Heer zog er durch die Deisterpforte bei Springe und über den Katzberg bei Altenhagen in die Nähe Münders.

Unter Bäumen wurde ein Nachtlager aufgeschlagen. Müde von dem anstrengenden Tagesritt legte sich der Kaiser zum Schlafen nieder. Nachdem er einige Stunden geruht hatte, erwachte er um Mitternacht und fragte seine Wächter: „Wer hat mich aufgeweckt?“ Die sagten: „Niemand“. Darum schlief er beruhigt weiter. Doch schon sehr bald erwachte er wieder, und wieder stellte er die Frage: „Wer hat mich aufgeweckt?“ Und wieder erhielt er zur Antwort: „Niemand“.

Als der Kaiser zum drittenmal erwachte und zum dritten Mal zur Antwort erhielt, niemand habe ihn aufgeweckt, sprang er hoch mit den Worten: „Dann hat es Gott selber getan. Laßt uns alle aufstehen und in den Kampf gegen die Sachsen ziehen.“ Und er brach auf mit seinem Heer, zog durch das Bruch über Theensen nach dem Süntel zu, wo er auf die Sachsen traf. In dem dort entbrannten Kampfe trug Karl der Große mit seinen Leuten den Sieg davon.

Kloster Barsinghausen, Hauptportal um 1900
von Süden her gesehen

Ein Kloster zur Ehre Gottes

Die Sage vom Tempelherrenhaus

Wie die Sage erzählt, soll in Barsinghausen **vor** der Gründung des Klosters eine Besitzung der Templer* gewesen sein. Ein Tempelherrenhaus ist - nach Stedler - im Jahre 1139 gestiftet und später in ein Kloster umgewandelt worden. Urkundliche Nachweise dafür sind jedoch nicht vorhanden. Fest steht aber, daß die Geschichte in den Jahrzehnten kurz vor und um die Zeit der Gründung von Kloster und Kirche in Barsinghausen auch in unserem Raum von der in dieser Zeit über West- und Mitteleuropa (Deutschland, Frankreich, Italien) hereingebrochenen Bewegung der Kreuzzüge beeinflußt wurde (1. Kreuzzug 1096). Auch der Stifter des Klosters, Wedekind VI. von Schwalenberg, begab sich auf einen Kreuzzug ins Heilige Land. Dort wurde 1118/1119 der Templerorden, der 'Ordo Militiae Templi", auch 'Arme Ritterschaft vom Salomonischen Tempel' genannt, zum Schutz des Heiligen Grabes in Jerusalem gegründet.

Die Ritter dieses Ordens legten außer den drei Mönchsgelübden 'Armut, Keuschheit und Gehorsam' auch das Gelübde ab, die Pilger zu verteidigen und die Ungläubigen zu bekriegen. Der zweite König von Jerusalem, Balduin, räumte ihnen eine Wohnung nahe bei dem Platze des vormaligen salomonischen Tempels ein, weshalb man sie 'Tempelherren' oder 'Templer' nannte. Ihre Ordenskleidung, die aus einem weißen Mantel mit rotem Kreuz bestand, haben sie bis heute beibehalten. Der Ruhm ihrer Tapferkeit und ihres Edelmutes drang durch die Welt, und weil jeder es für ein frommes Werk hielt, eine so vortreffliche Verbrüderung zu unterstützen, gewann der Orden gar bald große Reichtümer. Doch zum Unglück des Ordens erzeugte das Hochmut und Stolz bei seinen Mitgliedern und Neid und Mißgunst bei den Mächtigen dieser Erde. 1312 wurde der Orden aufgelöst. König Philipp IV. von Frankreich ließ mit Bewilligung des Papstes an einem Tage sämtliche Tempelherren in Frankreich verhaften. Unter Folter und Marter sollten sie sich schuldig bekennen, wessen man sie angeklagte. Danach wurden 56 Tempelherren unter schrecklichen Qualen verbrannt, der Orden wurde aufgelöst und seine Güter eingezogen. Auch der Großmeister des Ordens, Jakob Molay, mußte 1314 den Scheiterhaufen besteigen. Auf demselben soll er ausgerufen haben: „Ein gerechter Richter lebt droben im Himmel, und nicht vergeblich fleht ihn der Unterdrückte an. Dich, o Papst, fordere ich vor diesen Richter binnen vierzig Tagen, und Dich, mein König, binnen Jahresfrist!" Der Papst starb bald nach der Hinrichtung und auch König Philipp verschied noch in demselben Jahre. Erst 1705 fand in Versailles wieder ein Generalkonvent der Templer statt.

(siehe Stedler; Erstes Heft, S.4 f)

* Der Templer-Orden ist der älteste und kleinste von drei noch bestehenden Ritterorden. Er ist heute ein ökumenischer Orden und sieht seine wesentliche Aufgabe im karitativen Bereich. Am 12. November 1995 sah das Kloster Barsinghausen nach langer Zeit, vielleicht auch zum ersten Mal, Tempelherren in seinen Mauern. Hier fand der Martinikonvent des Deutschen Tempelherren-Ordens statt. Gekleidet in weiße Umhänge mit dem roten Templerkreuz zogen die Ordensritter gemeinsam zum Gottesdienst in die Klosterkirche. Damit könnte an die Anfänge des Barsinghäuser Klosters angeknüpft werden. (DLZ v. 9. und 13.11.95 u. HAZ v. 13.22.95)

Die Sage von der Stiftung des Klosters Barsinghausen

Für die Stiftung von Klöstern lassen sich zwei Perioden unterscheiden: In der ersten erfolgte sie zur Einführung des Christentum und um dessen Verbreitung von festen Orten aus, in der zweiten, weil man glaubte, sich durch klösterliches Leben bei Gott ein besonderes Verdienst zu erwerben. Deshalb entschloß sich auch Wedekind von Schwalenberg zu einer solchen Stiftung. Er stattete sein Kloster mit reichen Gaben aus, bevor er sich auf den Kreuzzug ins Heilige Land begab.

Über die Anfänge des Klosters ist nur wenig bekannt. Der Sage nach veranlaßte eine Marienerscheinung den Wedekind von Schwalenberg zu der Stiftung, die er der Mutter Maria weihte. Warum seine Wahl gerade auf Barsinghausen fiel, läßt sich nicht mit Bestimmtheit ausmachen. Aber auch da hilft die Sage weiter. Sie weiß von einer Templer-Niederlassung zu berichten, die zu dem damaligen Zeitpunkt hier bereits bestand. (Siehe hierzu vorige Seite). Die früheste urkundliche Nachricht über das Kloster Barsinghausen stammt aus dem Jahre 1193.

Nun fehlte dem Kloster Barsinghausen aber noch die päpstliche Bestätigung, welche der Stiftung erst das richtige Ansehen gab. Diese holte der Mitbegründer des Klosters, Gottschalck von Pyrmont, ein Vetter des nicht vom Kreuzzug zurückgekehrten Wedekind von Schwalenberg, 1216 selbst beim Papst ein. Er reiste also nach Rom. Papst Innocenz III. erteilte ihm nicht nur die Bestätigung der Stiftung, sondern schenkte ihm auch viele Reliquien (Überreste von Heiligen) für das Kloster. Reliquien waren in damaliger Zeit für die Macht und für das Ansehen eines Klosters sehr wichtig und galten als das höchste Heiligtum. Sie trugen auch zur Vermehrung von Gut und Geld der Klöster bei, denn zu Reliquien wallfahrtete man, bei Reliquien betete man, von Reliquien erwartete man Wunder. Und wenn sie Wunder bewirkt hatten, flossen die Spenden noch reichlicher. Deshalb bemühte sich jedes neu gestiftete Kloster darum, in den Besitz von Reliquien zu kommen. Und wenn es keine geschenkt bekam, mußte es sie mit großen Kosten beschaffen. Das Kloster Barsinghausen erhielt sie als päpstliche Gabe. Und daß sie ihm direkt vom Papst geschenkt worden waren, erhöhte ihren Wert und ihre Kraft beträchtlich.

Aber wo sind die Reliquien geblieben? Nach Stedler fand man bei der Restaurierung der Kirche (1862 - 65) in einem alten, nicht mehr verschließbaren Eichenschrank, der in einer Nische des alten Aufgangs vom Kloster zum Kloster-Kirchenchore stand, Knochenreste und andere Dinge aus vorreformatorischer Zeit. Stedler schreibt dazu: „Mehrere Male habe ich den Schrank durchsucht und jene Knochenüberreste in den Händen gehabt. Sie konnten aber das Anfassen kaum noch vertragen, einige steckten ihrer Morschheit wegen in zierlichen Beuteln; mehrer trugen Spuren großer Siegel. Als man bei dem Ausbau der Kirche Schrank und Inhalt hat wegnehmen wollen, ist alles zerbröckelt und zu Pulver geworden."

(nach Stedler, Zweites Heft, S. 62 ff)

Die Sage von der Gründung des Klosters Barsinghausen

Wer ein Kloster bauen wollte, überließ die Wahl des Bauplatzes zuweilen einem Gottesurteil. So ist es der Sage nach auch beim Kloster Barsinghausen gewesen. Als man in der Teufelskammer das erste Fuder Steine für den Transport aufgeladen hatte, war man sich noch nicht darüber einig, an welchem Platz genau das Kloster errichtet werden sollte. Deshalb beschloß man, die Pferde frei gehen zu lassen und da zu bauen, wo sie das erste Mal anhalten würden. Auf einer Rasenfläche in der Nähe der alten Steinbrüche verhielten sie. Diese Stelle gefiel aber einigen nicht, deshalb transportierten sie die Steine in der Nacht heimlich an einen Ort, der ihnen besser zusagte. Als die anderen nach langem Suchen die Steine dort fanden, sahen sie darin ein Gottesurteil und errichteten das Kloster an dieser Stelle.

(nach Stedler, Zweites Heft , S. 16 und S. 60)

Die Jungfernhagelfeier

Der 1. Mai ist nicht erst in unserer Zeit ein Feiertag. Er wurde schon immer als ein besonderer Tag begangen und hat als 'Hagelfeiertag' seinen Platz unter den kirchlichen Fest- und Bitt-Tagen. Mit Gottesdienst, Grenzbegehung und allerlei örtlichem Brauchtum bat man am 1. Mai um Gottes Segen für das kommende Jahr, für Saat und Ernte, für Bewahrung vor Unwetter, vor Blitz und Hagel. Auch in Barsinghausen wurde er jedes Jahr am 1. Mai gefeiert. Aber zusätzlich gab es in Barsinghausen noch einen zweiten Hagelfeiertag. Den beging man eine Woche später, also am 8. Mai, in genau der gleichen Form, wie den Hagelfeirtag am 1. Mai. Und das war die Jungfernhagelfeier.

Bis in die Mitte des 19. Jahrhunderts hinein erhielt sich dieser zweite Hagelfeiertag. Er wurde zur Zeit des Oberamtmanns Heine, der von 1814 bis 1858 in Barsinghausen amtierte, aufgehoben, weil zu wenige daran teilnahmen, und wohl auch, weil man wegen der dringenden Feldarbeit zu dieser Jahreszeit um einen zusätzlichen Arbeitstag froh war. Seit wann und warum es diesen zweiten Hagelfeiertag in Barsinghausen gab, ist nicht überliefert. Es läßt sich nur vermuten, daß er möglicherweise an die Stelle von Totenmessen getreten ist, als diese im Zuge der Reformation verboten wurden.

(Stedler, Zweites Heft, S. 67 f)

Das Selbstopfer der Jutte von Hallermont

Der Jutte von Hallermont, einer Tochter des Grafen von Hallermont (Hallermund), wurde in ihrer Jugend von einer Zigeunerin geweissagt, daß ihr ein frühes Ende durch Blitzschlag beschieden sei. Vielleicht in der Hoffnung, das ihr vorbestimmte Schicksal abwenden zu können, nahm sie, kaum dem Kindesalter entwachsen, den Schleier und trat als Novizin in das von ihrem Geschlecht mit reichen Zuwendungen bedachte Marien-Kloster zu Barsinghausen ein. Dennoch sollte sich das ihr prophezeihte Schicksal erfüllen:

Einst ging über Barsinghausen ein schweres Unwetter nieder, das sich drei volle Stunden, - oder, wie der Volksmund wissen will, drei volle Tage - direkt über dem Kloster hielt. Die Nonnen sahen darin ein Gotteszeichen und waren so bestürzt, daß sie weder aus noch ein wußten.

Jutte von Hallermont, zu der Zeit Nonne in Barsinghausen, erinnerte sich an die Weissagung, die ihr in ihrer Jugend gegeben wurde. Und als das Unwetter überhaupt nicht weichen wollte, kam ihr der Gedanke, Gott möge es geschickt haben, sie heimzuholen. Sie kleidete sich in ihr Totenhemd und setzte sich, betend und den Tod erwartend, zwischen die Äbtissin und eine Klosterschwester im Klosterhof nieder. Plötzlich zuckt ein schwaches Leuchten auf, ein Grummeln, ein nur wenig hörbares Donnern folgte, und die Jungfer entschlief.

Sofort hörte das Unwetter auf. Die Wolken zerteilten sich und der Himmel wurde klar. Ganz verstört eilten die Nonnen zum Gebet in die Kirche.

(nach Stedler, Zweites Heft, S. 67)

Anmerkung: Der Titel 'Äbtissin' für die Vorsteherin des Klosters änderte sich in preußischer Zeit in 'Oberin'. Die Klosterfrauen hießen, je nach der Konfessionszugehörigkeit, Chanoinesse (wenn das Kloster katholisch war) oder Konventualin (wenn das Kloster evangelisch geführt war). 'Nonnen' im eigentlichen Sinne waren sie nicht, weil sie nicht gänzlich 'aus der Welt' gegangen waren. Sie durften, wenn es ihre familiären Verhältnisse erforderten oder wenn sie heirateten, das Kloster verlassen.

Das Vermächtnis der Jutte von Hallermont

Die Nonne Jutte von Hallermont, deren Geschlecht in Springe saß, hinterließ dem Barsinghäuser Kloster in einem Vermächtnis die Einkünfte von 60 Morgen Land in Nordgoltern. Am 3. Mai 1320 verpflichteten sich der Probst, die Priorin und der Konvent des Klosters Barsinghausen, den Todestag der Gräfin Adelheit von Hallermund, geb. von Adenoys zu Hallerspring (wahrscheinlich eine Verwandte der Nonne) einschließlich Gedenkens an deren Gemahl und ihre Eltern „getreulich und in herzlicher Andacht und auch mit guten Werken" zu feiern, „durch welche die Seelen der Dahingeschiedenen in ihrem Fegefeuer getröstet werden". Die Einkünfte aus diesem Vermächtnis waren nach dem Willen der Jutte von Hallermund unter alle Mitglieder des Klosters, die klerikalen wie auch die weltlichen, aufzuteilen.

Diese Verpflichtung erfüllten der Konvent und die Laienmitglieder des Klosters in einer alljährlichen Gedächtnis- oder Totenfeier. Im Zuge der Reformation wurden solche Totenfeiern, wie auch die „Götzendienste", verboten. Da aber von dem Vermächtnis alle Klostermitglieder ihren Vorteil hatten, mag diese Totenfeier in eine zweite Hagelfeier umgewandelt worden sein, die als 'Jungfernhagelfeier' in die Geschichte von Barsinghausen einging und zur Sage wurde.

(nach Stedler, Zweites Heft, S. 67 f)

Der versteckte Jungfernaltar

Als im Jahre 1864 die Klosterkirche von Barsinghausen renoviert wurde, fand man da, wo der neue Sitz der Äbtissin hergerichtet wurde, unter dem Fußboden eingemauert, mehrere Bildtafeln*. Sie stammen wahrscheinlich von einem früheren Altarschrein. Wie sie einst in ihr Verteck kamen, ist nicht bekannt. Die Sage aber berichtet, daß die Klosterfrauen im Dreißigjährigen Krieg, als sie nach Hannover flüchteten, diesen heiligen Kirchenschatz da versteckt haben, um ihn vor der Zerstörungswut der Schweden zu bewahren.

Die am besten erhaltenen Bildtafeln wurden restauriert und bilden den Altaraufsatz des Klosterchores. Heute schmücken sie, auf moderne Weise zusammengefügt, den Kirchenaltar.

(siehe hierzu Stedler, Drittes Heft, S. 31; siehe auch Kageler, sowie Parisius)

* Die noch erhaltenen Bildtafeln beinhalten folgende Darstellungen: 1. Jesu im Tempel, 2. Flucht aus Ägypten, 3. Der zwölfjährige Jesu im Tempel, 4. Jesus trägt sein Kreuz, 5. Jesus am Kreuz, 6. Jesus wird vom Kreuz abgenommen, 7. Jesu Grablege.

Die widerspenstigen Klosterfrauen am Deister

Schon vor der lutherischen Reformation gärte es in der Kirche. Streitigkeiten von Päpsten und Gegenpäpsten, das Bereicherungssystem der Kirche, der Mißbrauch des Bannes, der immer größer werdende Abstand von Schein und Sein, von strengem sittlichem Anspruch und wirklichem prallem Leben der Mönche und Nonnen, erweckte ein Sehnen nach Erneuerung der Kirche. Diese Erneuerung wollte die Kirche selbst herbeizuführen. Sie setzte in unserem Gebiet den Prior Johann Busch ein. Der machte sich besonders für eine Klosterreform stark, die er u. a. auch in den Klöstern Barsinghausen und Wennigsen durchsetzen wollte.

Im Jahre 1435 kam Johann Busch an den Deister, um mit den Nonnen zu verhandeln. Die konnten sich mit einer Änderung ihrer Verhältnisse aber gar nicht anfreunden und setzten Busch und seiner geplanten Reform äußersten Widerstand entgegen. Er war besonders groß in Wennigsen. Deshalb holte sich Busch die Unterstützung seines Herzogs, des Wilhelm von Kalenberg.

Der Herzog und der Propst erschienen nun gemeinsam in Wennigsen. Sie gingen auf den Chor und ließen die Nonnen zusammenrufen. Dann richtete der Herzog an sie die Frage, ob sie eine strengere Klosterordnung annehmen wollten. Sie antworteten mit vor der Brust gefalteten Händen, daß sie das nicht möchten, denn sie hätten geschworen und wollten nicht meineidig werden. Der Herzog mißbilligte die Antwort und gab ihnen anheim, dieses zu bedenken.

Die Nonnen verließen daraufhin für eine kurze Zeit den Chor. Als sie zurückkehrten, warfen sie sich mit vor der Brust gefalteten Händen vor dem Herzog auf die Knie. Nein, sie wollten sich nicht reformieren lassen. Der Herzog gab ihnen noch einmal anheim, dies besser zu überlegen. Und abermals zogen sich die Nonnen zurück. Sie kamen aber schnell wieder, warfen sich, wieder mit vor der Brust gefalteten Händen, mit dem ganzen Leib zur Erde und beharrten weiter bei ihrer Ablehnung. Da hieß der Herzog sie aufstehen, weil er selbst nicht würdig sei, daß sie ihn anbeteten und zog sich vom Chore zurück. Kaum hatte er den Nonnen den Rücken zugekehrt, warfen die sich, nun mit ausgespreizten Armen und Füßen zum Zeichen des Kreuzes, mit dem ganzen Leib auf den Boden und stimmten laut eine Antiphonie zu des Herzogs Verwünschung an.

Daraufhin war der Herzog sehr ungehalten und sprach: „Da ihr euch nicht gescheut, diese Antiphonie gegen mich zu singen, so schwöre ich mit aufgehobenen Fingern auf das Evangelium, ihr sollt euch entweder reformieren lassen oder ich dulde euch nicht in meinem Lande."

Erschreckt über diese ernste Rede riefen die Nonnen ihre Freunde und Verwandten zusammen, die Ritter der Umgegend, um sich mit ihnen zu beraten. Als kurz darauf der Herzog wieder ins Kloster wollte, weigerten sie sich, ihn einzulassen und gaben an, der Schlüssel sei verloren gegangen. Da geriet der Herzog in rasende Wut, ergriff eine große Bank und stieß damit so heftig gegen die Tür der Vorhalle, daß die Riegel aufsprangen und mehrere Steine aus der Mauer flogen. Die Nonnen lagen im Umkreis im Zeichen des Kreuzes auf dem Chor, kleine Heiligenbilder und brennende Kerzen vor sich.

Schließlich rückte der Herzog mit einer Companie von 230 Mann in Wennigsen ein. Jetzt, endlich, gelobten die Nonnen Gehorsam. Eine von ihnen weigerte sich aber noch immer, und das mit solcher Heftigkeit, daß sie bewußtlos zu Boden stürzte. Sie verblieb in diesem Zustand, obwohl man ihr kaltes Wasser ins Gesicht sprengte. Die übrigen Nonnen sahen das als göttliches Zeichen an und ließen sich erschrocken alles gefallen.

Als der Prior mit seinem zweispännigen Wagen von Wennigsen abfuhr, griffen ihn in einem schmalen Waldwege zwei Bewaffnete an. Sie stellten ihn wegen der Nonnen in Wennigsen zur Rede. Es gelang dem Prior, die beiden zu besänftigen und seine Reise nach Kalenberg fortzusetzen. Am anderen Morgen gab ihm der Schloßverwalter von Kalenberg sicherheitshalber einen bewaffneten Reiter mit auf den Weg.

Auch in Barsinghausen führten die Nonnen damals ein unordentliches Leben, das von der Bescheidenheit klösterlicher Frömmigkeit weit entfernt war. Besonderen Anstoß rief ihre aus feinsten Stoffen gefertigte durchsichtige Kleidung hervor. Als Johann Busch nach Barsinghausen kam, um auch hier seine Klosterreform voranzubringen, empfing ihn zunächst Ablehnung wie in Wennigsen. Die Nonnen in Barsinghausen sollen aber bald dem Drängen Buschs, der von Herzog Wilhelm gestützt wurde, nachgegeben haben. Der schnelle Sinneswandel beruhte vielleicht darauf, ein Vorgehen des Herzogs wie in Wennigsen zu vermeiden, sowie neuerlicher Bedrängnis zu entgehen, die auf den Erfahrungen aus dem Vorjahre beruhte: Acht Wochen lang hatte sich Herzog Wilhelm im Jahr 1434 mit seinem Troß im Kloster Barsinghausen einquartiert und nicht nur die Bewohner mit seiner Präsenz bedrängt, sondern auch die Klosterkasse erheblich belastet. Das Urkundenbuch des Klosters weist allein für den Durst des hohen Herrn 36 Schillinge aus, während die Aufwendungen für die Pferde mit insgesamt 24 Schillingen zu Buche schlugen. Mit der schnellen Annahme der Reform zeigten die Nonnen guten Willen und Unterwürfigkeit unter die Obrigkeit und erhofften sich vielleicht deren besondere Rücksichtnahme.

Nach den Vorgängen am Deister widersetzten sich auch die Nonnen des Klosters Marienwerder den Erneuerungsversuchen des Priors Johann Busch. Sie stimmten ebenfalls den Verwünschungsgesang an, ergriffen brennende Kerzen und verjagten die Reformer aus der Kirche. Eine junge Nonne verfolgte sie noch bis auf den Kirchhof, stürzte auf die Knie, biß zum Zeichen der Verwünschung in die Erde und warf mit Steinen nach ihnen.

Johann Busch ist die Reform letztlich nicht gelungen.

(nach Kageler - mit Hinweis auf Leibniz II)

Wär dot is laat dat Keeken hier

Es war an einem diesigen Novemberabend im Jahre 1873. Am Feierabend sitzen in der Hallerschen Gastwirtschaft die Jungbauern von Barsinghausen an dem großen runden Tisch in der Mitte der Gaststube zusammen. Es geht hoch her. Bier und Korn erregen die Gemüter. Was sie reden, übertönt den ganzen Raum. Gegenüber dem Schanktisch in der Ecke sitzen vier Steinhauergesellen in aller Ruhe beim Kartenspiel. Fast lautlos werfen sie die Karten auf den Tisch.

Die alte Standuhr neben dem Schanktisch schlägt 9 Uhr, als ein etwa 25 Jahre alter Schuhmachergeselle das Lokal betritt. Er setzt sich in der Nähe der Kartenspieler an einen kleinen Tisch und bestellt ein Glas Dünnbier für 5 Pfennige. Er ist vor vierzehn Tagen aus dem Rheinland zugezogen, wo er ein Jahr lang in Rüdesheim gearbeitet hatte. Jetzt steht er bei dem alten Schuhmachermeister Völksen, der in der Dorfstraße *(jetzige Marktstraße/* Ecke Gurkenstraße) seine Werkstatt hat, in Arbeit.

Derbe Witze dringen vom Jungbauern-Tisch zu ihm herüber. Einer der Jungbauern, der stille Wilhelm, beteiligt sich wenig an der Unterhaltung. Seine Freunde muntern ihn immer wieder auf, doch auch einmal einen Witz zum Besten zu geben oder etwas zu erzählen, selbst wenn es von seiner Großmutter wäre. Da hilft ihm sein Sträuben gar nichts mehr, und er erzählt eine gruselige Geschichte aus dem Kloster, von Gespenstern in den alten Mauern und über die Totenkammer mit Leichen in alten Särgen, die in einem Seitenflügel untergebracht sind. Bis 1887 standen dort fünf oder sechs eingefallene Särge.

Der Schuster hört nur mit halbem Ohr zu. Ein spöttisches Lächeln gleitet über sein Gesicht, als wenn er sagen will, erzählt nur weiter so, vor Geistern bin ich nicht bange. Er hört sich eine Zeitlang die Aufschneiderei mit den Gespenstern an und will die Schankstube verlassen. Da schallt von dem Jungbauerntisch wie aus einem Munde: „Oha! Hei drücket seck, dä Bangeböxe!“ Einer der Jungbauern vertritt ihm den Weg und sagt: „Du bist woll bange, datt Du weglöppst!“ Doch der Schuster läßt sich nicht verblüffen. „Eck bin doch nich saene Bangeböxe as Du, eck hebbe neine Angst vor Gespenster, un - Gespenster“ und „de gifft et ja goar nich“. Er will gehen.

„Oho!“ schreit der dicke Anton, „dat gläuwet wi nich. Du hast doch woll en beeten Angst inner Böxen. Wenn Du vannacht van twölve bet Klocke eine in där Doenkamern sitten deist, denn gläuben wi deck, dat Du nein bangen Kerl büst. Eck wedde twei Liter Beier un en Achtel Sluck, wenn Du düsse eine Stunne innen Doenkeller utholst.“ Der Schuster ist gar nicht verlegen. Nach kurzem Besinnen sagt er: „Eck nähme dä Wedde an, eck sette mek eine Stunne in dän Doenkeller. Eck stelle aber eine Bedingunge: ek will in düsse Stunne ein Paar Schahe besahlen.“ Diese Bedingung nehmen die Bauern an, und nach kurzer Vereinbarung geht der Schuster nach Hause. Zehn Minuten vor zwölf Uhr in der Nacht will er am Eingang zum Totenkeller sein.

Um halb zwölf Uhr brechen die Jungbauern auf und begeben sich zu dem vereinbarten Ort. Sie glauben nicht, daß der Schuster kommen wird. Aber pünktlich erscheint er mit seinem Amboß, Handwerkszeug und einem Paar reparaturbedürftiger Schuhe. Er hat alles in eine grüne Schusterschürze gewickelt, und auch das Schusterlicht, ein Holzgestell mit einer wassergefüllten Glaskugel, nicht vergessen.

Kurz vor Mitternacht heben sie einen Fensterflügel aus den Angeln, und der Schuster kriecht durch die Öffnung in den dunklen Raum. Man reicht ihm sein Handwerkszeug nach und schließt das Fenster. Als die Kirchturmglocke die Mitternachtsstunde schlägt und der alte Nachtwächter Schrader auf seinem Tuthorn den schlafenden Bürgern von Barsinghausen verkündet, daß es zwölf Uhr ist, sitzt der Geselle bereits in dem Totenkeller auf seinem Schemel bei der Arbeit, als ob es keine bessere Schusterstube gäbe. Er kommt gut voran. Noch eine Viertelstunde, dann hat er die Wette gewonnen.

Gerade will er den Schusterhammer zur Seite legen, da vernimmt er aus der Mitte des Raumes ein kaum hörbares Geräusch. Ihm ist, als ob sich der Sargdeckel ein wenig bewegt hätte. Gespannt hält er den Blick dorthin gerichtet. Und wahrhaftig! Wieder bewegt sich der Deckel. Oder bildet er sich das nur ein? Als sich der Deckel abermals hebt, springt der Schuster mit einem Satz auf und drückt ihn fest nieder. Er verharrt eine Zeitlang. Als sich nichts mehr rührt, glaubt er an eine Sinnestäuschung, nimmt seinen Platz auf dem Schusterschemel wieder ein und vollendet die Reparatur der Schuhe.

Er beginnt, ein kleines Liedchen zu pfeifen, denn die Schuhe sind fertig, da fällt mit Gepolter der Sargdeckel zur Erde, und eine weiße Gestalt richtet sich im Sarg hoch.. Der Schuster springt auf und ist blitzschnell: „Wär dot is, laat dat Keeken hier“. Und schon schlägt er mit dem Schusterhammer dem Gespenst einen auf den Kopf, so als wolle er Stiefel besohlen. Die weiße Gestalt sinkt zurück. Der Schuster stülpt den Deckel wieder auf den Sarg und holt tief Luft. Die Uhr schlägt eins. Gott sei Dank!

Mit Hallo stürmen die jungen Bauernburschen heran. Der Schuster packt seine Sachen zusammen und kriecht aus dem Fenster, froh, die Wette hinter sich gebracht zu haben. Alle schütteln ihm die Hand und fort geht's in die Wirtschaft, wo das Gelage bis zum Morgengrauen dauert.

Am nächsten Morgen, so gegen elf Uhr, kommt eine Bauersfrau zu Wilhelm und fragt nach ihrem Sohn Heinrich. Wilhelm hat einen schweren Kopf. Er besinnt sich lange. Der Heinrich, ja, der Heinrich, der war ja nach ein Uhr gar nicht mehr mit dabei. Ja, der Heinrich, der wollte doch das Gespenst spielen. Er hat sich ein weißes Hemd übergezogen und sich, bevor der Schuster in den Totenkeller ging, in den alten Sarg gelegt. Wo ist er denn nur?

Wilhelm holt seine Freunde zusammen. Sie gehen in den Totenkeller. Da liegt Heinrich tot im Sarg, erschlagen von dem ahnungslosen Schuster. Die Freunde haben den Toten dann am Abend aus der Totenkammer geholt und heimlich nach Hause geschafft.

Der Arzt, der den Totenschein ausstellt, hat ein Einsehen. Ein Unglücksfall, heißt es, und alle glauben es. Die Trauer ist groß. Die wahre Todesursache bleibt lange ein Geheimnis. Nur die Beteiligten wissen davon, und die haben sich gegenseitig geschworen, zu schweigen. Der letzte Überlebende erzählt die Geschichte dann einem Freund, und der hat ihm versprechen müssen, sie noch zehn Jahre über seinen Tod hinaus geheim zu halten. Unter dem Pseudonym „Fritz vom Kahlenbarge“ schreibt er sie am 20. Mai 1945 nieder.

(Deister-Leine-Zeitung)

Das ‘Gefängnis’ in der Klosterkirche

Zwischen dem Chor und der Apside des südlichen Kreuzarmes der Barsinghäuser Klosterkirche befand sich früher ein kleiner, nur vom Amtshofe aus zugänglicher Raum. Es war das sicherste Verließ im ganzen Dorf und diente bei Bedarf als Gefängnis. Die Geschichte erzählt dazu folgendes:

Mit dem Niedergang der Herrschaft Napoleons endete die Franzosenzeit. Zucht und Ordnung der einst so angesehenen französischen Armee löste sich auf, immer mehr Soldaten wurden zu Dieben, Plünderern und Marodeuren. Die Geschäfte gingen schlechter, auch die des Barsinghäuser Hausierers D., der einen Teil seiner Geschäfte sicher auch mit den Franzosen gemacht hatte. Eines Tages fand man ihn im Wickenland-Zuschlag in der Barsinghäuser Feldflur tot auf, ermordet und beraubt. Man verdächtigte zwei Franzosen, die da beobachtet worden waren. Sie wurden sogleich verhaftet und bis zu ihrer Auslieferung an die französische Kommandantur in den festen Mauern der Barsinghäuser Klosterkirche eingesperrt. Die beiden Gefangenen ahnten wohl, was sie erwartete, wenn ihre Bluttat ans Licht käme. Deshalb versuchten sie, in die Kirche durchzubrechen um von dort aus zu fliehen. Darum wartete man nicht länger mit ihrer Auslieferung, sondern übergab sie schleunigst ihrer Truppe. Sie wurden kurz darauf erschossen.

Stedler erzählt auch, daß er in seiner Jugendzeit noch selbst erlebt hätte, daß ein unverbesserlicher hiesiger Herumstreicher manche Stunde in diesem Raume untergekommen sei. Und es schien ihm darin sogar zu behagen. Während des Gottesdienstes aber mußte man ihn wo anders unterbringen, denn er störte ihn durch lautes Singen und durch Klopfen an der Kirchenwand. Als man ihn befragte, warum er das tue, meinte er, daß er auch seine Andacht haben wolle.

(siehe Stedler, Drittes Heft, S. 42)

Der hartherzige Klosteramtmann

Das zweite Kloster in unserem Raum ist das Kloster in Wennigsen. Zu seinem einst ausgedehnten Besitz gehörten auch Güter im Dorfe Holtensen sowie die herrlichen Forsten am Deister oberhalb Wennigsens. Der weitläufige Besitz wurde, wie in den anderen Klöstern auch, von einem Klosteramtmann verwaltet. Sein Wohnsitz und seine Amtsstube lagen gleich neben dem Kloster im Klosteramtshaus. Zu seinen Aufgaben gehörte auch die einfache Rechtsprechung.

Nun hatte das Kloster Wennigsen vor langer Zeit einmal einen Amtmann, der war ein reiner Leuteplager. Erbarmungslos urteilte er die Bauern ab, wenn sie ihre Abgaben nicht rechtzeitig leisteten oder wenn sie nicht pünktlich zur Arbeit erschienen. Manche Bauern mußten fast die Hälfte des Jahres für das Kloster tätig sein. Für sich selbst konnten sie weder Korn noch Geld für schlechte Zeiten zurücklegen

Da kam einmal eine große Teuerung ins Land. Es hatte lange nicht geregnet. In der Trockenheit war das Getreide auf dem Halm verdorrt. Fast nichts brachte der Acker hervor. Und das wenige wurde noch durch eine große Mäuseplage vernichtet. Die Bauern ernteten nicht einmal so viel, daß sie ihren eigenen Hunger zu stillen vermochten. Sie konnten ihre Abgaben nicht leisten. Früher hatte ihnen das Kloster in solchen Notjahren den Zins erlassen und bisweilen auch noch mit Korn ausgeholfen. Dieser Amtmann aber wollte davon nichts wissen. Und als die Bauern ihn in ihrer Not immer wieder um Brot baten, versprach er ihnen solches. Aber als Entgelt sollten sie auf dem Klosterlande Mäuse fangen, und er setzte für jeden Mann und jeden Tag eine Anzahl fest. Blieb das Soll unerfüllt, gab es kein Brot. Da gingen die Bauern und ihre Familien auf die Klosteräcker und fingen Mäuse, vom frühen Morgen bis zum späten Abend. Und wenn das noch nicht reichte, nahmen sie ihre Laternen und fingen Mäuse auch in der Nacht.

Nun regierte damals im Herzogtum Calenberg ein gerechter Fürst. Der reiste in der Nacht von Hameln nach Hannover. Als er am Holtenser Berge vorbeikam, sah er viele Lichter, die sich wie Irrwische in der Dunkelheit hin und her bewegten. Das kam ihm eigentümlich vor. Er ließ anhalten, ging hin und sah, daß es Leute waren. „Was macht ihr da?“ rief er sie an. „Wir fangen Mäuse“, lautete die Antwort. „Warum tut ihr das“, fragte er weiter. „Unser Klosteramtmann von Wennigsen hat es befohlen.“ „Und warum macht ihr das in der Nacht?“ „Weil wir am Tage nicht so viele fangen, wie er befohlen hat.“

Am nächsten Tag schickte der Herzog einen reitenden Boten nach Wennigsen und ließ den Amtmann vorladen. Der ging aber nicht hin. Der Herzog lädt ihn noch einmal vor. Aber der Amtmann ging wieder nicht hin. Da rief der Herzog in höchstem Zorn aus: „Wer in meinem Lande Menschen wie Katzen und Hunde behandelt, der soll auch so behandelt werden!“ Am anderen Tage schickte er den Henker nach Wennigsen und ließ den hartherzigen Amtmann enthaupten.

(nach Friedrich Garbe in: Hannoversche Geschichtsblätter 1898)

Sankt Annen

Die Verehrung der heiligen Anna

Die Heiligenverehrung hat in der (katholischen) Kirche eine lange Tradition. Schon vor der ersten Heiligsprechung (973 n. Chr. Bischof Ulrich von Augsburg) wurden religiös bedeutende Persönlichkeiten als Heilige verehrt. Zu diesen gehören Anna und Joachim, die Großeltern Jesu mütterlicherseits. Ihnen ist der 26. Juli gewidmet. Das Anna-Fest führte Papst Gregor XIII. im Jahr 1584 ein. Im Neuen Testament wird Anna nicht erwähnt. Wir begegnen ihr aber in den außerbiblischen Apokryphen, vor allem in dem um die Mitte des zweiten Jahrhunderts n. Ch. geschriebenen Jakobus-Evangelium.

Die Verehrung der heiligen Anna ist aber in der römischen Kirche schon seit dem 8. Jahrhundert (im Morgenland noch viel länger) bekannt. Sie nahm im darauffolgenden Jahrhunderten stark zu. Ein gottgefällliges Leben und die Verehrung der Heiligen galt als das Höchste, was man auf Erden für sein Seelenheil tun konnte. Einem Höhepunkt der Anna-Verehrung begegnen wir in den Anna-Selbdritt-Darstellungen (Anna mit ihrer Tochter Maria und dem Jesuskind) in der Kunst des 13. Jahrhunderts.

Auch in unserem Raum nahm damals die Verehrung der heiligen Anna immer mehr zu. Im Deister und Süntel soll es Annen-Kapellen an verschiedenen Stellen gegeben haben. Fromme Mönche führten dort als Einsiedler ein gottgefälliges Leben, das sie der heiligen Anna gewidmet hatten. Flurnamen wie „Annenkamp“ mögen noch heute auf solche Annenklausen hinweisen.

Ein Schwerpunkt der Annenverehrung bildete sich bei Bad Münder im Deister-Süntel-Tal, auf der südlichen Seite des Deisters heraus. Die St. Annen-Feste, die um den St. Annen-Tag, den 26. Juli gefeiert wurden, waren die Höhepunkte dieser Heiligenverehrung.

Noch heute (oder heute wieder?) wird mancherorts der Sankt-Annentag gefeiert und festlich begangen. So in Wennigsen, also nördlich des Deisters, wo das festliche Hochamt den Höhepunkt des Sankt-Annen-Festes am St.-Annentag bildet. Die Wallfahrer reisen aber, der Zeit gemäß, nicht mehr nur zu Fuß, sondern mit dem Fahrrad oder dem Auto aus der Umgebung an. Die Verehrung gilt der Heiligen Anna als der Beschützerin der Bergleute. In den ersten Jahren nach dem Zweiten Weltkrieg trugen schlesische Flüchtlinge diesen Brauch mit in ihre neue Heimat und ließen ihn hier wieder lebendig werden.

In Brakel wird alljährlich am ersten August-Wochenende ein Annenfest gefeiert, das ein richtiges Volksfest ist. Es zieht sich über fünf Tage hin. Höhepunkte sind die Prozession und das festliche Hochamt.

Sankt Annen bei Münder

In Münder entwickelte der St.-Annen-Kult seinerzeit ungeahnte Ausmaße. Als die Verehrung der heiligen Anna im 14. und 15. Jahrhundert immer mehr zunahm, taufte man eine hier schon vorher bekannte heilige Quelle **„Sankt-Annen-Quelle“.** Ein wundertätiges **Sankt-Annen-Bild“** wurde aufgestellt, eine **„Sankt-Annen-Kapelle“** wurde gebaut, und gleich nebenan sorgte der **Sankt-Annen-Krug** für das leibliche Wohl der Pilger und Wallfahrer, die nicht nur aus der näheren Umgebung, sondern von weit her nach **St. Annen** strömten. Welche Bedeutung St. Annen einst hatte, geht u. a. daraus hervor, daß sich damals vier **Sankt-Annen-Bruderschaften** gründeten und auch ein **Sankt-Annen-Lehen** gestiftet wurde. Das St.-Annen-Lehen besteht, zusammen mit einem anderen Münderschen Lehen, dem St. Bartholomäischen Lehen, noch heute und hat reichen Grundbesitz. Alles zusammen war eine St.-Annen-Goldgrube! Die Sankt-Annen-Kapelle soll so schnell reich geworden sein, daß sie im Jahre 1514 an Herzog Erich I. ein Darlehen von 7200 rheinischen Gulden geben konnte, das ihr jährlich 5 % brachte.

Die Reformation machte dem „christlichen Götzendienst“ ein Ende. Damit war für Sankt-Annen die große Zeit vorbei. Seitdem hat sich die Sage um Sankt Annen gerankt und sorgt dafür, daß diese ehemals heilige Stätte und die Heiligenverehrung nicht ganz in Vergessenheit gerät.

Aber nicht nur die Sage hält die Erinnerung an St. Annen wach, auch bauliche Überreste der Kapelle sind noch vorhanden. Als im vorigen Jahrhundert der Bauer Prisett seinen an der Straße von Springe nach Münder liegenden Acker pflügte, stieß er eines Tages auf Steinquader, die sich nach genauerer Untersuchung als die Grundmauern der ehemaligen St-Annen-Kapelle erwiesen. Mitarbeiter der Denkmalbehörde legten diese Fundamente 1991 frei.

Das Wunder von Sankt Annen

In der Nähe der Sankt-´ Annen-Kapelle entsprang seit alters her eine wundertätige Heilquelle. Hier lebte vor Zeiten ein frommer Priester aus Münder als Einsiedler in seiner Klause. Noch heute heißt diese Stelle ‘Klüsener’, was von Klausner herkommt. Der Klausner konnte von den Opfergaben der Wallfahrer, die von weit und breit zur Quelle kamen, ganz gut leben. Um aber noch mehr Gläubige anzuziehen, ließ er in Hildesheim ein Heiligenbildnis schnitzen, das er der Heiligen Anna weihte und und neben der Quelle aufstellte. Es hatte aber eine besondere Bewandtnis mit diesem Bildnis: Ein Hildesheimer Beckenschläger hatte den Kopf der Heiligen Anna so ausgehöhlt, daß man ein kleines Gefäß hineinstellen konnte. Das wurde mit Öl gefüllt und wenn nun die Sonne auf das Bildnis schien, erhitzte sich das Oel in dem Gefäß und schwitzte in glänzenden Tropfen aus den Augen der Heiligen Anna heraus. Das sah dann aus, als wenn die Heilige Anna weint und wurde „Das Wunder von Sankt Annen“ genannt.

Nun kamen immer mehr Leute zu der heiligen Quelle und zu dem Wunder von Sankt Annen, um zu beten. Immer mehr Kranke suchten Linderung ihrer Leiden, und die Opfergaben flossen reichlich. Bald konnte der Klausner neben der Quelle eine Kapelle bauen.

Die Sankt-Annen-Kapelle und das Blutbier

Am St.-Annen-Tag des Jahres 1509 fand die erste große Wallfahrt zu dieser Kapelle statt. Buden, Garküchen, Schenkhütten und sonstige Stände waren aufgebaut. Mit den Wallfahrern, die da Linderung ihrer Gebrechen suchten, und mit den Gläubigen, die sich da vergnügten, trafen aber auch Bettler, Landfahrer und unehrliche Menschen ein. Viele trunkene und ungeschlachte Leute sollen sich des Abends am Wege gelagert haben.

Die Heilige Anna und die Heilquelle taten ihre Wirkung, und mancher der Wallfahrer wurde von seinen Gebrechen erlöst. Viele, die krank und lahm gekommen waren, konnten die heilige Stätte ohne ihre Gehhilfen verlassen. Sie ließen ihre Stöcke und Krücken, mit denen sie hergekommen waren zurück und hängten sie an den Wänden der St.- Annenkapelle auf.

Als nun die Krücken bis oben unter das Dach reichten, beschloß man, sie abzunehmen. Indes, es fand sich niemand, der sie haben wollte. Darum bestimmte die Brauergilde, man solle sie nach dem Brauhause fahren und eine Pfanne Bier damit brauen. Und so geschah es auch. Vier große Wagen mit Krücken wurden abtransportiert und unter dem Braukessel verheizt. Das damit gebraute Bier konnte aber niemand trinken, es war wie Blut.

Wegen der Einführung der Reformation beauftragte Herzogin Elisabeth im Jahre 1542 Visitatoren mit der Beseitigung der Abgötterei vor Hannover. 1531 wurde die Kapelle abgebrochen. Ihre Steine verwendete man zum Bau einer Wohnung für den Pastor.

Die Sankt-Annen-Quelle entweicht nach Pyrmont

Nachdem die Sankt-Annen-Kapelle abgebrochen war, versiegte auch die wundertätige Quelle. Die Sage weiß, warum: Auf dem Helweg, der da vorbei führte, kam eines Tages ein Mädchen mit ihrem unehelichen Kind vorbei.Weil sie in der Nähe kein anderes Wasser finden konnte, ging sie zum Klüsener und reinigte ihr Kind mit dem Wasser der heiligen Quelle. Damit aber entheiligte sie das heilige Wasser. Plötzlich fing die Erde an zu beben, ein unterirdischer Donner erdröhnte, und die Quelle versiegte. Sie kam aber in Pyrmont wieder ans Tageslicht und bedeutet dort noch heute für viele Menschen Gesundung und Hoffnung.

(nach Meissel)

Der Schatz von Sankt Annen und die tödliche Erbschaft

Der Sage nach soll in der Umgebung der Kirche von St. Annen ein unendlich großer Schatz vergraben gewesen sein, denn, so vermuteten die Leute, der fromme Priester, der dort in der Klause wohnte, konnte bei seiner bescheidenen Lebensführung unmöglich alle Opfergaben verbraucht haben. Als nun in den zwanziger Jahren des vorigen Jahrhunderts ein Maurer eines Abends nach der Arbeit vom Köllnischen Felde aus dem Deister kam, gesellten sich einige Mönche aus Hildesheim zu ihm und fragten ihn, ob er ihnen wohl die Ruine von St. Annen zeigen könne. Der Maurer, der sich in der Gegend gut auskannte, sagte ja, und die Mönche folgten ihm dorthin. Hier gruben sie ein großes Loch und legten nach emsiger Arbeit eine ganze Braupfanne voll Geld bloß. Es war ein unendlich großer Schatz, den die Mönche da in Besitz nahmen. Den Maurer forderten sie auf, er möge nur zugreifen und so viel Geld davon zu sich nehmen, wie er tragen könne.

Das ließ sich der Maurer nicht zweimal sagen, griff tüchtig zu und steckte alle seine Taschen voller Goldstücke. Er hatte aber nicht viel davon, denn er starb bald darauf. Seine Erben waren entfernte Verwandte, weil er weder Frau noch Kinder hatte. Als die beim Aufteilen des Erbes unvermutet den von dem Maurer sorgfältig aufbewahrten großen Geldschatz fanden, waren sie außer sich vor Freude. Sie zählten und teilten das Geld bis spät in die Nacht. Ihr Glück beschlossen sie mit einem gemütlichen Mahl, tranken Kaffe und aßen Zwieback dazu.

Nun befanden sich aber unter den Münzen nicht nur Goldstücke und Silberlinge, sondern auch einfache Kupfermünzen. Die hatten im Laufe der Zeit giftigen Grünspan angesetzt. Und weil die glückllichen Erben in ihrer großen Freude und in der Eile vergessen hatten, vor dem Essen die Hände zu waschen, aßen sie auch den giftigen Grünspan mit, der von dem Geldzählen an ihren Fingern klebte. Dabei vergifteten sie sich alle miteinander und starben innerhalb von acht Tagen sämtlich.

Sankt Anna und die Pest

In der Zeit zwischen 1347 und 1351 verbreitete sich in ganz Nordwestdeutschland die Beulenpest. Allein in Hannover waren 3000 Pest-Tote zu beklagen. 1349 wütete die Seuche auch in den nördlich von Rodenberg liegenden Dörfern.

Als diese schreckliche Krankheit auch in Nenndorf zum Ausbruch gekommen war, suchten die Einwohner von Rodenberg, Grove und Algesdorf in ihrer Angst vor der Seuche Zuflucht bei der heiligen Anna. Ihr war die Sankt-Annen-Kapelle geweiht, die nach Mithoff von 840 bis 1450 an der Suntalstraße gestanden hat. Auf dem Altar des Gotteshauses stand das Bildnis der Heiligen, eine lebensgroße Holzfigur. Dort riefen sie die Bewohner um Schutz und Hilfe an. Der Geistliche soll sogar die Heilige Anna vom Altar genommen und, von der Bevölkerung begleitet, in einer Prozession in jedes Haus getragen haben. Überall flehten die Bewohner die Heilige Anna um Schutz vor der Pest an und baten sie um Fürbitte bei Gott.

Der Erfolg blieb nicht aus. Die Pest verschonte das ganze Kirchspiel, während in den umliegenden Dörfern viele, viele Menschen an der Seuche starben. Zum Andenken an diese wunderbare Bewahrung feierte man alljährlich am Sankt Annentag (26. Juli) ein großes Kirchen- und Volksfest. Dieser Brauch bestand bis 1563. Mit der Einführung der Reformation wurde die Heiligenverehrung überall verboten. Darum fand das Fest nicht mehr statt.

(Marlies Berndt, in Anlehnung an Mithoff)

Von
Magnus, dem Heiligen
und von
Magnus Torquatus
und seinem Übermut

Die Magnus-Sage*

Im Deister-Süntel-Tal lebte einst ein Ritter mit Namen Magnus. Seine Burg stand oben auf dem Süntel. Im Kampf mit den räuberischen Normannen, die mit ihren Schiffen weseraufwärts bis über Minden hinaus fuhren, wurde er schwer verwundet. Das geschah zur Zeit des Kaisers Ludwig im 9. Jahrhundert. Als seine Knechte ihren Herrn zu Boden sinken sahen, flüchteten sie und meldeten zu Hause seinen Tod. Voller tiefstem Schmerz vernahm seine Gemahlin die Unglücksnachricht. Um das Gedenken an ihren vertorbenen Ehemann zu wahren und zu seinem Seelenheil ließ die fromme Frau vier Kirchen bauen, darunter auch die von Beber. Diese vier Kirchen nannte sie ihre vier Kinder. Magnus war aber nicht tot. Er geriet in Gefangenschaft und erholte sich von seinen Wunden. Zehn Jahre später kehrte er in die Heimat zurück. Herzlich begrüßte er seine Frau. Die erzählte ihm von den vier Kindern, die sie ihm während seiner Abwesenheit geschenkt hatte und meinte damit die vier Gotteshäuser. Magnus aber verstand nicht und glaubte, seine Frau sei ihm untreu gewesen. Er verstieß sie und begab sich, enttäuscht von seinem irdischen Schicksal, auf eine Pilgerfahrt ins Heilige Land. Erst als er wieder zurückkam, erfuhr er, was seine Frau für ihn getan hatte und erkannte seinen Irrtum. Er konnte sie aber nicht mehr um Verzeihung bitten, denn sie weilte nicht mehr unter den Lebenden. Da verlor Magnus die Lust an seinem Ritterdasein, verteilte sein irdisches Hab und Gut und wurde Mönch. Als Einsiedler lebte er fortan in den Wäldern des Süntels. Da fand man ihn eines Tages tot, mit zum Kreuz ausgebreiteten Armen. Er wurde in der Kirche zu Beber bestattet.

Die Magnus-Sage wird auch in einer etwas anderen Version erzählt:

Im Deister-Süntel-Tal lebte zur Zeit des Kaisers Ludwig im 9. Jahrhundert ein Ritter mit Namen Magnus. Er wohnte mit seiner Gemahlin auf seiner Burg oben auf dem Süntel. Im Kampf mit den räuberischen Normannen, die mit ihren Schiffen weseraufwärts bis über Minden hinaus gekommen waren, wurde er schwer verwundet. Als seine Knechte ihren Herrn zu Boden sinken sahen, dachten sie nicht anders, als daß er tot sei, flüchteten nach Hause und meldeten den Tod des Ritters. So unversehens verwitwet und ohne Kinder und Erben, gedachte seine fromme Frau, ein gutes Werk zu tun und ließ vier Kirchen bauen. Eine davon ist die von Beber. Magnus war aber nicht tot. Er geriet, nur verwundet, in Gefangenschaft. Nach zehn Jahren kehrte er in die Heimat zurück. Herzlich begrüßte er seine Gemahlin, und die erzählte ihm von den vier Kirchen, die sie hatte bauen lassen. Da war Magnus voller Dankbarkeit und gedachte selbst auch etwas zum Lobe Gottes und für sein Seelenheil zu tun. So begab er sich auf eine Pilgerfahrt ins Heilige Land. Als er zurückkam, fand er seine Frau auf dem Friedhof ruhend. Da verteilte er sein ganzes Hab und Gut unter die vier Kirchen und lebte fortan als Einsiedler in den Wäldern des Süntels. Eines Tages fand man ihn da tot und mit zum Kreuz ausgebreiteten Armen in seiner Hütte. Er wurde in der Kirche zu Beber beigesetzt.

* Die Magnussage ist eine uralte Süntelsage. Sie hat durch mündliche Überlieferung über Jahrhunderte vielfache Ausschmückung erfahren. So nimmt es nicht wunder, daß es, wie bei der Sage um die Alte Taufe, nicht nur eine Version gibt. Der Name 'Magnus' war im Mittelalter sehr beliebt. Er ist auch unter den Herzögen des Hauses Billung zu finden, die im Deister-Süntel-Tal viele Ländereien besaßen. Davon ist ein Teil vielleicht in den Besitz der Sankt-Magnus-Kirchengemeinde in Beber gekommen, was erklären mag, warum die kleine Kirchengemeinde so reich ist.

Der heilige Magnus von Beber

Zur Zeit des Frankenkönigs Karl lebte im Bukkigau ein reicher Edeling namens Magnus. Er kämpfte hartnäckig gegen die fränkischen Unterdrücker und deren Priester, die den alten Sachsen ihren Glauben nehmen wollten und ihnen Zinsen abverlangten für die neue Kirche. Jahr für Jahr, wenn der Winter dem Frühling wich, ritt er mit Herzog Wittekind hinaus zum blutigen Kampf für Götter und Freiheit. Und wie lachte sein Herz, wenn das Christenblut den Blutbach hinabfloß, oder wenn es über die alten Steine bei der Alten Taufe rann!

Bild des heiligen Magnus

Paul Brettner †

Doch der Frankengott war stärker. Herzog Wittekind schloß Frieden mit dem großen Karl und widerwillig beugte sich auch Magnus. Er ließ sich taufen und gelobte Treue. Gewissenhaft erfüllte er seine Pflichten gegen seinen König und gegen die Kirche. Aber er haßte die Christen, am meisten den Mönch Amelung in Apelern, den ersten Diakon im Bukkigau, denn im Herzen war er Heide geblieben. Und bei den alten Opferstätten im Deister und im Süntel brachte er Wodan manches heimliche Opfer dar.

So gingen die Jahre ins Land. Magnus war alt, seine Glieder waren steif geworden. An Jagd und fröhlichem Ausritt hatte er keine Freude mehr, und so hockte er griesgrämig am Herdfeuer und gedachte der vergangenen Freuden. Neben ihm saß Oda, seine Frau, die der Mönch Amelung schon bekehrt hatte, und spann. Ihr Wesen war von milder Art, und sie erzählte vom Heiland und vom Himmelreich, von den vielen Menschen, die sich um den Christengott scharten, und andere schöne Geschichten. Magnus lauschte gespannt, und sein hartes Sachsenherz wurde weicher und weicher und öffnete sich dem Heiland. Da ließ Frau Oda Boten nach Apelern schicken, und schon am nächsten Tag schritt der Mönch Amelung durch das Burgtor. Aus dem früheren Christenfeind wurde ein begeisterter Anhänger des Christengottes.

Doch Unruhe erfaßte sein Herz immer und immer wieder wegen des unschuldig vergossenen Christenblutes, das auf sein Geheiß vergossen war. Auf Odas Rat klagte er schließlich dem Mönch Amelung seine Seelennot. Der erlegte ihm als Sühne für seinen früheren heidnischen Lebenswandel und zur Ehre Gottes auf, Kirchen zu gründen, zumal das Kirchspiel Apelern damals nur ein einziges Gotteshaus besaß, was viel zu wenig war. So stiftete Magnus nacheinander die Kirchen zu Beber, Hülsede und Hattendorf und stattete sie reich aus mit Land und Leuten. Als der Christengott Magnus in sein himmlisches Reich rief, begrub man seine sterblichen Überreste in der Kirche zu Beber. Da kann man das Bild des Gründers noch heute sehen.

(nach einer Schulchronik von Hülsede, verfaßt von August Tribian, 1905)

Das rätselhafte Kirchenbild von Beber

In der Kirche zu Beber befindet sich eine besondere Kostbarkeit: ein Kirchenbildnis, das immer wieder Rätsel aufgibt. Es ist eine lebensgroße hölzerne Figur mit zum Kreuz seitlich ausgebreiteten Armen. Sie trägt ein langes, in der Mitte des Leibes mit einem Gürtel zusammengehaltenes Gewand und eine Kette um den Hals.

Bis heute weiß man nicht, wen das Bildnis darstellt und was es bedeutet. Abweichend zu der alten Süntel-Sage über einen Ritter Magnus, ist im Deister-Süntel-Tal kein Ritter mit Namen Magnus bekannt. Größe (Lebensgröße) und Art der Figur (mit Bart und talarartigem Gewand) lassen aber auf die Darstellung eines Christus aus der Zeit des 11. oder 12. Jahrhunderts schließen.*

Die Figur hängt jetzt in drei Meter Höhe in der Kirche, früher stand sie auf einer inzwischen abgebrochenen Konsole. Auf der soll MAGNUS TORQUATUS MARTYR gestanden haben. Das erinnert sogleich an einen anderen Magnus und sein Schicksal, an den übermütigen Herzog Magnus II. von Braunschweig, „Magnus Torquatus“ (Magnus mit der Kette) genannt, der ganz anders „über den Deister ging“, als er sich vorgenommen hatte.

* Weitere Erklärungen bieten bislang verschiedene Deutungen:

1. Das Bebersche Holzbild könnte eine Darstellung der 'Heiligen Kümmernis' sein. Da diese symbolische Gestalt aber auf deutschem Boden nicht anzutreffen ist, es gibt sie nur in einigen italienischen Kirchen, ist diese Deutung sehr unwahrscheinlich
2. Gegen die Einordnung als Christusfigur spricht die Darstellung mit der Kette um den Hals, die von allen üblichen Christusbildern abweicht. Außerdem hängt die Figur nicht an einem Kreuz, sondern sondern steht mit den Füßen auf einer Konsole. Die ursprüngliche Bezeichnung auf der Konsole „MAGNUS TORQUATUS MARTYR“ ist völlig rätselhaft. Die katholische Kirche kennt acht Heilige des Namens Magnus, aber von keinem ist ein Martyrium bekannt.
3. Und schließlich wird auch noch die Auffassung vertreten, daß es sich bei dem rätselhaften Kirchenbildnis in Beber um den braunschweigischen Herzog Magnus handeln könne.

Der Tod des Magnus-Torquatus bei Leveste

Auf dem alten Helweg vor dem Santforte, zwischen Leveste und Gehrden, kommt man an der Abzweigung nach Ditterke (heute steht dort eine Verkehrsampel) an einem Denkmal vorbei. Es ist Herzog Magnus II. (dem Jüngeren) von Braunschweig gewidmet, den man Herzog Magnus Torquatus, d. h. „Magnus mit der Kette“ nannte, weil er über seinem schwarzen Harnisch eine silberne Kette trug. Er war ein Raufbold und Draufgänger. Immer lag er mit den Edlen der umliegenden Lande in Fehde, so daß sogar sein Vater, Magnus I., mit seinem Lebenswandel nicht einverstanden war. Er drohte ihm mit harten Strafen, ja sogar mit dem Tode, wenn er von seinem ungebändigten Leben nicht lassen wolle. Ihm zum Trotz schmückte sich Magnus, so erzählt die Sage, mit einer silbernen Kette, ganz gegen den Brauch der Zeit, seinem Vater zum Ärger.

Als nun Mechthild (gelegentlich auch ‘Mathilde’ benannt), die Witwe seines verstorbenen Bruders Herzog Ludwig zu Braunschweig, den Grafen Otto von Schaumburg heiratete, wollte Magnus den Brautschatz für sich vereinnahmen. Er überfiel mit seinen Leuten den Wagen der Gräfin und raubte ihn aus. Die Gräfin selbst entkam bei dem Überfall. Sie beklagte sich bei ihrem Mann, Graf Otto von Schaumburg. Doch der tröstete sie und versicherte ihr, daß sie selbst ihm lieber sei als alles irdische Gut und versprach ihr, dem Magnus das Unrecht heimzuzahlen. Die „Chronic Luneburgicum“ berichtet darüber:

> „. . . begaff idt sick, dat hertoge Magni broders wedewe *(Witwe)* sick wederum befriede (heiratete) mit dem edlen und wolgeboren Heren Otten graven to Schaumburg. Unde also desulvige ehre froulike Gerade *(Geräte)* und Schmucke *(Aussteuer)* uth dem lande tho Luneborch na der Graveschop voren leth, hefft Hertog Magnus etlike perde up den wech *(Weg)* geschicket, unde Kisten, Laden unde Scheppe uphoven *(aufgemacht)*, und wat darinne gewesen, wechnemen laten. De gute forstine *(Fürstin)* wenede unde klagede over socke gewalt gar sehre. Ohr here de Grave trostete se mit frundlicken worden unde sprack: bedrovet ju nich *(betrübet euch nicht)*, juwe *(eure)* fromigkeit und uprichtigkeit is my lever, alse all juw geschmucke und ziret. Ick wil overst wol dem avermodigen *(übermütigen)* Forsten tho gelegener tidt nich schenken (zu gelegener Zeit nichts schenken). . . . .“

Gelegenheit dazu ergab sich bald. Herzog Magnus ging in seiner Feindschaft gegen Otto so weit, daß er mit größerem Gefolge gegen ihn zu Felde zog. Graf Otto rief schnell seine Getreuen zusammen und ritt ihm mit einem stattlichen Aufgebot entgegen. Die Feinde trafen bei Leveste aufeinander. Es kam zum Gefecht. Als Magnus am frühen Morgen mit seinen Leuten aufbrach, hatte er sie noch einmal so richtig aufgestachelt und ihnen bei seinem heiligen Eide geschworen, er werde die nächste Nacht im Land seines Gegners, im Schaumburgischen, verbringen. Siegessicher stürzte er sich in den Kampf. Herzog Magnus, hoch im Sattel, hielt Ausschau nach Graf Otto. Als er ihn sah, stürzte er auf ihn los. Die Degen blitzten in erbitttertem Zweikampf. Graf Otto stürzte und lag am Boden. Schnell sprang Magnus vom Pferd, um seinen Feind den

Todesstoß zu versetzen. Da war aber schon der Schildknappe Ottos, der tapfere Hans von Weihen, auch Hans Sumenich *(Säumenicht)* genannt, zur Stelle. Heute macht er seinem Beinamen alle Ehre. Magnus bemerkte ihn in seiner blinden Wut nicht. Gerade als Magnus zum Stoß ansetzte, bohrte sich der Dolch des Schildknappen in sein Herz. Das war die Entscheidung. Entsetzt sahen die Braunschweiger, wie ihr Herzog fiel und wandten sich zur Flucht. Es war der Sanct-Jacobs-Tag Anno 1373.

Ein an den Tod des Magnus Torquatus erinnernder Kreuzstein soll jahrhundertelang unbeachtet an der Stelle gestanden haben, an der Herzog Magnus gefallen war. König Georg V. von Hannover ließ ihm im vorigen Jahrhundert dort ein Monument errichten und den Kreuzstein und eine Bronzetafel mit den Daten des Herzogs einfügen. Das Denkmal steht noch heute, die Bronzetafel aber ist verschwunden.

(siehe Kageler, S. 138 f)

Die Torquatusnacht in der Grover (Rodenberger) Kirche

Tief bewegt von dem dramatischen Geschehen stand Graf Otto mit seinem treuen Knappen Hans von Weihen und seinen Mannen vor dem Leichnam des Dahingesunkenen. Da hörte er, daß der Herzog am Morgen in einem feierlichen Eid geschworen hatte, die nächste Nacht im Land seines Gegners zu verbringen. Großmütig wünschte Otto, sein Schwager möge nicht meineidig werden und ließ den Leichnam des Herzogs noch am selbigen Tage von Schaumburger Rittern und Knappen in die Grover Kirche bringen und eine Totenmesse für ihn halten. Aus der ganzen Umgebung strömten die Menschen herbei, um an der Totenfeier teilzunehmen. Die Kirche war übervoll und konnte gar nicht alle aufnehmen. Gerade hatte der Gottesdienst begonnen, da setzte ein furchtbares Unwetter ein. Blitze zuckten und Donner rollten. Plötzlich schlug ein Blitz in das neben der Kirche stehende Küsterhaus ein. Die Kirche war grell erleuchtet und ein furchtbarer Donner erschütterte das ganze Gebäude. Von panischer Angst ergriffen, stürzten die Menschen auf die Kirchentüren zu. In dem wilden Gedränge wurden 23 Menschen, 14 Frauen und 9 Männer erdrückt oder niedergetreten, und mehr als hundert weitere Besucher erlitten schwere Leibesschäden. Ein Gottesurteil! So glaubten die Menschen. Zu den Opfern der Torquatusnacht mag auch ein Knappe des Grafen Otto gehört haben, an den vielleicht der Stein mit dem legendären Männchen erinnert, der neben der Nordtür der Grover Kirche eingefügt ist. Durch das entsetzliche Geschehen in der Schreckensnacht, die als „Torquatusnacht“ in die Geschichte Rodenbergs eingegangen ist, war die dem Heiligen Jacob geweihte Grover Kirche entweiht. Sie mußte neu geweiht werden und hieß jetzt „Kirche Allerheiligen“. Nach der Reformation nannte man sie aber wieder Jacobi-Kirche.

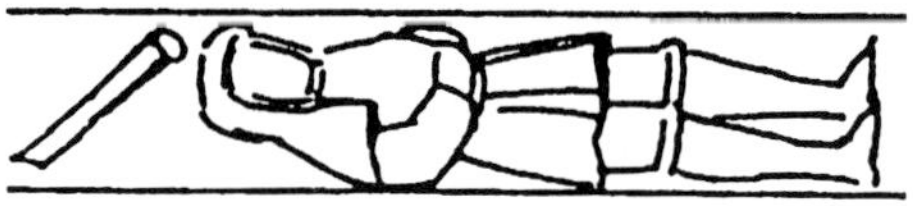

(Marlies Berndt, in Anlehnung an Mithoff,
sowie: Die Grover Kirche im Wandel der Zeit,
Kirchen in Schaumburg,. Geschichte der Grafschaft Schaumburg)

Erinnerungen
aus
kriegsschweren Zeiten

Erinnerungen an schwere Zeiten, an Not und Entbehrungen, haben sich im Gedächtnis der Menschen immer deutlicher erhalten als Erinnerungen an gute Zeiten. Und von schlechten Zeiten können auch die Menschen dieseits und jenseits des Deisters allerlei berichten. Was sie alles ertragen mußten, ist fast unbeschreiblich. Da diese Geschichten aber nicht losgelöst von ihrer Geschichtlichkeit gesehen werden können, setzen wir ihnen das jeweilige historische Umfeld voraus und beginnen mit der Römerzeit.

Seit über 2000 Jahren - die Römer -

Die **Römerzüge** (etwa 20 vor bis 20 n. Chr.) berührten unser Land zunächst nur am Rande. Drusus (10 v. Chr.) und Tiberius (7. v. Chr.) kamen mit ihren Legionen bis ins Leinetal. Varus (4 n. Chr.) erreichte wahrscheinlich Bückeburg und den Norddeister im Raum Rodenberg-Nenndorf. Ob unser Gebiet auch vom Aufmarsch zur Schlacht bei dem bis heute nicht genau lokalisierten Idistaviso (Germanicus 16. n. Chr.) betroffen war, ist bis nicht bekannt. Sagen aus dieser Zeit sind keine vorhanden.

Die Zeit der Völkerwanderung
- Die Sachsen kommen -

Etwas mehr weiß man aus der **Zeit der Völkerwanderung** (4. - 6. Jhdt. n. Chr.). Im 5. Jahrhundert wanderte der größte Teil der in unserem Gebiet ansässigen Sachsen nach Britannien ab. In den großen entvölkerten Raum zwischen Friesen im Norden und Franken im Süden strömte nun das Volk der Thüringer. Auch alles Land an Deister und Süntel stand unter ihrer Herrschaft. Alte Familien- und Erbstreitigkeiten zwischen dem Thüringer König Hermanifred (Herminfried, Irminfried) und seinem Schwager, dem Frankenkönig Theoderich, brachen wieder auf. Theoderich vertrieb mit Hilfe seines Schwagers Chlotar im Jahre 530 n. Chr. die Thüringer aus dem Münsterland. Die zogen sich auf dem alten großen Helweg (vor dem Santforte) zurück. Dort, wo er aus dem Gebirgsrand in die Deistermulde führt und dort, wo zwischen den letzten Ausläufern (Stemmer, Benther und Gehrdener Berg) eine Sperrung leichter möglich ist, bauten sie einen Abwehrgürtel mit Sperren und Wolfsgruben. Diese Wolfsgruben, tiefe Erdgruben, am Grunde gespickt mit scharfen kurzen Spießen, waren gefährliche Fallen für die nachstürmenden Franken, denn die Öffnungen waren so mit Zweigen und Rasenplacken bedeckt, daß man sie nicht erkennen konnte. Zwei Tage dauerte der Kampf. Am dritten Tage waren die Thüringer erschöpft. Die Franken hatten gesiegt.

Durch geschickte Verhandlungen gelang es König Theoderich, die nördlichen Nachbarn der Thüringer, nordische Volksstämme, und im Lande verbliebene Sachsen zu gewinnen, die sich die hochmütigen Thüringer schon lange zu Feinden gemacht hatten. Der Chronist Widukind von Corvey schreibt vierhundert Jahre später (967) auf, was davon überliefert war.

> „Wenn die Sachsen den Irminfried besiegten und die Burg (*Scheidungen an der Unstrut*) nähmen, so wollte er ihnen das Land zu ewigem Besitz geben. Die Sachsen schickten unverweilt und ohne langes Besinnen neun Feldherren, jeden mit tausend Kriegern . . . Die Franken bewunderten die durch Körperkraft und Mut hervorragenden Männer; sie wunderten sich auch über die neue Tracht, auch über ihre Bewaffnung und das über die Schultern wallende Haar und vor allem über die gewaltige Festigkeit ihres Mutes. Sie waren bekleidet mit Kriegsröcken - weite, buntgestreifte, linnene Gewänder - und bewehrt mit langen Lanzen, standen gestützt auf kleine Schilde und hatten an den Hüften lange Messer."

Die Burg Scheidungen, die letzte Zuflucht der Thüringer, wurde tatsächlich genommen und die Thüringer damit vollständig besiegt. Von ihrem Reich, das an die Sieger fiel, erhielten die Sachsen das Land bis zur Unstrut und damit auch das Land dieseits und jenseits des Deisters. Die Fachgelehrten rätselten lange, ob die große Schlacht bei Runibergun sich bei uns abgespielt hat oder bei den Ronnebergen an der Unstrut. Die ältere der Aufzeichnungen von Gregor von Tours (587) schildert zwar genau die furchtbaren Wolfsfallen, macht aber keine Ortsangabe. Widukind von Corvey berichtet vom Ort „Runibergun", aber erst in den berühmten Quedlinburger Jahrbüchern kommt die Bestätigung: „Theoderich versammelt sein Heer, führt es bis zum Gau, der Maerstem heißt".

Karl der Große und die Christianisierung (um 800 n. Chr.)

haben unser Land weitgehend geprägt und auch an Deister und Süntel Spuren hinterlassen: Wir verweisen hierzu auf die Sage von der „Alten Taufe" und auf das Kapitel „Karl der Große im Deister und im Deister-Süntel-Tal".

Die Raubzüge fremder Völker (9. und 10. Jhdt.)

schlagen sich in unseren Erzählungen wenig nieder. Es ist möglich, daß der große Einfall der Ungarn im Jahr 915 n. Chr. das Land um Süntel und Deister betroffen hat. Ihr letzter Zug nach Norden endete mit ihrer Vernichtung in Thüringen an der Unstrut. Er ging nördlich des Steinhuder Meeres in großem Bogen bis über die Weser an uns vorüber. - Die Abwehr der von Norden eingebrochenen Normannen (9. Jhdt.) wird in der Magnussage erwähnt.

Zerfall kaiserlicher Führung

Mit dem Zerfall kaiserlicher Führung kommt es im hohen und späten Mittelalter zu blutigen Fehden und Hauskämpfen um Erbe und Macht, um Hab und Gut, zwischen den kleinen Herrscherhäusern. Das verdeutlichen die Geschichten über Sedemünde (1259 n. Chr.), über Magnus Torquatus (1373 n. Chr.) im Lüneburger Erbfolgekrieg und über den Raubritter Rottorf (1584 n. Chr.).

Lüneburger Erbfolgekrieg, Hildesheimer Fehde und Hildesheimer Stiftsfehde sind uns beispielhaft für die Vorgänge in jener Zeit.

Gut macht Mut, bringt Hochmut ins Blut.
Hochmut schafft Neid, und Neid bringt Streit.
Stets nur gestritten - bringt Betteln und Bitten.
Bitten hienieden schafft Demut und Frieden.
Frieden schafft Reichtum und Geld und Gut.
Gut macht Mut.

So dichtete Johann Oldekop aus Hildesheim (Ende 16. Jhdt.) im Eingang seiner Chronik zur Hildesheimer Stiftsfehde *(im Original in Niederdeutsch).* Und wie er, empfanden die meisten seiner Zeitgenossen die Streitereien und Fehden der Herrschenden, unter denen immer so viele Unbeteiligte zu leiden hatten. Das Land um den Deister litt besonders darunter.

Der Lüneburger Erbfolgekrieg fand nach dem Sieg der Braunschweiger über die Sachsen mit dem Vergleich von Uelzen (1388 n. Chr.) sein Ende. Doch der Friede währte nicht lange. Immer wieder entzündeten sich in den folgenden Jahrzehnten blutige Streitereien. Herzog Bernhard I. von Braunschweig-Lüneburg kämpfte und siegte gegen Bischof Johann von Hildesheim in der **Hildesheimer Fehde** (1420 - 22 n. Chr.). Als er im Jahre 1434 starb, ging es wieder los. Der Bischof Johann von Hildesheim zog gegen den Nachfolger Bernhards, Friedrich den Frommen von Braunschweig-Lüneburg. Im Deister (Köllnischfeld) sammelten sich seine Kriegsknechte mit den Hilfstruppen des Bischofs von Köln (Cölln) - daher der Name Köllnischfeld! - gegen den unruhigen Hildesheimer Bischof. So ging es hin und her. In der **Hildesheimer Stiftsfehde** (1519 - 23 n. Chr.) fanden die hartnäckigen Kämpfe ihren Höhepunkt. Im Deister-Süntel-Tal gingen zahlreiche Ortschaften in Flammen auf.

Bischof Magerkohl schafft Ordnung

Im Jahre 1504 wurde ein Sohn des Herzogs von Sachsen-Lauenburg als Johann IV. Bischof von Hildesheim. Er übernahm ein schweres Erbe. die wirtschaftliche Lage seines Stiftes (Bistums) schien ausweglos. Durch Zügellosigkeit, Mißwirtschaft, Streit und Intrige war das Vermögen des Bistums aufgezehrt. Wegen der riesigen Schulden war ein großer Teil des Grundbesitzes - Ländereien, Güter - Schlösser - an den Adel des Landes verpfändet. Die adeligen Herren betrachteten sich schon als endgültige Eigentümer der Pfandgüter. Bischof Johann IV. war aber aus anderem Holze geschnitzt als seine Vorgänger. Er entwickelte sofort nach Regierungsübernahme ein hartes Sparprogramm. Weil er selber beispielhaft große Entbehrungen auf sich nahm, fiel es ihm leichter, es auch durchzusetzen. Der Adel höhnte und spottete über ihn als „Bischof Magerkohl".

Als seine Politik Erfolg zeigte und die Finanzen wieder gesund waren, verging den Gläubigern aber das Lachen. Jetzt löste Johann IV. die Pfandschulden ab, und die Pfandgüter gingen wieder in den Besitz des Stiftes über. Rasend vor Wut und Enttäuschung griff der Adel zu den Waffen gegen den Bischof.

Nun schwelte zu der Zeit schon seit langem Streit zwischen den welfischen Herzögen: Onkel, Neffe und Vettern standen gegeneinander. Der Aufstand gegen den Bischof schien ihnen günstig, alte Rechnungen in der Verwandtschaft zu regulieren; und so mischte man sich in die Fehde ein. Im Februar 1519 nahm Herzog Heinrich der Mittlere von Lüneburg zusammen mit den Grafen von Hoya und Diepholz und den Grafen Anton und Johann von Schaumburg, die ihren unlängst verlorenen Besitz am Deister zurückgewinnen wollten, Partei für den Bischof.

Gegen den Bischof Johann IV. von Hildesheim stellten sich auf die Seite des empörten Adels Herzog Erich I. (der Ältere) von Calenberg, Herzog Heinrich der Jüngere von Braunschweig-Wolfenbüttel und dessen Bruder Bischof Franz von Minden. Diese drei hatten auch einen unmittelbaren Grund gegen den Hildesheimer Bischof vorzugehen, denn, was Bischof Johann IV. vom Adel forderte, verweigerte er selbst den Herzögen Erich und Heinrich und dem Bischof Franz, als sie ihre Schulden bei ihm bezahlen und ihre eigenen Pfandgüter zurückhaben wollten.

Entgegen allen, trotz der Streitereien noch erhaltenen christlichen Gepflogenheiten, griff Bischof Johann IV. mit seinen Verbündeten in der friedensgeschützten Osterzeit des Jahres 1519 am Karfreitag (22. April) die Gegner bei Petershagen an. Auf einen solchen Frevel war niemand gefaßt, deshalb gelang die Überraschung. Kurze Zeit später entbrannte der Kampf um Lauenau. Parisius, der sich auf die Geschichte der Stiftsfehde von Domherr Asche (Ascanius) von Heimburg (um 1570 n. Chr.) stützt, schreibt dazu:

„Barthold von Rutenberg hatte nicht Mannschaften genug, um auch die Vorburg erfolgreich verteidigen zu können. Die Belagerer konnten daher ohne Verzug von dieser Seite die Beschießung beginnen und die starken Mauern, die noch Jahrhunderte hindurch dem Wetter Trotz geboten hätten, hielten der groben Begrüßung durch die Karthaunen und Feldschlangen nicht lange stand. Schon am folgenden Tage war so weit Bresche gelegt, daß die Knechte zum Sturm schreiten konnten. Allein der Ritter von Rutenberg wollte das äußerste, das ihm und den Seinen den sicheren Untergang gebracht hätte, nicht abwarten; er zog die weiße Fahne auf, und um die Vesperzeit des 6. Mai 1519 (Freitag) übergab er 'die Lauenau' den Schaumburgern. Er selbst erhielt mit Weib und Kind und der kleinen Schar der Verteidiger in Ehren freien Abzug. Die Grafen von Schaumburg aber, die verhindern wollten, daß bei einer für sie ungünstigen Wendung des Krieges die Burg wieder ein Stützpunkt des Feindes werden könnte, gaben den Befehl, sie zu brechen. So fiel die alte Veste vierzehn Tage nach ihrer Eroberung der Rache der Feinde zum Opfer und ward bis auf den Grund zerstört."

Am 28. Juni fiel nach etlichen Scharmützeln die Entscheidung auf der Soltauer Heide mit einem glänzenden Sieg der Hildesheimischen. Vier Wochen später mußte Erich I. von Kalenberg das Amt Lauenau wieder an die Grafen von Schaumburg abtreten.

Aus dem Dreißigjährigen Krieg

Am nachhaltigsten erhielten sich im Land unterm Deister und im Sünteltal Überlieferungen, Geschichten und Erzählungen aus dem Dreißigjährigen Krieg. Das hat viele Gründe: Es gab noch keine Zeitungen in modernem Sinne, Nachrichtenblätter lasen nur wenige, denn ein großer Teil der Bevölkerung konnte damals nicht lesen. Deshalb gingen die Geschichten von Mund zu Mund, von Generation zu Generation. Ein anderer Grund mag sein, daß die Menschen mit dem ungeheuren Elend dieser Zeit fertig werden mußten und die immer schlimmer werdenden Übergriffe der gleichfalls notleidenden Soldaten sich dauerhaft einprägten. Die Verluste an Verwandten und Freunden und der Verfall von Hab und Gut wirkten sich noch Jahrzehnte nach den Friedensschlüssen von Münster und Osnabrück (1648 n. Chr.) aus.

Die eigentlichen Ursachen des Krieges, religiös-klerikale Streitereien zwischen Katholizismus und Protestantismus, verloren sich während der langen Dauer des Krieges immer mehr aus dem Blickfeld (böhmisch-pfälzische Kriegsphase bis 1623 n. Chr.). Schon als der Dänenkönig Christian IV. an der Seite der Protestanten in den Krieg eintrat, ging es weniger um Religion, als um die Herrschaft im Norden und in den Ostsee-Ländern (dänisch-niedersächsische Kriegsphase bis 1630 n. Chr.). Auch das Eingreifen Schwedens in die Kämpfe führte bald nach dem Tode des protestantisch gesinnten Königs Gustav Adolf unter seinem Nachfolger Ochsenstierna zu reiner Großmachtpolitik (schwedische Kriegsphase bis 1635 n. Chr.). Das konnte sich gar nicht deutlicher zeigen, als in dem gemeinsamen Vorgehen protestantischer Schweden und katholischer Franzosen gegen die kaiserlichen Truppen (schwedisch-französische Kriegsphase 1635 - 48 n. Chr.). Seit der dänisch-niedersächsischen Kriegsphase raste der Krieg auch durch unsere nähere Heimat.

Tilly im Kalenberger Land

Im Jahre 1625 drängten die Tilly'schen Heerscharen wie eine Dampfwalze ins Kalenberger Land. Weit reichte damals der Wald ins Land unter dem Deister hinein. Die oft nur aus wenigen Einzelhöfen bestehenden Dörfer lagen im Schatten mächtiger Eichen. Im Winkel der Hausdiele standen nach althergebrachter Sitte ein Dutzend Eikheister bereit, herzhafte, derbe Eichstöcke, eine Naturwaffe für alle Fälle.

Die wilden Horden Tillys, zusammengewürfelt aus aller Herren Länder, führten schwarzbärtige Heerführer hoch zu Roß an. Hell glänzten in der schimmernden Morgensonne ihre Rüstungen. Bei den drei Kreuzsteinen hinter dem Dorfe Goltern machten sie halt. Die erste Etappe im Kalenbergischen war erreicht. Ein Trupp der rauhen Gesellen blieb hier, die anderen marschierten weiter nach Gehrden, Pattensen und weiter nach Osten. Bisher hatte das Land nördlich unterm Deister als ziemlich kriegssicher gegolten, denn die auf dem Helweg durchziehenden Heerscharen strebten zu entfernteren Zielen und den Soldaten blieb keine Zeit, das Land zu durchstöbern. Aber jetzt, unter Tilly, ließen sie sich auch hier nieder und plünderten die Bevölkerung aus bis aufs Letzte. Auch das Kloster, das bisher von feindlicher Besatzung verschont war, mußte Lebensmittel liefern und Gespanne stellen. Die geforderten Verpflichtungen überstiegen die Leistungsfähigkeit des Klostergutes, und das Schaufelrad der Backhausmühle stellte bald sein beschauliches Murmeln ein, denn auch die Vorräte der Bauern waren erschöpft.

Noch trieb der Klosterhirte seine Herde auf die Kämpe, aber auch die verkleinerte sich zusehends durch die Anforderungen der Tillyschen Truppen. Die Leute flohen aus dem flachen Land und erzählten haarsträubende Geschichten von den fremden Soldaten. Die Furcht vor der Besatzung wuchs ständig. Wenn der rote Hahn in dunkler Ferne krähte und der Himmel sich blutrot weitete, dann kletterten wohl gewandte Burschen auf die höchsten Baumgipfel, die Gegend auszukundschaften.

(nach Matthei)

Hinnerk, der Klosterhirte

Eines Abends kam der Gemeindebote aus Goltern hastig ins Klosterdorf gelaufen und erzählte unter Tränen, mit schlotternden Knien, daß die Soldaten dreiunddreißig ihrer Leute im Kirchturm zusammengetrieben, einige totgeschlagen, Feuer angemacht und alle verbrannt hätten. Auch hätten sie alles Vieh im Dorf gestohlen und mitgenommen. Diese Nachricht brachte große Aufregung in das Klosterdorf. Hinnerk meinte: „Ick segge ja all lange, in'n Barg me dat Veih!"

Man befand seinen Rat für gut und trieb das Vieh nicht mehr auf die Kämpe, sondern in den Wald: Die Milchkühe in den 'Kuhstallbrink'*, wo man eigens einen Stall für sie errichtete, und das Jungvieh in den 'Rinderstall'**. Plötzlich tauchte ein fremder, wild aussehender Reiter auf, mitten über die Blankweide ritt er. Über den Fuchsbach sprengte ein zweiter und ihm folgte eine ganze Rotte. Es hieß, sie hätten in der verflossenen Nacht in Hohenbostel eine Reihe Häuser niedergebrannt und im Bollerhüser Feld die friedlich auf ihren Feldern arbeitenden Bauern niedergemetzelt. Nun waren sie auf Viehdiebstahl aus. Als Ermengard, die Gänsemagd, die auf der Gänseweide ihr Vieh hütete, das Gestampf der Pferdehufe hörte, lief sie schnell zum Hirtenhause, um Kathrin, ihrer Pflegemutter, davon zu berichten.

An diesem Abend war der Klosterhirte mit seiner Herde nirgends aufzufinden. Beim blassen Mondschein entdeckte man ihn unterhalb der Schnepfenflucht im Blute schwimmend mit zerschmettertem Schädel. Auf einer von frischem Birkenlaub umrahmten Bahre, noch immer den Hirtenstock in den Händen haltend, wurde er ins Hirtenhaus getragen. Von den drei Söhnen der Hirtenleute waren zwei vor fünf Jahren zu den Soldaten gegangen. Hein, der Jüngste, der auf einem benachbarten Rittersitze diente, hatte erst kürzlich einen blutigen Zusammenstoß mit einem feindlichen Meldereiter gehabt und einen Säbelhieb über die Schulter davongetragen. Seitdem wohnte er wieder zu Hause und verrichtete Feldarbeit auf den Ländereien des Klosters.

Am andern Tag, kurz nach Sonnenaufgang, sprengte mit lautem Getrappe ein Trupp feindlicher Soldaten der Klosterpforte entgegen und verlangte den Vogt zu sprechen. Ihr Anführer überreichte ihm ein mit Forderungen gespicktes Schriftstück. Ritzenberg, der schon in seiner Amtsstube über den Rechnungen saß, stippte den Gänsekiel in den Gallussaft, räusperte sich und schrieb, daß „in beredter Sache" vor der Ernte nichts zu haben sei. „Eirst gistern hett öhre Lüe dat leßte, wat wi harren, use paar Köppe Melkveih, middenahmen un usen Hirten doteslahn. Woher schall eck nu, Herr Offezeer, för öhren Staff man bloot de Bottern herkregen?" Mit diesem Schreiben verließen die Soldaten das Kloster. In selbiger Nacht ging Helmeringehusen in Flammen auf und ist seitdem wüst.

(nach Matthei)

* Kuhstallbrink, heute noch als Wald-Flurname vorhanden, war einstmals eine versteckte Waldweide.

** Zum Rinderstall kommt man, wenn man von der Deisterstraße über die Ludwig-Jahnstraße geradeaus weiterfährt. Von den Parkplätzen oberhalb des Sportplatzes sind es nur wenige Schritte bis zur ersten Abzweigung nach links. Man gelangt über den zumeist trockenen Bachlauf nach etwa 250 Metern in den Rinderstall.

Die Toten von Goltern

Im Oktober 1625 setzte Tilly alles daran, die Feste Kalenberg zu erobern. Sein ganzes Heer war im Kalenbergischen zusammengezogen. Plündernde Scharen zogen durchs Land und überfielen die Dörfer. Am 30. Oktober fiel ein plünderndes Regiment des kaiserlichen Generals über das Dorf Goltern her, das direkt am Helwege lag. Wer konnte, floh in die nahen Wälder. Andere, vor allem Frauen, Kinder und ältere Männer, suchten Schutz in der Kirche.

Die fremden Soldaten raubten Häuser, Ställe und Scheunen aus. Sie nahmen alles mit: Die Vorräte aus Keller und Scheuer, Hausrat vom Kochtopf bis zum Bettzeug, das Vieh aus den Ställen, und was ihnen sonst noch wertvoll und brauchbar erschien. Ihre Beute luden sie auf Ackerwagen und schleppten alles mit sich fort. Jammern und Klagen drang zu denen in der Kirche, und der Qualm der brennenden Häuser wehte um den Turm. Durch die Kirchturmluken mußten die Menschen den Raub ihrer letzten Habe mit ansehen. Da brachen sie in unsäglicher Wut in Jammern und Wehklagen aus und schickten den Räubern Flüche und Verwünschungen hinterher. Die Unmenschen waren schon auf dem Abmarsch. Da hörten sie das Schreien und Fluchen aus dem Turm. Sie kehrten um, erzwangen sich Zugang zum Turm, häuften unten im Kirchturm trockenes Holz und Reisig auf und legten Feuer. Im Qualm der Feuersglut erstickten und verbrannten 33 Einwohner Golterns. Unter den Toten waren eine Mutter mit vier, ein Elternpaar mit drei, zwei Elternpaare mit je zwei Kindern, Geschwister und viele Einzelpersonen. Sechs Menschen konnten sich vor dem Flammentode zwar retten, verstarben aber wegen ihrer Verbrennungen später auch. Der Pastor von Goltern schrieb ins Kirchenbuch: „Zu Goltern sind ao. 1625, den 30. Oktobris Domin. 20 Trinitatis auf dem Chure verbrand durch das Tillysche Regiment: . . .“ (Es folgen die Namen. Man kann sie noch heute im ältesten Kirchenbuch von Goltern nachlesen.)

(nach Stedler, Drittes Heft, S. 23 f; siehe auch.Kageler, S. 174 f)

Tilly-Linde oder Thie-Linde?

Auch in Großgoltern auf dem Kirchhof steht eine alte Linde, die mit Tilly in Verbindung gebracht wird. Sie soll der Sage nach schon tausend Jahre alt sein. Aber landläufig nennt man sie „Tilly-Linde“, weil angeblich tillysche Soldaten unter ihr lagerten. Es heißt aber auch, daß unter ihrem Blätterdach einst Gericht gehalten wurde. Von daher trägt sie auch den Namen „Thie-Linde“, oder „Gerichtslinde“. Um den Baum noch möglichst lange am Leben zu halten, versorgte vor etlichen Jahren ein Baumdoktor den Stamm, und die ausladenden Äste erhielten eine stählerne Stütze.

(siehe Meier: Chronik von Goltern. Seite 76)

Die Tillybuche bei Raden

Auf der Westernegge im Süntel bildeten ehemals eigenartige Bäume einen undurchdringlichen Wald. Aber auch einzelne Bäume standen am Rand. Es waren Süntelbuchen, eine Spielart der Rotbuche, die wegen ihres verzweigten Wuchses auch Krüppelbuchen genannt wurden. Ihr Stamm weist schon in ein bis zwei Metern wirre Verzweigungen und dichtes Geäst auf, und die unteren Zweige berühren mit ihren Spitzen meist den Boden. Wenn sie einzeln stehen, entwickeln sie sich zu prächtigen ausladenden Bäumen. Die schönste und größte von ihnen war die Tillybuche bei Raden, deren Laubdach einen Umfang von hundert Schritt bildete.

Eine Sage berichtet, daß Tilly im Jahre 1625,
nachdem er Hameln besetzt und den
Dänenkönigs Christian IV.
zum Rückzug gezwungen hatte,
weiter über Stolzenau nach Nienburg zog.
Dabei kam er durch das Wesertal
und rastete im Schatten
der damals noch jungen Buche.
Von da aus kann man bei klarem Wetter
bis zum Steinhuder Meer
und zu den Rehburger Bergen sehen.
Der Feldherr ließ seinen Blick
über das weite Land schweifen,
das er sich unterwerfen wollte,
während sein Schimmel neben ihm stand
und an den frischen Zweigen
des niedersächsischen Baumes zupfte.

Mehr als drei Jahrhunderte hat der Baum jene Zeit überlebt. Er grünte und blühte Jahr für Jahr. Erst in den achtziger Jahren unseres Jahrhunderts verlor er an Lebenskraft. Während eines schweren Sturmes im Jahr 1992 brach ein großer Ast aus seiner Krone. Der zum Sterbenden verurteilte Baum stürzte schließlich ganz zusammen.

Der Tillystein in Eimbeckhausen

In der Kirchhofsmauer in Eimbeckhausen befindet sich noch heute ein Kreuzstein*, der an den Dreißigjährigen Krieg und an die Ermordung von vier Eimbeckhäuser Männern durch tillysche Reiter im Jahre 1625 erinnert. Im Kirchenbuch von Eimbeckhausen (1611 - 67) finden sich darüber folgende Aufzeichnungen:

> „Anno Domi., 1625, 30. July Henning Wedemeier von Tilly Reutern aufm Feld erschossen."
> „Anno Dn. 1625. Aug.Hinrich Schrader oder Uhlen von Tilly Reutern bey Millinghausen überlaufen, erschlagen und auf der Wahlstätte begraben."
> „Anno 1625, Aug. Hinrich Polmann auf des Junkers Hove von Tilly reuberischen Reutern überlaufen und geschlagen und endtlich gestorben."
> „Anno 1625, 19. Aug. Hinrich Birke, von Tilly Reutern oder Füsilieren in seiner Wohnung überlaufen und hart gehaldten und geschlagen, und nach etlichen Tagen gestorben und erlich begraben."

Tillystein, Rückseite
Foto: Udo Mierau

* Die Geschichte dieses Steines als Tillystein, wie von Baumann/Müller in dem Werk „Kreuzsteine und Steinkreuze in Niedersachsen" beschrieben, scheint überholt und müßte neu geschrieben werden. Der Stein ist offensichtlich viel älter. Im Frühjahr 1988 habe ich mit Herrn Baatz aus Bad Münder den losen Stein aus der Kirchhofsmauer herausgenommen und gesichert. Bei der Bergung gab es eine Überraschung: Auf der Rückseite des Steines befand sich ein grobes gehauenes Kreuz, ein sogenanntes Tatzenkreuz. Der in Deutschland bekannte Kreuzsteinexperte Werner Müller aus Elze bei Hannover datierte die Arbeit in die Zeit von 1450 bis 1500, das ausgehende Spätmittelalter. Er stellte fest, daß der Stein einen Fuß oder Ständer gehabt haben und vor 500 Jahren vermutlich irgendwo in der Feldmark als Kreuzstein gestanden haben muß. Nach den Umbauarbeiten an der Hauptstraße und dem Zurücksetzen der Kirchhofsmauer setzte man den Tillystein an der alten Stelle wieder in seiner ursprünglichen Art ein.. Die ältere Rückseite mit dem Tatzenkreuz ist nun wieder wie vorher nicht zu sehen. (Udo Mierau)

Plünderung der Stadt Springe im Jahre 1625

„Den 31. Juli 1625 ist das Städtlein Springe, ohnangesehen daselbst nicht die geringste Gegenwehr geschehen, samt darin gelegenem Amtshause gewalttätig überfallen. Was nicht entronnen, ist niedergehauen. Unter anderem wurde der Koch Detter und der Amtsschließer ermordet. Amtshaus, Kirche, Rathaus, Pfarrhäuser und alle anderen Privathäuser wurden ganz ausgeplündert, das Vieh zermetschet, und was nicht fortgebracht werden können, ist tot liegengeblieben. Türen, Fenster, Kisten und Kasten sind zerschlagen, das Korn, Mehl und andere Viktualien sind von den Böden, das Bier aus den Kellern weggenommen, teils auf die Erde verschüttet. Wie denn auch viel Vieh und Eingeweide auf dem Haus und in der Stadt liegen geblieben, daß es einen solchen Stank verursacht, daß fast niemand darinnen bleiben können. - Altenhagen sah man 3 Tage brennen. Nach 10 Tagen sah man noch unbestattete Leichen liegen. Nettelrede hatte 109 Tote.“

(Archiv Mierau)

Heinrich Schein

Es war am 3. Mai 1631, nachts zwischen ein und zwei Uhr. Vom blauen Sternenhimmel dieser lauen, warmen Maiennacht zeichneten sich die Umrisse der Strohdächer in Barsinghausens Dorfstraße ab, die zum „Osterhagen*“ hinausführte. Der Klostervogt hatte im Einvernehmen mit den Dorfbewohnern eine Ortswache für die Nacht eingerichtet. Ihre Aufgabe war es vor allem, dem Vogt auf schnellstem Wege zu melden, wenn sich der Feind dem Dorfe näherte. Sie war aber auch berechtigt, bei Zeitnot einer Gefahr eigenhändig zu begegnen.

In dieser Nacht hatte Heinrich Schein, der Haussohn des Dorfältesten, im einsamen Osterhagen Wachdienst. Unauffällig kauerte er im Gebüsch. Seine einzige Waffe war ein mächtiger Eikheister. Plötzlich vernahm er aus kurzer Entfernung heftig streitende Stimmen. Als die Leute näher herangekommen waren, erkannte er drei Gestalten, von denen die eine, ein baumlanger Kerl, einen spießartigen Stecken trug. „Pst!“ machte der, legte den Finger an den Mund und zeigte auf das nahe Dorf. Heinrich Schein erkannte aus den Handbewegungen, dem Tonfall, der Flüsterrede der Banditen, was sie vor hatten: Einbruch, Plündern, Mord.

„Halt, wo willt ju henn?“ mit diesem Anruf sprang Schein aus seinem Versteck und vertrat den dreien mit hochgehobenem Eikheister den Weg. „Marsch! Segg ek jück, Kerls, ju hett hier nix to seuken - schert jück, woher ju komen sin!“ Die drei blieben zuerst wie angewurzelt stehen. Dann zückte der Anführer in zornigem Aufwallen seinen Spieß, um ihn dem Barsinghäuser in den Leib zu jagen. Heinrich Schein begegnete dem ihm zugedachten Stoß durch kraftvolles Ausholen mit seinem Eikknüppel. Und sogleich ließ er einen zweiten noch wuchtigeren Hieb auf den Räuberhauptmann niedersausen. Der nahm ihm die Besinnung, so daß er seinen Spieß wie entseelt fallen ließ und zu Boden stürzte. Da sprang der zweite, der etwas abseits gestanden hatte, herzu und versuchte den Spieß von der Erde aufzugreifen. In diesem Augenblick sauste auch auf ihn der wuchtige Eikheister nieder, daß ihm das Blut aus Nase und Mund quoll. Inzwischen war der dritte der Räuberbande dem Wachmann in den Rücken gesprungen. Flink wie ein Wiesel riß er ihn nieder und bohrte ihm mit einem wilden Fluch den Dolch ins Herz. Stumm, ohne ein weiteres Lebenszeichen von sich zu geben, hauchte Heinrich Schein sein junges Leben aus.

Dem Gedenken an diesen Mord, vielleicht auch zur Sühne, setzte man einen Erinnerungsstein. Er stand lange Zeit, mit einer Bank davor, vor einem Gartengrundstück im Osterhagen (heute Osterstraße). Der Stein gelangte bei der Verkopplung im vorigen Jahrhundert ins Feld und diente als Brückenüberleger. Er kehrte dann aber wieder an seinen alten Platz zurück. Als in den sechziger Jahren die Straße ausgebaut und das Grundstück bebaut wurde, mußte der Stein weichen. Seitdem befindet er sich ein paar Grundstücke weiter zur Stadt hin, eingelassen in eine Grundstücksmauer. Die Inschrift auf der Vorderseite beginnt bereits stark zu verwittern. Sie lautet:

anno 163 . , den 3. may vormittags zwischen 1 und 2 Uhr
ist Heinrich Schein
von drei morderen und straßenräubern
auf dieser stede niedergemacht und entleibt worden
seines alters von 27 jahr.

Die Rückseite, die, grob eingehauen, ein Kreuz und einen Speer trägt, ist nicht sichtbar.

(nach Matthei; siehe hierzu auch Stedler, Drittes Heft, S. 27)

* Osterhagen = das nach Osten vor dem Dorf lag, heute führen die Osterstraße und die Siegfried-Lehmann-Straße durch das ehemalige „Osterfeld".

Pflaumentod und Glockenraub

Wie in allen kalenbergischen Dörfern waren auch in Hohenbostel Tillysche Soldaten einquartiert Die plünderten, mordeten und brandschatzten wie überall im Lande, kein Haus, kein Stall, kein Feld, kein Hausgarten waren vor ihnen sicher. Schriftliche Zeugnisse aus dieser Zeit fehlen, aber nach mündlicher Überlieferung soll der Ort beim Feind bald in Verruf gekommen sein. Es wird erzählt, daß nach dem Verzehr von mit Mehltau befallenen Plaumen etliche Soldaten gestorben seien. Sie sollen große Mengen von diesen Früchten gegessen und sich dabei vergiftet haben.

Bevor die Tillyschen den Ort verließen, steckten sie Häuser und Scheunen an, sodaß ein großer Teil auch dieses Dorfes niederbrannte. Von den drei Glocken der Hohenbosteler Kirche raubten sie die kleinste und schleppten sie mit. In Leveste sollen sie die Glocke, vielleicht weil sie ihnen doch zu schwer war, dann aber zurückgelassen haben. Daß daran vielleicht etwas Wahres ist, zeigt die Merkwürdigkeit, daß sich in der Levester Kirche bis weit ins 19. Jahrhundert hinein eine Glocke befand, deren Klang nicht zu dem der anderen Glocken paßte. Darum konnte sie mit den anderen Glocken nicht gleichzeitig geläutet werden.

(nach Stedler, Drittes Heft, S. 26)

Bäet, Kinner bäet!

Bäet, Kinner bäet!
Morgen kummt dei Swed;
Morgen kummt dei Ossensteern*,
Dei werd dei Kinner bäen lehrn.

„Dieser Reim, ein Kindervers aus den letzten Jahren des Dreißigjährigen Krieges, drückt das ganze Elend aus, das dieser Krieg über unsere Heimat gebracht hat", schreibt Stedler. Nach den Tillyschen und den Dänen kamen die Schweden ins Land. Eigentlich erhoffte sich die geplagte Bevölkerung von den Schweden Besserung der Verhältnisse. Aber sie wurde arg enttäsucht. Obwohl die Truppen angewiesen waren, maßvoll zu sein, waren es ihrer doch zu viele und Marodeure und Straßenräuber unter ihnen. So zeigten sich die schwedischen Kriegshorden nicht besser als die anderen, ja, die Entmenschlichung erreichte in dieser Zeit sogar die höchste Stufe der Grausamkeit, und die Leute flüchteten aus dem flachen Lande „als es 1625 bei der Ankunft Tillys nicht gewesen". Zu den größten Unmenschlichkeiten gehörte der „schwedische Trunk", mit dem sie ihren Opfern Geständnisse erpressen wollten, um herauszubekommen, wo sie ihre Güter versteckt hätten.

(siehe hierzu Stedler, Drittes Heft, S. 21 ff; und Meissel, S. 43 ff)

* Nach dem Tode Tillys im Jahre 1632 wird Wallenstein kaiserlicher Feldherr. Im gleichen Jahr fällt der Schwedenkönig Gustav Adolf, 38 Jahre alt, in der Schlacht bei Lützen. Seine Tochter Christine, zu diesem Zeitpunkt 6 Jahre alt, wird Königin von Schweden, steht aber bis zu ihrer Volljährigkeit 1644 unter der Vormundschaft von Axel Oxenstjerna (niederdeutsch: „Ossensteern"), der die schwedische Politik im Sinne Gustav Adolfs fortführt.

Der „schwedische Trunk“

„. . . Nach grausamem Prügeln und Schlagen haben sie die elende Person auf den Rücken gelegt, Sperrhölzer in den Mund gestecket und mehrmals etzliche Kannen Mistpfütze eingeflößet. Wenn solche zurück ihnen wieder aus dem Munde zu laufen angefangen, so ist einer mit Füßen ihm auf den Leib gesprungen. . . Aber leider, Gott sei's geklagt, die meisten Personen starben elendiglich.“

(nach Paulig:, Geschichte des Dreißigjährigen Krieges, S. 307)

Wie Rodenberg zu seinem „Stockholm“ kam

Ab März 1643 folgten vier Jahre, in denen die Bevölkerung weniger unter den Kriegshändeln als unter den Raubzügen der in und um Rodenberg stationierten Soldaten litt. Vor dem Oberen Tor lag der Sattelbürgerhof „Klakenburg“, dessen Besitzer Konrad Klak war. Eines Nachts versuchten mehrere Marodeure sich in den Hof einzuschleichen. Sie wurden jedoch von Klak und seinen beiden Söhnen rechtzeitig bemerkt. Um die Räuber zu vertreiben, schossen die Klaks auf die Eindringlinge, wobei einer von ihnen getötet wurde. Darauf vereinigten sich die Marodeure und beschlossen, den Tod ihres Kameraden zu rächen. In einer der folgenden Nächte drangen sie in die Klakenburg ein, überfielen die Hausbewohner im Schlaf, ermordeten sie und raubten alles, was sie vorfanden. Dann setzten sie die Gebäude des Hofes in Brand. Die alarmierte Hilfe kam zu spät. Die Raubmörder waren schon in der Finsternis verschwunden.

Die Klakschen Erben, die mit dem vernichteten Hof nichts anfangen konnten, verkauften das Grundstück und alle dazugehörenden Ländereien an Olaf Jansen, einen invaliden, schwedischen Wachtmeister. Jansen war während der kriegerischen Auseinandersetzungen schwer verwundet und von der Familie des Ratskrügers Jobst Amelung gesund gepflegt worden. Er hatte sich in Rodenberg niedergelassen und Margarethe, die Tochter des Ratskrügers, geheiratet. Der Kaufvertrag für das Klaksche Grundstück wurde am 3. Januar des Jahres 1644 abgeschlossen. Danach übergab Jansen dem Rodenberger Bürgermeister 100 Taler für arme hungende Waisenkinder, die ihre Eltern durch den Krieg verloren hatten. Damit erwarb er für sich die „Erbkruggerechtsame“, eine besondere Form des vererbbaren Schankrechtes, und baute auf seinem neuerworbenen Grundstück einen Gasthof, den er nach seiner Vaterstadt „Stockholm“ nannte.

Das „Stockholm“ ist noch heute ein beliebtes Lokal in Rodenberg.

(Marlies Berndt, in Anlehnung an Mithoff)

Weitere Erzählungen aus dem Dreißigjährigen Krieg: „Densingehusen“, „Der versteckte Jungfernaltar“, „Der rote Barthel“.

Aus dem Siebenjährigen Krieg

Nach dem Dreißigjährigen Krieg lebte das Land unterm Deister und im Deister-Süntel-Tal nahezu hundert Jahre in Frieden und konnte sich erholen. Doch 1756 brach mit dem Siebenjährigen Krieg ein kleiner Weltkrieg aus. Das benachbarte Preußen kämpfte zunächst um Schlesien und schließlich um seine nackte Existenz gegen Österreich, Rußland, Frankreich, Schweden und die meisten Reichsfürsten. Unterstützung erhielt Preußen dabei von England, dem Erzfeind Frankreichs (Januar 1756 Vertrag von Westminster zwischen Preußen und Hannover), von Hessen-Kassel, Braunschweig, Gotha und Schaumburg-Lippe. Die Auseinandersetzungen zwischen Engländern und Franzosen um Nordamerika fanden auch stellvertretend im Kurfürstentum Hannover statt, das der aus welfischem Hause stammende Georg II. von Großbritannien von London aus mitregierte.

Auf dem Kontinent kam der Angriff der Franzosen gegen England im Jahre 1757 in Gang. Am 26. Juli 1757 standen bei Hastenbeck unweit Hameln gut vierzigtausend Hannoveraner und deren Verbündete einer großen französischen Übermacht gegenüber. Das Kommando führte der zweite Sohn des englischen Königs, der wenig kriegstüchtige Herzog Wilhelm August von Cumberland. Der Kampf bei Hastenbeck tobte hin und her, da zog der Herzog seine fast schon siegreichen Truppen vorzeitig in die Festung Hameln zurück. Der Sieg war verspielt! Als dann auch Hameln fiel, brach der Krieg in das Land an Süntel und Deister ein. Drei französische Dragonerregimenter ritten auf die Deisterpforte bei Springe zu und überschritten am 7. August den Deister.

Zwei Tage später standen sie vor Hannover. Sieben Monate lag der unsägliche Druck der französischen Besatzung auf dem Land am Deister. In dieser kurzen Zeit mußten fast zwei Millionen Tagesrationen an Rauhfutter und Hafer für die Pferde der Kavallerie aufgebracht werden, sowie nahezu fünfunddreißigtausend Sack Brotgetreide für die Besatzung und an Kriegssteuern über eine halbe Million Taler. Im Februar 1758 zogen die Franzosen ab. Die Wende kündigte sich an. Der unfähige Herzog von Cumberland wurde abgelöst und die Armeeführung dem Herzog Ferdinand von Braunschweig übertragen. Der Aufmarsch zum entscheidenden Sieg über die Franzosen in der Schlacht bei Minden im Frühjahr 1758 begann. In diese Zeit fallen die Geschichten das „Gefecht auf Gräberloh“ und „Der Unglückshof“.

Gefecht auf Gräberloh

Die Situation änderte sich jetzt schnell. Vor dem entschlossenen Nachdrängen Ferdinands wichen die Franzosen unter dem Herzog Richelieu und später unter dem Grafen Clermont schnell zurück. Am 26. Februar 1758 räumten sie Celle, am 28. Februar Hannover. Am 1. März nahm Herzog Ferdinand Nienburg ein, und es war nun sein strategisches Ziel, möglichst umgehend auch die noch von den Franzosen besetzten Städte Minden und Hameln zu gewinnen. Er führte deshalb in der Zeit vom 1. bis 5. März sein Heer auf beiden Seiten der Weser gegen Minden vor. Am 1. März standen bei Sachsenhagen zehn Schwadronen preußischer und sechs Schwadronen hessischer Reiter, die der Prinz von Holstein befehligte, um nach Süden aufzuklären.

Am 2. März meldete der Oberamtmann Hedemann zu Lauenau dem Prinzen, daß französische Truppen im oberen Amt Lauenau bei Beber festgestellt seien. Der französische Befehlshaber Clermont, der sich nach Hameln zurückgezogen hatte, ließ von dort und von Springe aus die Dörfer Nettelrede, Bakede, Hamelspringe, Beber und Eimbeckhausen besetzen und Befehl geben, zur Bespannung der Artillerie sämtliche Pferde des Amts zur Verfügung zu stellen und Fourage zu liefern. Diese Meldung des Lauenauer Oberamtmannes veranlaßte den Prinzen von Holstein, das preußische Dragonerregiment von Finkenstein mit 5 Schwadronen unter Oberst von Aschersleben nach Apelern in Marsch zu setzen. Lauenau erhielt einen Trupp von 100 Mann zur Deckung, die ihrerseits bis nach Hülsede Vorposten aufstellten und bis zum Vormittag des 3. März auf 300 Mann verstärkt wurden.

Am 3. März lief nachmittags in Lauenau die Meldung ein, daß feindliche Kavallerie und Fußtruppen in einer Stärke von 700 bis 800 Mann von Beber her im Anmarsch seien. Diese Zahl war übertrieben, in Wirklichkeit handelte es sich nur um 400 Reiter und 200 Infanteristen, die unter dem Befehl von Oberst Dumontier standen. Der Oberst von Aschersleben wandte sich - unter Verstärkung von 200 Soldaten - gegen Hülsede, das er um etwa halb fünf Uhr erreichte. Von hier aus sandte er den Leutnant von Dankemann als Flankenpatrouille mit 40 Mann gegen das Hülseder Holz, während der Leutnant von Jagow mit 25 Leuten als Spitze vorangeschickt wurde. Dieser umging einen französischen Kavallerieposten von etwa 30 Mann, der auf einer kleinen Anhöhe westlich von Schmarrie stand. Er erkannte, daß der Feind eine Linie von acht bis zehn Trupps Kavallerie bildete. Etwa 50 Meter dahinter zog sich eine Linie Infanterie mit Zwischenräumen hin.

Der Oberst von Aschersleben hatte inzwischen seine Dragoner aufmarschieren lassen. Er führte sie auf die Anhöhe zwischen Schmarrie und Beber, jenes Plateau, auf dem sich einst der Sportplatz von Beber-Rohrsen befand und der jetzt Gräberloh heißt - und bis auf etwa 150 Meter an den Feind. Hier ging der Angriff in vollem Galopp mit solchem Schneid los, daß die französische Kavallerie sofort über den Haufen geworfen wurde. Sie ergriff durch die Zwischenräume ihrer Infanterie hindurch die Flucht. Die tapferen Dragoner blieben im Galopp, sprengten auf die Infanteristen los, überrannten sie und verfolgten die flüchtenden französischen Reiter noch bis kurz vor Beber. Da aber inzwischen die Dämmerung hereingebrochen war, ließ der Oberst zum Sammeln blasen. In der Hitze des Gefechts jagten vier Dragoner den fliehenden Franzosen bis nach Beber hinein nach. Dort wurden sie gefangen genommen. Als sich aber die Franzosen noch in der Nacht aus dem Amte zurückzogen, gelang es den vieren, frei zu kommen und zu ihrem Regiment zurückzukehren. Oberst von Aschersleben sammelte seine fünf Schwadronen und trat den Rückmarsch nach Lauenau und Apelern an. Am Abend um acht Uhr trafen die Sieger in ihren Quartieren wieder ein, wo sie mit Jubel empfangen wurden.

Das Gefecht am Gräberloh war ein großer Erfolg für die verbündeten deutschen Truppen. Die französische Kavallerie erlitt schwere Verluste, und die Infanterie war völlig vernichtet. Im ganzen gerieten 10 Offiziere und 168 Mann in Gefangenschaft, davon waren 4 Offiziere und 107 Mann verwundet. Dagegen hielten sich die Verluste auf deutscher Seite in Grenzen. Gleich bei Beginn des Angriffs war Leutnant von Jagow gefallen. Sonst aber hatte das Regiment nur 8 Gefallene und 18 Verwundete und 15 tote Pferde.

Der örtlichen Überlieferung nach setzte man die Toten beider Seiten in einem gemeinsamen Grab bei. Eine an der Begräbnisstätte gepflanzte Eiche wurde erst in den sechziger Jahren des 19. Jahrhunderts im Zuge der Verkoppelung gefällt.

(So weit nach K. Parisius, S. 266 ff)

In den umliegenden Dörfern erzählt man noch heute eine Geschichte aus dieser Zeit: Danach hat sich ein hoher französischer Offizier - die Legende macht aus ihm sogar den Kronprinzen - nach dem Gefecht in das Dorf Beber geflüchtet, wo ihm ein Bauer, verlockt durch die in Aussicht gestellte hohe Belohnung, Unterschlupf gewährte. Der mit vielen Goldstücken gefüllte Beutel des Franzosen machte den Bauern aber so begehrlich, daß er den Offizier in der Nacht in seiner Kammer mit einer Axt erschlug und die Leiche in einer Ecke seines Hofes verscharrte. Diese Tat beobachtete sein kleiner Sohn. Das Kind kränkelte seitdem und starb früh. Überhaupt, so erzählte man später, lag auf der Familie des Bauern seitdem ein Fluch. Der äußerte sich vor allem darin, daß in jeder Generation ein Kind längerem Siechtum verfiel und in jungen Jahren starb. Das strohgedeckte Wohnhaus der Familie wurde erst Anfang dieses Jahrhunderts niedergelegt.

(nach Pastor Lang,, Beber. In: Neue Deister-Zeitung - Deisterland , Nr. 20 vom 27.9.1952)

Wie die Familie Levy zum Wohnrecht in Rodenberg kam

Im Jahre 1759 hielten sich wieder einmal französische Soldaten in Rodenberg auf.

Am 15. Juli wurde im Rathaus eine Verlobungsfeier mit gutem Essen und Trinken gefeiert. Da stürmten um Mitternacht drei französische Leutnants, die in der unteren Kellerstube gezecht hatten, lärmend und tobend in den Saal. Sie belästigten die Gäste und pöbelten die Frauen und die jungen Mädchen an. Dagegen verwahrten sich die männlichen Festteilehmer und baten die Eindringlinge, den Saal zu verlassen. Diese folgten jedoch nicht der Aufforderung, sondern zogen ihre Degen und hieben auf die Mitglieder der Festversammlung ein. Da griffen auch die Feiernden zu den Messern. Ein blutiges Scharmüzel entstand. Das endete erst, nachdem die Leutnants überwältigt waren. Alle Beteiligten hatten erhebliche Wunden davongetragen, die von einem Chirurgus versorgt werden mußten.

Der Major, der den Oberbefehl über die französischen Truppen in Rodenberg hatte, benutzte die Verwundungen seiner Leutnants, um von der Stadt ein Lösegeld von 700 Talern zu fordern. Die Bürger konnten diese Summe jedoch nicht ganz aufbringen. Es fehlten 220 Taler und die Franzosen drohten, die Stadt zu plündern und Feuer zu legen, wenn das Geld nicht pünktlich abgeliefert würde.

In dieser Notlage bot der vor dem Tor wohnende Pferdehändler Abel Levy* dem Bürgermeister an, der Stadt die fehlende Summe zu geben, wenn sein Sohn, dessen Frau und ihre Nachkommen das Wohnrecht in der Stadt bekommen würden.

Der Rat berief eine außerordentliche Rats- und Bürgerversammlung ein, und man beschloß angesichts der großen Notlage auf das Angebot einzugehen und der jüdischen Familie das Wohnrecht innerhalb der Stadt zu gewähren und zu beurkunden.

Aus dieser Familie stammt Julius Levy (1831 - 1914), der 1855 seinen Namen in Julius Rodenberg umändern ließ. Julius Rodenberg ist als Dichter und vor allem als Herausgeber der „Deutschen Rundschau“ bekannt geworden. Von ihm stammt u. a. das Lied „Wohlauf in Gottes schöne Welt . . .“.

(Marlies Berndt, in Anlehnung an Mithoff)

* Abel Levy war Jude. Das Wohnrecht innerhalb der Ortschaften und damit der Schutz durch die Gemeinschaft war für Juden erheblich eingeschränkt. Um den Juden die Möglichkeit zu geben, sich zu integrieren, mußte jeder Ort, jede Stadt und jedes Dorf, einer betimmten Anzahl Juden das Wohnrecht und das damit verbundene Bürgerrecht einräumen. Hatte ein Ort diese Verpflichtung erfüllt, hatte er also seinen „Dorfjuden“ schon, brauchte er keinen weiteren Juden mehr aufnehmen. Deshalb wohnten viele Juden oft außerhalb der Ortsgrenzen., ohne Bürgerrecht und ausgeschlossen von der Gemeinschaft. Sie waren deshalb sehr bemüht, das Wohnrecht inerhalb der Stadt auf irgendeine Weise zu erwerben. Das hat Abel Levy mit der Schenkung der 220 Taler getan.

Im Schatten der großen Revolution

In Frankreich brach 1789 die Revolution aus, in Amerika begann die Selbstbefreiung in den Unabhängigkeitskriegen. Die verschiedenen Versuche der Nachbarn Frankreichs (Österreicher, Preußen, Holländer, Engländer und Spanier), die Revolution und ihre Ideen militärisch einzudämmen, blieben alle erfolglos. Frankreich wurde Republik, König Ludwig XVI. und Königin Marie-Antoinette endeten auf der Guillotine. Nur wenig später fraß aber die Revolution auch ihre Kinder: Marat wurde erstochen, Danton und Robbespierre starben unter dem Fallbeil. Die großen Ideale von Freiheit, Gleichheit, Brüderlichkeit und Menschenrecht beherrschten das Denken der Menschen und machten sich auch am Deister breit. 1790 wurden revolutionäre Flugblätter im Amt Blumenau verbreitet. 1792 stellten Bürger aus Lathwehren und Kirchwehren die Kopfsteuer in Frage und hielten die Zahlung zurück. 1803 wurde in Wennigsen ein revolutionäres Flugblatt angeschlagen. Der Name 'Napoleon' stieg aus den Wirren der Revolution in Frankreich auf, wurde zum Hoffnungsträger für die einen, zum Schreckgespenst für die anderen.

Im gleichen Jahr stand der 17jährige Hannoveraner Augustus Schaumann als junger Nachwuchsoffizier im 13. kurhannoverschen Infanterieregiment. Seine ausführlichen Erinnerungen aus dieser Zeit vermitteln den Eindruck, daß die führenden Militärs, in erster Linie der Herzog von Cambridge als Vertreter der Krone und sein Feldmarschall von Wallmoden*, eine Vorahnung davon hatten, wie schwer die kommenden Jahre für Hannover werden könnten. Schaumanns Erzählungen sind nicht nur unterhaltsam, sondern für uns auch sehr interessant, weil sie rund um das zehnte Kapitel („Der Marsch ins Deistergebirge") ein lebendiges Bild der Menschen und ihres Lebens hier zeichnen.

* Ludwig von Wallmoden-Gimborn (1736 - 1811), mutmaßlicher Sohn Georg II. von England, also Großonkel des Herzogs Adolf von Cambridge

Der Marsch ins Deistergebirge

„Unterdessen war es Herbst geworden und schon hatten wir uns darauf gefaßt gemacht, noch einen Winter hier ruhig liegen zu bleiben, als wir plötzlich Order erhielten, nach Springe im Deistergebirge aufzubrechen. . . . Von Osterholz marschierten wir auf Hannover zu und hatten nach einigen, wegen der Winterzeit unangenehmen, Märschen Rasttag im Flecken Wunstorf, wo ich bei einem reichen Wassermüller ein gutes Quartier erhielt. Am folgenden Tag marschierten wir in furchtbarem Regen, der den ganzen Tag anhielt, nach Stücken *(Stöcken)* und wurden da dicht an der Chaussee, wo das Monument des dort in einer Schlacht im Dreißigjährigen Kriege gefallenen Generals Obentraut steht, in einige Dörfer gelegt *(Seelze)*. . . .

Dann gingen wir die halbe Nacht durch Dreck und Morast und gelangten endlich nach Lenthe, einem adeligen Gute hinter Hannover am Benther Berge, allwo in einem nahegelegenen Dorfe Quartier für unsere Kompagnie gemacht wurde. Um dieses auszuführen sollte ein Bote an den Bauermeister des anderen Dorfes gesandt und selbiger avertiert werden. Der Bauermeister von Lenthe schrieb einen Brief, band selbigen einem schwarzen Hunde ans Halsband, führte ihn vor die Haustür und gab ihm einen Schlag mit der Peitsche vor den Hintern, worauf der Hund fortlief. Erstaunt fragte ich was das bedeute. 'Dieser Hund', sagte er, 'ist mein Bote und wird, ehe eine Stunde vergeht, Antwort bringen.' Und so war es! Den anderen Nachmittag und sobald die Kompagnie eingerückt war, brach ich wieder mit meinen Schützen auf, kam durch den Flecken Gehrden, nahm hier, da es dunkel geworden, einen Boten *(Wegführer)*, marschierte dann mit Laternen durch Dreck und Schnee über den Rücken des Deisters, stolperte auf der anderen Seite wieder herunter und erreichte endlich, nachdem wir mehrere hundert mal gefallen, etwa um elf Uhr nachts das Städtchen Springe. Hier hörten wir zu unserm Schrecken, daß wir noch weiter mußten. Wir gingen wieder los und erreichten um zwölf Uhr nachts unseren Bestimmungsort Völksen, wo wir in einem Wirtshause auf der Streu schliefen. Den andern Morgen ließ ich den Bauermeister zitieren und mit einem Kuhhorn die Ältesten zusammentrompeten. Nach einer langen Disputation gelang es mir endlich, die Quartiere in Richtigkeit zu bringen.

Ich nahm meine Logie bei einer wohlhabenden Bergmannsfamilie, die den Bau einer Steinkohlenmine betrieb. Nachdem die Kompagnie eingerückt war und ich meinen Tornister vom Bagagewagen abholen wollte, sah ich zu meinem größten Schrecken, daß selbiger unterwegs geöffnet und bestohlen worden war. Nebst anderen Sachen hatte man besonders mein Leinenzeug rein ausgeplündert, ein harter Verlust für mich.

In meinem Quartier herrschte eine lustige Wirtschaft. Der Bergmann hatte zwölf Gesellen, wovon sich sechs alle zwölf Stunden in der Mine ablösten. Diese Kerle waren jung, höflich, sprachen hochdeutsch und vertrieben sich die Stunden, die sie außer der Mine waren, mit Schlafen, Essen, Trinken, Singen und Spaßmachen; auch spielten sie auf der Zither. Sie trugen sonntags ordentliche Bergmannsmontierung, schwarz mit orange Aufschlägen und Arschledern. Die drei Dienstmädchen im Hause waren hübsch, jede hatte vier Bergknappen zu Liebhabern. Eifersucht war ihnen unbekannt. Alles Gemeingut. Überhaupt gab es in diesem Ort sehr hübsche, willfährige Mädchen. Wir waren ungefähr drei Wochen hier gewesen, als wir Order erhielten, nach Eimbeckhausen zu marschieren. Es ging über Münder, eine alte kleine Stadt; ich kam in Beber ins Quartier."

„Ohngefähr Ende Julius (1800) erhielten wir plötzlich Order, ins Lager zu marschieren, welches bei Stöcken in der Heide bezogen werden und aus zwölftausend Mann bestehen sollte. Wir marschierten am bestimmten Tage über das Gebirge. Unsere Kompagnie kam in Bredenbeck auf dem Gute des Herrn von Knigge ins Quartier. Am folgenden Morgen marschierten wir wieder ab, . . ."

(nach Schaumann, S. 118 ff)

Wie Augustus Schaumann auf ganz natürliche Weise zum Anlaß einer Spukgeschichte wird

Amüsant sind Schaumanns Berichte über seinen Aufenthalt in Eimbeckhausen und in dessen Nachbarort Luttringhausen zu lesen. Darunter ist auch die Geschichte, wie er auf ganz natürliche Weise zum Anlaß einer Geister- und Spukgeschichte wird:

„In Eimbeckhausen brachte ich einstmals den Weg, der an der Schloßgartenmauer herumführte, unschuldigerweise und vielleicht auf immer in Verruf. Es befand sich nämlich in besagter Mauer ein eisernes, mit Stäben vergittertes Gartentor, nach welchem einige Tritte hinunterführten, in welche Vertiefung eines Abends spät beim Zuhausegehen ich mich, und zwar eines natürlichen Bedürfnisses wegen, in der Positur, einen Hasen zu schießen, niedergehockt hatte; der aufgehende Mond schien hell durch die Stäbe der Tür, vor mir warf die Mauer einen Schatten. In dem Augenblick, wie ich mich wieder erhebe, geht ein Bauer vorbei, der aber, wie er meine lange Gestalt mit flatterndem Hemde gleichsam als einen aus der Erde oder aus dem Grabe auftauchenden Geist plötzlich sich erheben sah, erst wie vom Donner gerührt stehenblieb, dann, mich stets scharf im Auge behaltend, vorsichtig Schritt um Schritt langsam zurückwich, endlich aber, die Schöße in die Hand nehmend, mit einem: Ach Herr Gott! Herr Gott! Hals über Kopf davonlief. Am andern Morgen war das ganze Dorf in Alarm, und niemand wagte es mehr, an der herrschaftlichen Gartenmauer im Dunkeln vorüberzugehen."

(Schaumann, S. 134)

Aus der Franzosenzeit

Dem Manöver sollte bald blutiger Ernst folgen. Wieder wurde das mit England verbundene Hannover gleich zu einem frühen Angriffsziel der Franzosen. 1803 drang ein Armeekorps von 14000 Franzosen unter General Mortier über Osnabrück auf Hannover vor. Die Regierung in Hannover bekam Angst. General von Wallmoden mit seinen 8000 Hannoveranern erhielt nur zaghafte Anweisung und wenig Unterstützung. Am 3. Juli mußte er vor der französischen Übermacht kapitulieren (Vertrag von Sulingen). Am 5. Juli zogen die ersten Franzosen, von Neustadt her kommend, durchs Steintor in Hannover ein. Sie besetzten das ganze Land an Deister und Süntel. Es mußte die Einquartierung großer Soldatenmengen ertragen. Wieder drückten erhebliche Belastungen für Verpflegung, Arbeitsleistungen und Steuern die Bevölkerung. Während in manchen Dörfern die Übergriffe schlimme Ausmaße erreichten, berichtete der Verwalter des Gutes in Egestorf, daß es mit der Einquartierung sehr gut gehe. Aber mit der Zeit wurden die Forderungen größer und die Übergriffe schlimmer. Besonders große Ansprüche machte der in Landringhausen einquartierte Leutnant Francesky. Er ließ sich jeden Tag mit einer Kutsche nach Nenndorf fahren und außerdem noch einen Dukaten geben. 1805 trat eine kleine Atempause ein. Die dritte große Koalition (England, Rußland, Österreich) gegen Napoleon veranlaßte erhebliche Truppenverschiebungen. Im September zogen die Franzosen ab. Die Ortschaften waren frei. Aber schon im Dezember kamen die Russen als Freunde und Befreier. Neue Einquartierung!

Bis zum heutigen Tage, fast zweihundert Jahre später, sind in der Bevölkerung immer noch Erinnerungen an die damalige Zeit wach und manche Großmutter erzählt, was sie von ihrer Großmutter weiß: Den Franzosen war kein Essen gut genug. Gaben sie sich auch anfangs wenigstens noch höflich, wurden sie mit der Zeit immer frecher und anmaßender. Speck wollten sie, Mettwurst und Schinken in Butter gebraten, und noch Eier drauf, wo wir doch kaum mehr selbst etwas zu essen hatten. Und wenn ihnen die Eierkuchen nicht gut genug waren, nagelten sie sie an die Tür. Ganz anders verhielten sich da die Russen. Die freuten sich über eine kräftige Erbsen-, Bohnen- oder Graupensuppe. Es mußte aber Fleisch mit dabei sein. Als die Russen abzogen, wurde das Land kurze Zeit erstmalig preußisch. Nach Napoleons Sieg 1807 kam Kurhannover im Süden zum Königreich Westphalen, im Norden zu Frankreich. Das Land um den Deister war zunächst französisch, Grafschaft Schaumburg westphälisch. 1810 fiel dann das gesamte Gebiet am Deister an Westphalen.

Aus der Franzosenzeit, die 1813 ihr Ende fand, sind die damaligen gewaltsamen Rekrutierungen für die französische Armee in allen Orten tief in das Gedächtnis der Bevölkerung eingegraben, und das Schicksal der jungen Männer, die in Rußland für Napoleon ihr Leben lassen mußten, blieb unvergessen. In vielen Orten sind Geschichten überliefert, die davon erzählen, wie sich die jungen Männer mit Geschick und Tricks den Rekrutierungstrupps entzogen oder wie sich die Bevölkerung an ihren Unterdrückern rächte. Das ging nicht immer gut aus. (Geschichten dazu: „Un da speuket et huite noch“, „Der Unglückshof“, „Der Geldhof“, „“Der Schimmelreiter von Goltern“, „Der herrenlose Schimmel“).

Königlich-Hannoversch

Das seit tausend Jahren bestehende alte deutsche Kaiserreich fand sein Ende im Jahre 1803 im Entscheid durch einen Reichsdeputationshauptschluß. Frankreich erhielt die linksrheinischen Gebiete, die deutschen Fürsten wurden u. a. durch kirchliche Hoheitsgebiete entschädigt. Daraufhin legte Kaiser Franz II. von Österreich (gest. 1835, Enkel Maria Theresias) als römisch-deutscher Kaiser im Jahre 1806 die Krone nieder und blieb fortan nur noch Kaiser von Österreich.

In Deutschland kam es zur Gründung des Deutschen Bundes (Bundesakte vom 8. Juni 1815): Um ihre innere und äußere Unverletzlichkeit zu gewährleisten, schlossen sich 39 kleinere und größere Staaten zu einer Föderation zusammen (Artikel 2 der Bundesakte). Ihre beiden größten Mächte, Preußen und Österreich, besaßen außer den Gebieten, mit denen sie dem Deutschen Bund angehörten, auch umfangreiche Gebiete, die diesem nicht angehörten: Ost- und Westpreußen, Danzig, Galizien, Ungarn, Dalmatien. Andererseits gehörten aber auch deutsch-fremde Gebiete des alten Kaiserreiches, wie Böhmen, Mähren, Oberitalien zum Deutschen Bund.

Im Jahre 1837 starb Wilhelm IV., seit 1830 König von Großbritannien und Hannover. Infolge des unterschiedlichen Erbfolgerechtes in England und Hannover folgten ihm in England seine Nichte Viktoria und in Hannover sein Bruder Ernst-August, Herzog von Cumberland, auf dem Thron. Mit dem Ende der Personalunion Hannover-England verlor das Königreich Hannover innerhalb des Deutschen Bundes beträchtlich an Gewicht. Das konnte Preußen nur recht sein, denn Hannover lag ihm schon lange als lästiges Hindernis zwischen seinen Stammlanden und seinen westdeutschen Provinzen.

Aber da war auch noch das starke Österreich! Preußen legte es immer mehr darauf an, diesen Hauptrivalen im Deutschen Bund zu isolieren und loszuwerden. Das gelang ihm zunächst auf wirtschaftlichem Sektor mit dem Preußisch-Hessischen Zollverein (1828), der sich zum Deutschen Zollverein (1834) erweiterte und bis zum deutsch-preußischen Kriege (1866) nahezu das gesamte Gebiet des späteren Deutschen Reiches umfaßte, außer Schleswig-Holstein, Mecklenburg und Elsaß-Lothringen.

Mit Bismarcks Eintritt in die preußische Regierung erhielt diese Rivalität innerhalb des Deutschen Bundes eine neue Dimension. Nach einer lange berechneten intriganten Kabinettspolitik und heimlichem Paktieren mit Italien als ausländischem Gegner des deutschen Österreichs, kam es im Frühsommer 1866 zum Bruch. Preußische Truppen besetzten Holstein. Der Bundestag des Deutschen Bundes in Frankfurt am Main als einziger legitimer Hoheitsträger Deutschlands beschloß am 14. Juni gegen diesen Einmarsch, der „die innere Sicherheit Deutschlands und die Rechte seiner Bundesglieder" bedroht, die Mobilmachung der sieben nicht-preußischen Kontingente der Deutschen Bundesarmee. Preußen erklärte darauf einseitig die Bundesakte des Deutschen Bundes für erloschen, den Deutschen Bund also für nicht mehr existent. Damit begann der Krieg Preußens gegen Deutschland. Preußen forderte König Georg V. von Hannover (Sohn von Ernst-August) ultimativ auf, sich dem Krieg Preußens gegen den Deutschen Bund anzuschließen. Georg V. verweigerte sich diesem Ansinnen und erklärte ausdrücklich Hannovers Neutralität, weil er noch an eine Vermittlung glaubte. Als daraufhin Preußen Hannover angriff, bewies Georg V. seine Treue zum Deutschen Bund.

Schon in den ersten Tagen des Krieges standen die Preußen am Deister. Am 17. Juni 1866 wurde Hannover besetzt. Mit improvisierten Eilmärschen, und oft auch auf Umwegen, gelang es dem größten Teil der hannoverschen Armee, im Leinetal nach Süden zu marschieren, um sich im Raum Göttingen zu sammeln und den anderen deutschen Truppen, den Hessen und Bayern, anzuschließen. Bei Langensalza in Thüringen entbrannte ein großes Gefecht zwischen Preußen und Hannoveranern. Obwohl die Hannoveraner zunächst siegten, mußten sie wenige Tage später aus logistischen Gründen kapitulieren. Am 3. Oktober 1866 annektierte Preußen das Königreich Hannover und hatte damit eines seiner wichtigsten Ziele in Norddeutschland erreicht.

Nach dem Sieg Peußens setzte eine ungeheure Propagandakampagne ein, die die eigentlichen Hintergründe der preußischen Aggression gegen Deutschland (Deutscher Bund) vertuschen, umdeuten oder wenigstens tabuisieren sollte. Die staatliche Geschichtsschreibung, die in Schulen und Universitäten Eingang fand, bewirkte, daß die wahren Hintergründe in Vergessenheit gerieten und noch heute von einem Krieg zwischen Preußen und Hannover gesprochen wird. Selbst die Errichtung von Denkmälern für die im Kampf gegen die Preußen gefallenen Hannoveraner war nicht erwünscht und unterblieb vielerorts. Erst seit wenigen Jahrzehnten, also hundert Jahre danach, bildete sich ein einigermaßen objektives Bild der damaligen Vorgänge heraus. Aber Geschichten und Erinnerungen an die Preußenzeit sind hin und wieder in der Bevölkerung noch lebendig.

Nachtmahl bei Hauptmann a. D. Wiesen in Egestorf

Am 17. Juni, Hannover war bereits von den Preußen besetzt, erhielt der hannoversche Premier-Leutenant Freiherr von Hammerstein im Fort Wilhelm *(Wesermünde)* an der Wesermündung, das man schon verloren glaubte, den telegraphischen Befehl, den Durchbruch nach Göttingen zu versuchen. Angesichts der militärischen Lage war das ein abenteuerliches Unterfangen. Erst am Morgen des nächsten Tages stand ein Zug zur Verlegung bereit. Unterwegs erfuhr von Hammerstein, daß die Preußen bereits in Hannover eingerückt waren. Das bewog ihn, den Wagen, in dem seine aus siebenundsechzig Mann bestehende Abteilung sich befand, in Neustadt a. Rbg. abhängen zu lassen, und von da durch den Deister zu marschieren. Am Abend traf die Abteilung in Ricklingen ein, fand im Schloß, dem Wohnsitz der Frau General von Brandis gastlichste Aufnahme und gelangte mittels requirierter Wagen noch nachts über Barsinghausen nach Egestorf. Hier versorgte sie der Rittergutsbesitzer Hauptmann a. D. Wiesen auf's Beste. Nach dem Nachtmahl gab es eine kurze Ruhepause bis zum frühen Morgen. Dann wurde der Marsch fortgesetzt.

Die Abteilung gelangte über das Gebirge nach Münder. Die Einwohner empfingen sie überaus patriotisch. Am Nachmittag ging es bis Coppenbrügge. Die Nachricht, daß preußische Husaren in der Nähe seien, führte zur beschleunigten Weiterfahrt nach Lauenstein, dann ging es gleich weiter bis Bisperode im Braunschweigischen. Am 20. Juni früh zwei Uhr erreichte man Eschershausen und über Stadt-Oldendorf gegen sechs Uhr morgens das Städtchen Dassel. Hier gab es Verpflegung und Ruhe. Von Hammerstein requirierte wieder Fuhrwerke, passierte bei Rotenkirchen die hannoverschen Vorposten und erreichte Northeim. Mit einem Extra-Zug ging es nach Göttingen. Das kleine Detachement wurde von der Bevölkerung überall bereitwilligst unterstützt.

(nach Diebitsch, S. 162)

De Pruisse is da!

Es war Juni - drückend warm - ein Sonntag. In Bantorf fand „Freischießen“ statt. Die von Minden her ins Königreich Hannover einrückenden Preußen hatten Bad Nenndorf erreicht. Die Vorhut erkundete das Gelände. Da erblickten sie am nördlichen Deisterhang Zelte, die sie für ein militärisches Zeltlager hielten. Offenbar hannoversches Biwak! Sogleich meldeten sie die Beobachtung ihrem kommandierenden General, der darüber in helle Aufregung geriet. Doch die Nenndorfer beruhigten ihn. Sie wußten es besser. Ihrer Aussage, daß in Bantorf „Freischießen“ stattfände, schenkte er zunächst wenig Glauben. Doch bald konnte er sich von der Richtigkeit dieser Tatsache überzeugen. Vorsichtig zog er am Deister entlang weiter nach Barsinghausen.

Es war zur Kirchzeit. Auf der Barsinghäuser Kanzel stand Pastor Lilje und predigte. Plötzlich ward ein Gemurmel im Kirchenschiff laut, und mit fliegenden Haaren stürzte die Frau des Leibzüchters Giesecke in die Kirche. Sie schrie so laut sie konnte: „Lüe, Lüe, de Pruisse is da und holt üsch alle Peere ut'n Stalle!“ Pastor Lilje brach seine Predigt ab, sprach schnell ein Schlußgebet und beendete den Gottesdienst. Die Kirchgänger eilten nach draußen. Und siehe, das ganze Dorf wimmelte schon von Pickelhauben und totmageren, kriegsmäßig gesattelten Militärpferden.

So bitter ernst der Augenblick auch war, die kalenbergischen Bauern konnten sich eines stillen Lächelns nicht enthalten, waren sie doch den Anblick eines erstklassigen Pferdematerials gewohnt. Erst kurz zuvor hatte ein hoher fremdländischer Offizier, auf einer Inspektionsreise durch die europäischen Staaten begriffen, gelegentlich einer Parade der Garde du Corps auf dem Welfenplatz zu Hannover geäußert, mit welcher Begeisterung er den Exerzitien dieser im blitzenden Küraß dahersprengenden Elitetruppe gefolgt sei, wie selten ausgeglichen die Pferde waren und wie geradezu mustergültig die Haltung der Reiter gewesen sei.

Hannoversche Soldaten, die ihrer Armee nacheilten und gerade durch Barsinghausen kamen, versteckten sich beim Herannahen der Preußen im Felsenkeller (*später Deister-Hotel*), wo sie vor den Feinden sicher waren. Sie brauchten nicht zu fürchten, von der Bevölkerung verraten zu werden, denn die hielt natürlich zu Hannover.

(nach Matthei, Provinzial-Deister-Leine-Zeitung 10.7.1926))

De Pruissen kaamt mek nich in't Huus!

Im Sommer 1866, im deutsch-preußischen Kriege, lagerte eine preußische Vorhut am Stemmer Berge. Die Dragoner schweiften aus, um Proviant und Bagagewagen zu requirieren. Dabei kamen sie auch in das eine halbe Stunde vom Lagerplatz entfernte Goltern. Der Lehrer Heinrich Behne, 1862 in Großgoltern geboren, erzählt in seinen Lebenserinnerungen, daß seine Mutter mit den Kindern allein zuhause war, als der Großknecht in die Stube stürzte und rief: „O Fruu, de Pruissen kaamt!".

„Haale den Heeren ut de Karken!" forderte seine Mutter den Großknecht auf. Der sprang aus dem hinteren Fenster hinaus und kam mit dem Bauern auf demselben Wege wieder ins Haus hinein. „De Pruissen kaamt mek nich in't Huus!", schwor Bauer Behne und hob seine rechte Faust in die Höhe, um seine Worte zu bekräftigen. Die Türen wurden verriegelt und verrammelt und die Fenster geschlossen. Doch die Preußen ließen sich nicht so leicht abwimmeln. Sie hieben mit ihren Säbeln gegen die Haustür und verlangten Einlaß.

Als die Tür nicht geöffnet wurde, ritten die Soldaten um das Haus herum und kamen vom Garten her an das Küchenfenster. Von hier wurden die Verhandlungen geführt. Die Soldaten forderten ein Frühstück und einen Bagagewagen. Das Frühstück bekamen sie durch das Küchenfenster gereicht. Inzwischen wurde der Wagen auf der großen Diele hergerichtet. Bald darauf fuhr der Großknecht mit den Dragonern ab. „O Heere, eck kaam balle weer," verabschiedete er sich. Und richtig, gegen zehn Uhr war er wieder auf dem Hof - mit Pferden und Wagen.

„Wo hast Du dat maket?" fragte Bauer Behne.

„Och Heere, de Pruissen waren alle dicke und da hewwe eck meene Peere bin Halfter nahmen und denn bin eck in blanken Karjäre wegejaget!" Ein tiefer Spalt, die Spur von einem Säbelhieb, war noch lange Jahre in der Haustür zu sehen.

(nach Heinz Chr. Meier)

Ein Denkmal für Friedrich Wilhelm Senne

Auf dem alten Barsinghäuser Waldfriedhof steht gleich am Eingang, etwas nach links, ein kleines kunstvoll gestaltetes Grabmal aus Deistersandstein. Es ist dem Langensalza-Kämpfer Friedrich Wilhelm Senne gewidmet und trägt folgende Inschrift:

Hier ruht in Gott
der Dragoner Hr. Fr. Wilhelm Senne, geb. 3. Juli 1843
Nachdem er in der Schlacht bei Langensalza sein Bein verlor,
ist er an den Folgen dieser Wunde
am 17. August 1868 verstorben.

Das Denkmal wurde Senne von seinen Waffenbrüdern errichtet. Ihre Namen sind im unteren Teil des Steines in einer Kartusche aufgeführt: Bruns, H. Battermann, F. Dünte, W. Gehrke, F. Gieseke, W. Hülsemann, A. Herbst, A. Hülsemann, A. Heuer, H. Köller, A. Nettelmann, F. Schmöhe, F. Schaper, G. Stegen, W. Volker, F. Volker. Daß uns die Erinnerung an sie erhalten ist, verdanken wir also privater Initiative. Erst im Jahr 1929 - das Königreich Preußen existierte seit 1918 micht mehr, sein König lebte im Exil in Holland - erfuhren die beiden Langensalza-Toten aus Barsinghausen eine öffentliche Würdigung, wurden ihre Namen denen der 1870 bei Sedan Gefallenen dem Ehrenmal der Gemeinde Barsinghausen hinzugefügt. Der einzige in den Kämpfen bei Langensalza gefallene Barsinghäuser war ein Bruder des oben aufgeführten A. Nettelmann. Sein Name steht auf dem großen Ehrenmal in Langensalza.

Anders als mit den Ereignissen bei Langensalza im Jahre 1866 gingen die Preußen mit dem Sieg über die Franzosen bei Sedan im Jahre 1870 um! Dieser Tag wurde zum jährlichen Heldengedenktag bestimmt. Fast in jedem Dorf wurde ein Denkmal zu Ehren der Gefallenen errichtet und der „Sedantag“ feierlich begangen. Dieses Denkmal stand damals am Thie mitten im Dorf. Es befindet sich heute am Ziegenteich.

Mit dem Holzbein von Wilhelm Senne spielten später die Kinder. Es lag noch lange auf dem Dachboden des inzwischen abgerissenen Senneschen Hauses in der Rehrbrinkstraße .

Anmerkung: Das einzige öffentliche Denkmal im Deister-Süntel-Raum. das an die Langensalza-Känpfer erinnert, steht in Eldagsen.

Ein Richter vor Gericht

Am 5. März 1867 berichtete die Hannoversche Landeszeitung über ein Strafverfahren gegen den Oberappelationsrath von Lenthe. Es fand vor der VII. Deputation des Criminalgerichts zu Berlin statt. Der preußische Staatsanwalt Mittelstädt beantragte vier Monate Gefängnis und ein Jahr Ehrverlust. Vorausgegangen war dieser gerichtlichen Verfolgung folgendes:

Oberappelationsrath von Lenthe, Richter am Oberappelationsgericht in Celle, sowie einige andere Richter hatten eine Erklärung der Ritterschaft zur Annektion Hannovers im Herbst 1866 mit unterschrieben und deshalb eine Abmahnung vom Justizminister erhalten. „Dankbar", so schrieb die Neue Preußische Zeitung, „nahmen die ermahnten Richter zur Kenntnis, daß von einem befürchteten Disziplinarverfahren gegen sie großzügigerweise Abstand genommen" wird.

Gegen diese Darstellung wandte sich von Lenthe mit einer Leserzuschrift an die preußische Zeitung. Er kritisierte, daß der an den Generalgouverneur von Hannover gerichtete Allerhöchste Erlaß *(des Königs von Preußen)* vom 3. Dezember 1866, diesen berechtigt, jeden Beamten der seiner Verwaltung anvertrauten Provinz, sobald es im Interesse des königlichen Dienstes für erforderlich gehalten wird, ohne weitere Rückfrage vom Amte zu suspendieren. Von Lenthe bezeichnet diesen Erlaß als außerhalb der geltenden gesetzlichen Vorschriften stehend, indem ein Vorgehen aufgrund des Erlasses gegen richterliche Beamte als eine Nichtachtung gesetzlicher Bestimmungen und als flagrante Verletzung jedes Rechtes und jeder Billigkeit sei.

Die Anklage behauptete, der Erlaß würde dadurch, daß er als gesetzwidrig bezeichnet und kritisiert wird, dem Hasse und der Verachtung ausgesetzt und damit die Ehrfurcht gegen Se. Majestät verletzt. Die Verhandlung fand unter Ausschluß der Öffentlichkeit statt und dauerte über drei Stunden. Durch das mutige und geschickte Eintreten seines Verteidigers, Rechtsanwalt Lewald, ging der Prozeß glimpflich für den Angeklagen aus. Er wurde von den Vergehen freigesprochen, aber wegen Beleidigung des Generalgouverneurs von Hannover, General von Voigts-Rhetz, zu einer Geldbuße von fünfzig Talern verurteilt.

(Ortschronik Lenthe, 1987, S. 113)

Drechslermeister Henjes - ein Hannoveraner mit Leib und Seele

In den Dörfern an Deister und Süntel waren die Erinnerungen an Langensalza noch über Generationen lebendig. Sie bekamen wieder Auftrieb mit dem Niedergang Preußens nach der Abdankung des Kaisers (1918). Auf Schützenfesten avancierte das Lied von den „lustigen Hannoveranern“ zur geheimen Nationalhymne. Da kam es auch vor, daß man dem Lied einen Spottvers angehängte: „Und dem König von Preußen, dem woll'n wir was . . . schenken: En greoten Hucken vor de Tür. Lust'ge Hannoveraner di seind wir.“

Auch wenn ein alter Langensalza-Kämpfer zu Grabe getragen wurde, zeigte man Hannovertreue. Die Provinzial-Deister-Leine-Zeitung berichtet über eine solche Feier im Mai 1927: "Am Donnerstagnachmittag bewegte sich ein feierlicher Leichenzug unserem Neuen Kirchhof zu. Ein alter Langensalza-Kämpfer, der 87jährige Heinrich Wulf, wurde zur letzten Ruhe bestattet. Vor dem Leichenzuge her schritt die Seegersche Kapelle, dann folgte das Ordenskissen, von einem Getreuen getragen. Pastor Kleinschmidt hielt die Gedächtnisrede und der deutsch-hannoversche Drechslermeister Fritz Henjes legte einen herrlichen Kranz mit gelb-weißer Schleife im Auftrage des Herzogs von Braunschweig-Lüneburg am Grabe nieder. Die Fahne des Kriegervereins senkte sich zum letzten Gruße über den Sarg des Kriegers aus bewegter Zeit. Dann schoß der Verein die Ehrensalve. Wulf war am 8.7.1840 in Eckerde geboren, und am 15.4.1861 in das königlich hannoversche Infanterieregiment Nr. III in Northeim eingetreten.“

Drechslermeister Henjes* war Hannoveraner mit Leib und Seele. Jeder Straßenmusikant und jeder Orgeldreher, der vor seinem Hause die „lustigen Hannoveraner“ spielte oder den hannoverschen Königsgruß, „Ich starb als Fürst in fremdem Lande und meines Königsreichs beraubt“, ging nie ohne klingende Münze weiter. Genüßlich saß er vor seinem Hause und hörte den geliebten vertrauten Klängen zu. Aber wehe, wenn einer das Preußenlied „Ich bin ein Preuße, kennt ihr meine Farben“ spielte! Dann wurde der alte Hannoveraner füinsch, drohte mit seinem Stock und jagte den unglücklichen Musikanten ohne Münze davon. Die jungen Leute aber prickte der Hafer. In Hernandes' Gastwirtschaft 'Zur guten Quelle', die schräg gegenüber des Henjes'schen Hauses lag, ließen sie den Hut herumgehen. Ein Orgeldreher, der mit den örtlichen Verhältnissen nicht so vertraut war, wußte gar nicht wie ihm geschah. So viele Groschen auf einmal! Nur eine Bedingung wurde ihm dafür aufgegeben: Fünf Minuten lang sollte er vor Henjes' Hause das Preußenlied spielen. Und das tat er mit großer Inbrunst. Sofort stürzte Meister Henjes heraus, seinen Stock in der Hand, und rief: „Gaht man füdder, gaht man füdder, me düssen Leed bruket je mek nich weer to komen.“

* Drechlermeister Fritz Henjes hatte seine Drechslerwerkstatt in der Schulstraße in Barsinghausen, wo er mit seiner Familie auch wohnte. Nach seinem Tode führte sie sein Sohn Fritz weiter, der auch Drechsler war. Er konnte sich mit seiner Arbeit aber kaum mehr ernähren. Die Drechslerei war nach dem Krieg nicht mehr gefragt. In den fünfziger Jahren fertigte er deshalb vor allem Holzknöpfe für die Möbelindustrie an. Mit ihm ist die Werkstatt untergegangen.

Der Zweite Weltkrieg um Deister und Süntel

Nach der preußisch-deutschen Auseinandersetzung 1866 bleibt das Land an Deister und Süntel für die Dauer von fast drei Generationen vom Durchzug feindlicher Truppen verschont. Erst der **Zweite Weltkrieg** bringt wieder fremde Soldaten in unser Gebiet.

Der Luftkrieg: Der kürzeste Weg von den westlichen Flugplätzen der britischen Royal Air Force (RAF) in Norfolk, Suffolk und Cambridge nach Berlin als einem der wichtigsten Hauptziele der Luftangriffe verlief am Nordrand der Mittelgebirge und berührte somit Bückeberg, Süntel und Deister. Erste deutsche Großstadt mit Industrie-Region ringsum war auf diesem Wege Hannover. Aufgrund der Erfahrungen im Ersten Weltkrieg wurde der schnellen Weiterentwicklung der Luftfahrt und der Luftwaffe größte Bedeutung beigemessen. Sehr früh begann deshalb gerade an den exponierten Stellen des Landes der Aufbau eines gewichtigen Sperrgürtels zur Luftverteidigung. Schon in der Weimarer Republik (1925/30) begann man mit dem Aufbau des Luftschutzes und der Einrichtung von Anlagen zur Abwehr feindlicher Luftangriffe. In Lauenau entstand so eine der ganz frühen Luftbeobachtungsstationen, die später weiter ausgebaut zur „Flugwache Kommando Hannover 11“ wurde. Die nächste Flugwache entstand in Bad Münder auf dem Eilenberg. Während des Krieges waren diese Stationen ständig besetzt. Der Annaturm auf dem Deisterkamm, wo heute Großradar und Flugsicherungsanlagen stehen, wird gleich bei Kriegsbeginn zu einer der wichtigsten Stellungen für die Luftnachrichtentruppe (Luftaufklärung). In vielen Orten und Gemarkungen vom Steinhuder Meer bis Ronnenberg-Pattensen und Springe entstanden Stellungen für Ortungsgeräte (Horchgeräte), Scheinwerferbatterien, und Batterien der Flugabwehrartillerie (Flak). Anfang 1945 waren es fast 260 Geschützrohre. Ab Februar 1943 wurden in diesen militärischen Einheiten auch die sechzehnjährigen Schüler der Mittelschulen, der Oberschulen und Gymnasien (Klassen 6 und 7 = heute Klassen 10 und 11) als Luftwaffenhelfer eingesetzt, auch die Schüler aus Barsinghausen, Bad Nenndorf, Wunstorf, Hannover-Linden. Auch Schülerinnen (ab Klasse 7 = heute Klasse 11) wurden zum militärischen Dienst im Lagezentrum in Hannover (Gaubefehlsstand) einberufen. Im Raum Bückeburg (Achum), bei Wunstorf und Evershorst lagen Formationen der Jagd- und Nachtjagdgeschwader der Luftwaffe. Die Abwehrsperren im Raum Süntel, Bückeberg, Deister, Deistervorland hatten eine sehr große Wirkung und waren zu Recht gefürchtet. Sie schossen jeden zehnten angreifenden Bomber ab. Allein beim ersten Großangriff auf Hannover am 26. Juli 1943 (es war der 364. Fliegeralarm für Hannover), schoß die Luftabwehr von den 92 angreifenden Fliegenden Festungen (Bomber B 17) der 8. Luftflotte der US-Air Force (USAF), die über den Deister gekommen waren, 16 (= 17 %) an den Sperren vor Hannover ab.

Die mit dem zeitlichen Fortgang des Krieges, (gleich wie auch in den vergangenen Jahrhunderten), zunehmende Verrohung und der Zerfall von Recht und Gesetz (Kriegsvölkerrecht und Humanität) brachten es mit sich, daß neben den gezielten alliierten Einzelangriffen auf militärisch wichtige Ziele und den Großflächenbombardements auf die Zivilbevölkerung in den Städten, die feindlichen Piloten auch Jagd auf einzelne zivile Fußgänger und Radfahrer (auch Frauen und Kinder) auf der Landstraße und auf Bauern auf dem Felde machten.

Am Ende des Krieges 1945 erreichte dann auch **der Landkrieg** den Deister. Im Gegensatz zum starken Verteidigungsgürtel im Luftkrieg war im Raum zwischen Steinhuder Meer, Ronnenberg-Pattensen und Springe nur ein ganz dünner Verteidigungsschleier gegen den feindlichen Ansturm zustande gekommen.

Die Kräfte, die hier hätten eingesetzt werden sollen, fehlten einfach. Und das kam so:

Die 9. US-Army hatte den Rhein im Raum Wesel und Remagen überschritten und erreichte in schnellem Vorstoß längs der Mittelgebirgsgrenze (Helweg vor dem Santforte) Münster, Osnabrück und Minden. Die 1. US-Army war im Raum Oppenheim über den Rhein gekommen und kämpfte sich über den Westerwald nach Nordosten vor. Am Mittag des 1. April 1945 trafen bei Lippstadt beide Armeen zusammen. Der „Ruhrkessel" war zu; die große deutsche Heeresgruppe B, die den feindlichen Vormarsch in Norddeutschland aufhalten sollte, war eingeschlossen. Bis zum 17. April gingen hier über 300 000 deutsche Soldaten in Gefangenschaft. Aber auch einige von Osten heraneilenden deutsche Kräfte, die nicht rechtzeitig den Anschluß fanden und so der Einschließung im Ruhrkessel entgingen, wurden von den über die Weser vorgedrungenen Amerikanern einerseits bei Hameln auf der Linie Höfingen/Fischbeck im Süden, andererseits nördlich längs der Autobahn im sogenannten Weserkessel eingeschlossen, als die beiden amerikanischen Angriffsgruppen sich im Sünteltal (Suntalweg) am Abend des 8. April verbinden konnten. Am 11. April war der Weserkessel völlig überrollt von amerikanischen Kräften, die von der Autobahn über Steinbergen und Hessisch-Oldendorf nach Hameln vorstießen. Dabei kam es noch zu kurzen heftigen Gefechten (Wesergebirge, Paschenburg). Die Menschen zwischen Süntel und Deister und im Deistervorland (Deistermulde) blieben also glücklicherweise von schweren Kämpfen mit großen Verwüstungen und vielen Toten verschont.

Die wenigen noch verbliebenen deutschen Kräfte gruppierten sich nunmehr weiter nördlich. Das einzige strategische Ziel war noch, den Verlust Schleswig-Holsteins und der Ostsee-Zugänge wegen der Flüchtlingsströme aus dem Osten über See möglichst lange zu verzögern.

Mit völlig unzureichenden restlichen Kräften aus Volkssturm, Polizei, älteren und invaliden Soldaten aus militärischen Verwaltungen, Nachschubdiensten und Ausbildungseinheiten wurde in aller Eile ein bunt zusammengewürfeltes „Regiment Deister" mit wenigen Kraftfahrzeugen, Pferdegespannen und ein paar Flakgeschützen vor Springe aufgestellt. Der Gefechtsstand des Regimentsstabes lag im Forsthaus Morgenruhe im Saupark. Wichtigste Aufgabe war die Sperrung der Deisterpforte bei Springe und die Verzögerung des feindlichen Vormarsches zwischen Saupark und Osterwald (Dörpe-Eldagsen). Im gesamten übrigen Deisterraum nördlich davon in der Länge von Springe-Steinkrug bis Bad Nenndorf und im Raum Wunstorf gab es keinen kampffähigen Verband mehr, als in den ersten Apriltagen die gewaltige Übermacht der

Amerikaner über den Deister kam. General der Infanterie Günther Blumentritt, Oberbefehlshaber der für unseren Raum zuständigen deutschen Armeegruppe, erinnert sich: Nach dem Weserübergang waren „die großen West-Ost-Straßen nördlich des Harzes, also durch Hannover und beiderseits davon auf Magdeburg zu, praktisch frei". Die gewaltige Übermacht, das waren etwa zwanzig kriegsstarke, bestens ausgerüstete Divisionen der 2. Britischen Armee (Unitet Kingdom Army) nördlich, und der 9. Amerikanischen Armee (US-Army) südlich, die zwischen Minden und Hannover etwa im Verlauf des Mittellandkanals aneinandergrenzten.

Die Engländer hatten bei Petershagen die Weser überschritten und stießen mit der 6. Luftlandedivision über Wunstorf auf Neustadt vor. Die Amerikaner setzten ein ganzes Armeekorps (XIII. Corps) auf Wesergebirge, Süntel und Deister an. Über Bückeburg und Stadthagen erreichte eine Division dieses Korps (84. Divison) am 8. April den Deister (Rodenberg gegen 14 Uhr). In Bad Nenndorf wurde der Divisionsgefechtsstand eingerichtet. Die drei Regimenter der Division (Rgt. 333, 334, 335) bereiteten sich zum Angriff auf die Gauhauptstadt Hannover vor. Das Regiment 333 hatte sich über den Deisterpaß Nienstedt-Egestorf über Wennigsen bis Weetzen vorgetastet und sollte die rechte Flanke des Angriffs bilden. Das Regiment 334 stand an der linken Flanke des geplanten Vorstoßes bei Engelbostel, das Regiment 335 stand in der Mitte bereits über den Stemmer Berg hinweg bei Kirchwehren und Döteberg.

Südlich vom XIII. US-Corps war es der 2. Panzerdivision des angrenzenden XIX. Corps bereits am 5. April gelungen, bei Ohr in der Nähe Hamelns die Weser zu überwinden. Eine Kampfgruppe dieser 2. Division umging die mit Panzersperren zur Verteidigung eingerichtete Deisterpforte zwischen Springe und Saupark südlich hinter dem Saupark längs der Straße von Dörpe nach Eldagsen. Auf diesem Wege kam es in der Nähe der Waldgaststätte Holzmühle zum erbitterten Gefecht mit einem Sperrkommando von Fahnenjunkern aus Hameln, die hier alle ihr Leben ließen. Am 7. April morgens wurde Eldagsen besetzt. Die Panzer stießen dann sofort weiter vor in Richtung Völksen. Sie kesselten Springe ein. Nachdem im Verlaufe des 8. April die Flakstellung Springe in der Nähe der Domänengebäude zerstört war, griffen die Amerikaner auf der Hamelner Chaussee aus Richtung Hannover und auch über die Eldagsener Straße aus Richtung Saupark/Jagdschloß an. Am frühen Abend war Springe besetzt, die Deisterpforte geöffnet. Einheiten dieser 2. Panzerdivision bewegten sich dann weiter auf Hannover zu.

An diesem 8. April war auch, wie bereits beschrieben, die 84. Division in das Sünteltal eingerückt und mit Einheiten auf Weetzen vorgestoßen. Somit war der Deister völlig eingeschlossen. Als die Division sich zum Angriff auf Hannover vorbereitete, meldete die Aufklärung angeblich starke Verteidigungskräfte im Raum Wettbergen. So entschied sich der amerikanische General Bolling im Gefechtsstand Bad Nenndorf, daß am 9. April das bis Weetzen vorgestoßene Regiment 333 sich von Weetzen über Gehrden, Everloh, Göxe, Stemmen, Großmunzel nach Meyenfeld begeben sollte, um Hannover mit den anderen Einheiten der Division konzentriert von Nordwesten anzugreifen.

Völlig unerwartet kam es bei dieser Umgruppierung zu einem heftigen Gefecht bei Northen am Benther Berge, einem Ausläufer des Mittelgebirges am Rand der Deistermulde. Ein versprengtes deutsches Panzerjagdkommando, das überstürzt in den letzten Kriegswochen aus Marinesoldaten zusammengestellt war, hatte versucht, sich nach Norden durchzuschlagen. In Northen vereinigte sich diese Einheit mit einem Trupp deutscher Luftwaffensoldaten. Trotz der völlig aussichtslosen Situation - Die Amerikaner hatten Northen völlig umschlossen - verweigerte der Führer des Kommandos, ein junger Leutnant, in einer Verhandlung mit den Amerikanern die kampflose Übergabe, „. . . weil auch seine Familie im Kriege getötet worden sei". - Am 10. April endete der verbissene Kampf: Der Leutnant war schwer verwundet. Acht junge deutsche Soldaten, teilweise erst 17 Jahre alt, hatten ihr Leben verloren.

Der hier dargestellte Ablauf der Geschichte konzentriert sich vor allem auf die Vorgänge, die mit den Geschehnissen um Deister und Süntel zu tun haben. Ein großes Bild dieser ereignisreichen Tage in unserer näheren Heimat erschließt sich dem interessierten Leser in den spannend und zugleich auch nachdenklich geschriebenen Standardwerken von Heinz Meyer und Ulrich Saft, die sich vor allem durch ihr hohes Maß an Sachlichkeit auszeichnen.

Geschichte auch aus dieser Zeit, wird vor allem in vielen Geschichten lebendig. Wir finden sie u. a. in zahlreichen liebevoll zusammengestellten Ortschroniken. Hier beschränken wir uns auf drei Darstellungen, wie Menschen - gänzlich unterschiedlich - über den Deister gingen. Und es ging noch einmal gut aus.

(Lit.: Heinz Meyer/Ulrich Saft; H.- E. Wilhelm / F. Meier)

Die letzte Panzerfahrt des Eberhard Frieling

Nachdem die Briten bei Petershagen über die Weser gekommen waren, besetzten sie am 7. April 1945 Wunstorf und standen am Tag darauf vor Neustadt/Rbg. Von den Amerikanern der 84. Division, die bei Hausberge die Weser überwunden hatten, erreichte das Gros nach kurzem Gefecht bei der Bücketaler Landwehr Bad Nenndorf. Ein kleineres Kontingent, Regiment 333, war über Luhden bei Bad Eilsen, Heeßen, und weiter über Buchholz, Rehren und Antendorf zwischen Bückeberg und Wesergebirge bis zum Nordende des Süntels vorgerückt und hatte in schnellem Stoß über Pohle, Meinersen, Hülsede, an Lauenau vorbei, über Messenkamp, Nienstedt am Deister erreicht, den Deisterpaß bewältigt und über Egestorf und Wennigsen das Tagesziel Weetzen an der Hamelner Chaussee (B 217) eingenommen. Weiter südlich waren die Amerikaner bereits in den Raum Hildesheim eingedrungen. Das war am 8. April.

Im besetzten Nienstedt steht zwei Tage später ein baumlanger amerikanischer Militärpolizist an der Straßengabelung von Messenkamp nach Eimbeckhausen und Egestorf und weist die Fahrzeuge zum Deisterpaß ein. Es ist noch dunkel, der Morgen kommt gerade herauf. Aus Lauenau/Messenkamp rasselt ein Panzer in ziemlichem Tempo heran. Als er in die Straße zum Paß eingeschwenkt ist, reibt sich der Amerikaner die Augen. War das nicht ein deutscher Tigerpanzer mit dem Balkenkreuz? - Zu spät! Er ist längst vorbei.

Es ist tatsächlich ein deutscher Panzer, der Tiger von Eberhard Frieling, einem jungen Unteroffizier. In zahlreichen Fronteinsätzen hat er bislang immer Glück gehabt, mannigfache Erfahrung gewonnen und geradezu einen sechsten Sinn entwickelt, seinen Panzer so sicher wie möglich zu bewegen, jede Gefahr zu spüren, jede Bodenwelle geschickt anzufahren, jede Deckung zu nutzen. Deshalb kam er schon bald zur Panzertruppenschule, um sein Können wieterzugeben.

Nun ist Frieling wieder im Kampfeinsatz. Und wieder beweist sich sein Können und sein Glück. Sein Tigerpanzer bleibt als letzter übrig von einer Kampfgruppe aus der Panzertruppenschule Munster unter Major Schulze, die bei Petershagen gegen den britischen Brückenkopf eingesetzt ist. Als dessen Panzer getroffen wird und ausfällt, steigt er um in den letzten seiner Gruppe, den des Eberhard Frieling. Sie schlagen sich nach Lauenau durch, an dem die feindlichen Truppen vorbeigezogen sind und das noch nicht besetzt ist. Bei der kurzen Rast dort wird ihnen die Aussichtslosigkeit ihrer Lage klar. Es gibt nur noch eine ganz geringe Chance, zu den eigenen Truppen im Raum Hannover durchzukommen: Der Deisterpaß! Erfahrungsgemäß meidet der Amerikaner enge kurvenreiche Gebirgsübergänge. So rollt der Panzer über Messenkamp auf Nienstedt zu. Die beiden wissen nicht, daß Nienstedt und Egestorf längst besetzt sind. Kurz nachdem sie mit ihrem Panzer an dem verdutzten Militärpolizisten vorbei sind, stehen ihnen kurz vor dem Wald amerikanische Fahrzeuge gegenüber, ein Panzerspähwagen und ein Sherman-Panzer. - Unbesetzt!

Der deutsche Panzer schießt sofort. Volltreffer! Die beiden amerikanischen Panzerfahrzeuge stehen in Flammen! Die lagernden Amerikaner sind völlig schockiert und ergeben sich sofort. Etwa 200 deutsche Kriegsgefangene kommen aus einer Scheune heraus und werden kurz wieder frei. Sie machen sich über Verpflegung und Zigaretten ihrer amerikanischen Bewacher her. Ein Teil der befreiten Soldaten ist bereit, sich mit durchzuschlagen zu den vielleicht doch noch erreichbaren deutschen Linien. Sie bewaffnen sich. Aus dem einen deutschen Panzer ist jetzt ein kampfkräftiger Stoßtrupp von fast 120 Mann geworden. Mit ihrem Panzer, einem amerikanischen Lastkraftwagen und einem Jeep ziehen sie über den Deister. Vor Egestorf treffen sie auf Deutsche. In Egestorf ist ein Durchkommen völlig unmöglich. Der Trupp findet einen Einheimischen, der ihn auf Waldwegen nach Barsinghausen führt. Vielleicht können sie dort ihren ausgehenden Treibstoff ergänzen. Da aber auch in Barsinghausen am Deisterrand starke Sicherungen stehen, beschließen sie, den Durchbruch von Hohenbostel aus nach Barsinghausen zu versuchen. Als der Panzer oberhalb von Brauns Denkmal in den Weg zur Bößquelle in Richtung Hohenbostel einschwenken will, ist plötzlich alles aus. Mit dem allerletzten Tropfen Sprit steuert Eberhard Frieling den Panzer gerade noch vom Wege in eine seitliche Deckung. Dann müssen sie aussteigen. Sie sprengen den Panzer. Der Kampf ist zu Ende. Major Schulze verabschiedet seine Männer. Dann gehen sie auseinander. Beim Versuch, sich durchzuschlagen, geraten einige in Gefangenschaft. Ein Teil aber schafft den Weg nach Hause, auch Frieling. Auf jeden Fall aber war für alle der Krieg vorbei, als sie über den Deister kamen.

Als nach Gründung der Bundesrepublick die Bundeswehr aufgebaut wurde, wurden erfahrene Soldaten gebraucht. In diesen Jahren wurde Eberhard Frieling Offizier. Einen Panzer hat er nie wieder gefahren.

(Lit.: Ulrich Saft; Willy Lüpke)

Die wundersame Rettung des Sigmund Weiss

Auf dem kleinen jüdischen Friedhof in Barsinghausen, der neben den großen Sportanlagen des Niedersächsischen Fußballverbandes an der Kirchdorfer Straße ganz bescheiden eine Stätte würdiger Ruhe und Besinnung ist, liegt neben den alten Grabmalen ein Stein für eine Barsinghäuserin, die das Ende des furchtbaren Infernos 25 Jahre überlebte: Lina Weiss, geb. Baier. Die Geschichte um ihren Sohn klingt für Menschen, die diese Zeit erlebt haben, wie ein Wunder. Zu diesem Wunder hat Lina Weiss selbst tüchtig beigetragen. Trotzdem bleibt es ein Wunder.

Im Ersten Weltkrieg kam mit vielen anderen russischen Kriegsgefangenen Abraham Weiss, der sich später Adolf Weiss nannte, nach Barsinghausen. Er war in Polen nahe Lódz geboren, ein aufgeweckter Junge, lernte früh das Schneiderhandwerk, wurde Soldat unter dem Zaren und beherrschte drei Sprachen. In der Kriegsgefangenschaft kam ihm das sehr zugute, und er gewann wegen seiner Tüchtigkeit an Ansehen auch in der deutschen Bevölkerung. Als der Krieg vorbei war, wollte er nicht mehr zurück nach Polen, sondern nach Amerika auswandern. Aber seine große Liebe zu Lina Baier, einer eingesessenen Barsinghäuserin, hielt ihn von diesem Plan ab. Er machte sich also in Barsinghausen als Schneider selbständig, heiratete und gründete eine Familie, in der zwei Kinder geboren wurden: Tochter Rosa, und im Jahre 1925 Sohn Sigmund. Sie lebten glücklich und zufrieden bis mit dem Regierungswechsel 1933 die Nationalsozialisten unter Hitler an die Macht kamen und mit ihnen die Bekämpfung der vermeintlich ethnischen Fremden, der Juden, der Zigeuner, usw. Und Adolf Weiss war Pole und zudem auch jüdischen Glaubens. Eine Verordnung der polnischen Regierung, daß alle polnischen Bürger jüdischen Glaubens binnen 48 Stunden in Polen sein müßten, andernfalls sie ihre polnische Staatsangehörigkeit verlieren würden - das antisemitische Polen wollte sich damit schnell seiner im Ausland lebenden Juden entledigen - brachte für Adolf Weiss aus Barsinghausen und seine beiden Kinder die zwangsweise Deportation durch die deutschen Behörden nach Polen; die Mutter mußte in Barsinghausen zurückbleiben.

Vier Jahre später, im Kriegsjahr 1942, geschah ein erstes Wunder: der in Deutschland gebliebenen Mutter gelang es mit großer Findigkeit und Geschick, ihren Sohn Sigmund aus Polen nach Barsinghausen zum Arbeitseinsatz zurückzubekommen, in den Textilbetrieb, in welchem auch sie arbeitete. Und der Chef W. Schmak und seine Frau waren sehr menschlich zu dem Jungen, für den die Lage mit Fortschreiten des Krieges immer gefährlicher wurde, denn mit den zunehmenden Erfolgen der Feinde Deutschlands an allen Fronten stieg der Haß der Nationalsozialisten ins Unermeßliche gegen jüdische Menschen, die an allem schuld sein sollten. So trommelte es jedenfalls die ständige Parteipropaganda. Im Februar 1945 war es dann so weit: Sigmund Weiss bekam von der nationalsozialistischen Geheimen Staatspolizei (Gestapo) den Befehl zum „Arbeitseinsatz im Osten". In Gerüchten war inzwischen durchgesickert, daß diese Arbeitseinsätze oft in einem Vernichtungslager mit der Ermordung der Juden endeten.

Und nun erlebte Sigmund Weiss ein zweites Wunder: Seine Mutter fand in Barsinghausen in all ihrer Bedrängnis doch eine menschliche Freundin, Hedwig Liszy. Diese Altkommunistin aus der Weimarer Zeit hatte die Nationalsozialisten schon von ihrer schlimmsten Seite kennengelernt und war dann mit ihrer Familie nach Barsinghausen gekommen. Sie und ihr Mann arbeiteten in einer Munitionsfabrik. Die Familie mit einer Tochter führte ein nach außen unauffälliges Leben hier am Deister. Insgeheim hatte Hedwig Liszy aber doch noch Kontakte zu alten politischen Freunden. Nach dem Kriege erzählte Frau Liszy: „Im Februar 1945 kam ich des öfteren mit Lina Weiss zusammen. Wir zerbrachen uns den Kopf, wie wir Linas Sohn Sigmund doch noch vor dem Schlimmsten bewahren könnten, mit dem wir rechneten. Er mußte weg, schnellstens, ins Westfälische, und dann möglichst nach Holland. Aber wie? Überall wurde nach fahnenflüchtigen Soldaten und Deserteuren und nach flüchtigen Fremdarbeitern gefahndet. Da kam uns die Idee: Sigmund sah noch sehr jung aus. Eine Uniform mußte her, oder wenigstens Uniformteile vom Deutschen Jungvolk, der Jugendorganisation der Nationalsozialisten. Hedwig Liszy besorgte sie von einer guten Bekannten aus der Nachbarschaft: Uniformhose, Koppel und Koppelschloß, Winteruniformbluse und Mütze mit HJ-Abzeichen (HJ = Hitlerjugend). Mit einem Fahrrad machte sich Sigmund Weiss auf zur Evakuierung aus dem Bombenkrieg zu angeblichen Verwandten nach Westfalen und als freiwilliger Helfer in der Landwirtschaft."

Sigmund Weiss selbst schreibt darüber: „Ich fuhr auf der Autobahn Richtung Westen nach Hamm, an Bad Nenndorf vorbei. Gegen Mittag erreichte ich die Porta Westfalica. Niemand störte mich, ich war allein auf der Autobahn. . . . .Soldaten gruben bei der Porta Westfalica Verteidigungsstellungen, aber ich wurde nicht angehalten. Für mein Alter, ich war immerhin neunzehn, sah ich noch sehr jung aus und konnte auch für siebzehn durchgehen. Ich drückte mir meine Mütze tief in die Stirn, um wie ein Bauernhelfer auszusehen. Als ich in Hamm auf dem Bauernhof ankam, gab ich der Magd meinen Brief von Frau Liszy . . ." Die Schwierigkeiten kamen dann aber doch noch, als sich Sigmund Weiss auf dem Wege nach Holland zu seiner Person erklären sollte. Er erzählt dazu: „Ich nahm einen neuen Namen an, von jetzt an nannte ich mich Theo Vandenberg. Den Namen übernahm ich von einem wirklichen Holländer, einem Freund aus Barsinghausen, der tödlich verunglückt war. Er war mit einem russischen Mädchen verlobt gewesen."

Im Verlauf des Krieges wurde der Vater Adolf Weiss in das nationalsozialistische Vernichtungslager Majdanek bei Lublin verschleppt. Weitere Nachrichten fehlen. Schwester Rosa ist mit großer Wahrscheinlichkeit in den letzten Kriegstagen im nationalsozialistischen Konzentrationslager Bergen-Belsen umgekommen. Sigmund Weiss aber gelang nach einigen Abenteuern die Flucht nach Holland. Er war endlich über den Deister, weg von Verfolgung und Todesdrohung. Am 22. Mai 1945 kehrte er an den Deister zurück zu seiner Mutter Lina Weiss, geb. Baier und tat als Dolmetscher Dienst bei der englischen Besatzungsverwaltung. Heute lebt er in Baltimore/USA.

(Lit.:Homeyer/Vespermann)

Der kleine Funktionär

Sonntag, 8. April 1945. In dem kleinen Ort Nettelrede sitzen einige Männer um den runden Tisch in der Gaststube. Sie drehen am Radio. „Um Himmels Willen, bloß keine Feindsender!“ mahnt der Wirt. „Wer Feindsender hört, riskiert den Kopf!“ Gerüchte, Geraune, Gerede! Ist es wahr, was ein eiliger Gast berichtet? Die Amerikaner sind durch Hachmühlen/Neustadt durch und stehen vor Bad Münder“?

Heinrich B.* ist auf dem Weg zum Kruge. Im Ersten Weltkrieg war er Frontsoldat im Westen - verwundet. Dann kam Versailles, dann Weimar, dann der Führer. Ihm diente er treu als kleiner Funktionär. Es ging endlich wieder aufwärts. Da fällt sein Blick auf die Kirche. Eine weiße Fahne weht am Turm! Er ist entsetzt! Fassungslos! Im Dorfkrug platzt er gleich laut los: „Wer hat die weiße Fahne gehißt? Das warst doch Du!“ schreit er den Bürgermeister an, „und ihr wart auch dabei!“ geht er auf zwei los, die dem Bürgermeister helfen wollen. „Los! Raus! Die Panzersperren müssen besetzt werden!“ Keiner rührt sich. „Ich komme wieder, aber nicht alleine. Da könnt ihr was erleben!“ schreit er, dann knallt die Türe zu. Heinrich B. will nach Springe zur Kreisleitung. Er geht durch das Feld und durch den Wald in Richtung Ziegenbuche. Dort trifft er auf ein paar gehfähige Verwundete aus dem nahen Reservelazarett. “Der Endsieg ist nahe!“ meinen sie ironisch. Heinrich B. eilt weiter. Unweit vom Wolfstal, an der Bühringsbuche, stößt er auf eine deutsche Feldwache: Ein Feldwebel, ein paar Mann und ein Maschinengewehr. „Mensch, wo wollen Sie denn hin? Die Deisterpforte ist zu! Einen Tag werden wir noch halten können. Vielleicht!“ - In Heinrich B. bricht eine Welt zusammen. Ist nun wirklich alles aus? Und sein Glaube an den Führer war doch so unerschütterlich. Schweren Herzens geht er zurück - ohne Erschießungskommando. Der Bürgermeister und die beiden Verdächtigen haben sich vorsichtshalber in den Wald abgesetzt. Sie haben gesehen, wie Heinrich B. zurückgekehrt ist. Er kam allein. - Daheim legt Heinrich B. seine Uniform ab und schafft sie beiseite. Am Abend sind die Amerikaner im Ort. Keine Toten! Kein Haus zerstört! Wenige Tage später werden Heinrich B. und sein Sohn von den Amerikanern in Haft genommen und in ein Lager verbracht.

(Lit.: Heinz Meyer)

* Name geändert

Verrat- und Mordgeschichten

Verrat im Eimbeckhäuser Krug

Im Sommer 1637 lag eine starke schwedische Besetzung auf dem Rodenberger Schloß, der damals stärksten Festung im näheren Umkreis. Der in Hameln stationierte kaiserliche General Graf Götze trachtete danach, diese zurückzuerobern. Das gelang ihm durch die verräterische Mitwirkung des Rodenberger Amtsschreibers Hotte, und sogar ohne einen einzigen Schwertstreich.

Der Amtsschreiber ließ sich durch seinen Bruder, der kaiserlicher Hauptmann in Hameln unter dem General Götze war, verleiten, den Kommandanten der Rodenberger Burg, Kapitän Homann, zu bestechen. Ein Abgesandter des Grafen Götze und der Amtsschreiber Hotte trafen sich daraufhin heimlich im Gutskrug zu Eimbeckhausen, heute Gastwirtschaft Meyer, und zwangen den Wirt unter Drohung, Essen und Rotwein auszugeben. Hinter verschlossenen Türen legte man einen genauen Plan fest, der dann am 26. September 1637 ausgeführt wurde:

Am frühen Morgen dieses Tages schickte Kommandant Homann unter Vortäuschung falscher Tatsachen das gesamte schwedische Reiterregiment aus der Burg. Kurze Zeit später übergab er die leere Festung dem kaiserlichen Hauptmann Wargold und seiner Truppe. Als gegen Mittag die Schweden zurückkamen, empfingen sie die Kaiserlichen mit Geschütz- und Gewehrfeuer. Sie kehrten um und rückten nach Stadthagen ab. Da lag seinerzeit das schwedische Reiterregiment Brusard in Quartier. Kapitän Homann begab sich nach Hameln, trat in kaiserliche Kriegsdienste und wurde zum Major befördert. Für den Amtsschreiber Hotte aber nahm die Geschichte einen furchtbaren Ausgang.

Am 24. Juni 1638 gelang es dem schwedischen Major Hachmeister, die Rodenberger Feste zurückzuerobern. Kurze Zeit danach erhielt er Kenntnis von der Zusammenkunft im Krug und von dem Verrat. Hotte wurde bei entblößtem Körper mit glühenden Zangen gezwickt. Dann steckte man ihn in einen aus Holzlatten gefertigten Käfig. Diesen hievte man am Turm des Schloßtores empor und befestigte ihn oben an der Turmwand. Sechs Tage hing der Unglückliche da in seinem luftigen Gefängnis, ehe ihn der Tod von seinen Hunger-, Durst- und Brandqualen erlöste. Die den Turm umkreisenden Raben, Krähen und Dohlen rissen das Fleisch von den Knochen der Leiche.

Der Kasten blieb 170 Jahre lang hängen. Durch Wind und Wetter morsch geworden, stürzte er im Jahre 1806 von selbst herab.

(Mithoff)

Mord im Eimbeckhäuser Krug

Der ehemalige Krug des Eimbeckhäuser Rittergutes wurde urkundlich schon 1591 erwähnt und ist wahrscheinlich die älteste Kneipe im Deister-Süntel-Tal. Er gehörte Johann von Haus. Der Krüger in Eimbeckhausen war der einzige im Amt Lauenau, der innerhalb der Ortschaft neben Bier, das auf dem Rittergut Eimbeckhausen gebraut war, auch selbstgebrautes Bier ausschenken durfte. Alle übrigen Orte des Amtes Lauenau mußten ihr Bier aus Lauenau beziehen. Das geht aus einem Rezeß über den Eimbeckhäuser Krug vom 23. Januar 1668 hervor.

Der Rezeß zwischen den Bauern des Ortes und dem Rittergut sprach 1829 dem Wirt des Kruges drei Klafter Holz zu. Vor dieser Zeit mußte jeder Gast, der im Winter den Krug besuchte, ein Scheit mitbringen. Der heutige Eigentümer dieses Gasthauses ist Heinrich Meyer, genannt „Stoffer Meyer". Wie aus dem Eimbeckhäuser Kirchenbuch (1611 - 1668) hervorgeht, geschah im Eimbeckhäuser Krug am Stephanstag des Jahres 1618 ein Mord, dem der Schafmeister des Claus vom Haus zum Opfer fiel:

Anno Do. 1618 Stephani
Ist Hinrich Pfingsten, des edlen Junkhern Claus vom Haus etc.
Schafsmeister zu Raststetten in dem Krug von etzlichen bösen Gesellen,
ohn gegebener Ursach erschossen im Schlaf und der todte Corper
und Leich ist auf deren Herren Geheiß
nach Barsinghausen geführt und dort zur Erden bestattet.

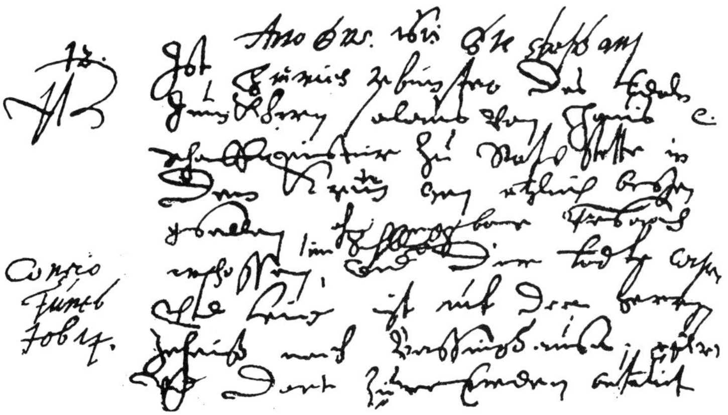

Originalkopie aus dem Eimbeckhäuser Kirchenbuch

Die Geschichte vom Mordmichel

In der Zeit um 1600 lebte in Grove ein junger Rademacher namens Michel Brandt, ein gottloser, arbeitsscheuer Mensch. Seine Eltern, fromme ehrhafte Leute, besaßen die Grover Krugwirtschaft. Ihr Sohn war auch wegen seiner Rauf- und Händelsucht allgemein gefürchtet. Meistens trieb er sich in Wald und Feld herum. Seine Hauptbeschäftigung bestand aus Wilddieberei, Vogelstellen und Raubfischerei. Schließlich trieb er es so arg, daß ihn der Rodenberger Amtmann zu verschiedenen Malen mit Gefängnis, Pranger und Auspeitschung bestrafte. Aber all das half ebenso wenig wie die Ermahnungen seiner Eltern. Deshalb jagte ihn der Vater schließlich aus dem Haus.

Von da ab lebte Michel meist im Deister und gab sich ganz der gewerbsmäßigen Wilddieberei hin. Durch kleine Diebstähle verschaffte er sich nebenbei Geld und Lebensmittel. Die gräflichen Förster und Jäger gaben sich die größte Mühe, den Wilderer zu fassen. Mit viel Geduld gelang es ihnen endlich, ihn zu umzingeln. Michel ließ sich jedoch nicht so leicht fangen Er wußte sich durchzuschlagen, nachdem er den Jäger Wilhelm Rese niedergeschossen und einige Forstläufer verwundet hatte. Damit war er dem Henker verfallen.

Nun hielt er sich tagsüber nur noch in den Dickichten und Schlupfwinkeln des Deisters verborgen, zur Nachtzeit aber ging er auf Diebstahl und Raub aus und setzte die Bewohner aller am Deister liegenden Ortschaften durch seine verwegenen Einbrüche in Furcht und Schrecken. Doch nach einiger Zeit wagte er sich auch wieder am Tage hinaus und wurde ein gefährlicher Straßenräuber. Er schoß seine Opfer aus dem Hinterhalt nieder und plünderte sie aus, so daß er allgemein der Mordmichel genannt wurde.

Endlich, am 25. März 1609, machte man ihn nach einem Einbruch in dem Wietersheimschen Hause durch einen glücklichen Zufall dingfest. Das war dem Pastor Schwedes aus Beber zu verdanken, der tagsvorher nach Rodenberg gekommen war, um sich von dem Stadtchirurgius Jakobus Möller ein Geschwür schneiden zu lassen. Wegen ungünstigen Wetters verschob er seine Rückfahrt und übernachtete bei seinem Freunde Adolf von Wietersheim. Er konnte aber in der Nacht wegen großer Schmerzen keinen Schlaf finden. Und da hörte er, kurz nachdem vom nahen Rathausturme die Mitternachtsstunde geschlagen hatte, aus der neben seiner Kammer liegenden Stube ein verdächtiges Geräusch. Vorsichtig erhob er sich von seinem Lager. Er spähte durch ein kleines Fenster, das sich in der Zwischenwand befand. Da sah er im Scheine einer Leuchte einen Mann, der gerade dabei war, eine Truhe aufzubrechen.

Der Pastor schlich nun leise zu der Kammer seines Gastgebers und weckte ihn. Auch der Wietersheimsche Ackerknecht Henning Vollhagen wurde geweckt. Alle drei Männer bewaffneten sich und wollten den Dieb überrumpeln. Der aber erkannte schnell die Lage, ergriff sofort die Gegenwehr, stieß den Vollhagen mit seinem Dolch nieder, zertrümmerte ein Fenster und sprang in den Stadtgraben hinab.

Es wäre dem Einbrecher nun ein Leichtes gewesen, davonzuschwimmen und in der Dunkelheit durch den Wietersheimschen Hausgarten das Freie zu gewinnen, wenn sich nicht unter dem Wasser ein grundloser zäher Schlamm befunden hätte, in welchen er durch den Sprung so tief einsank, daß alle seine Anstrengungen, sich wieder herauszuarbeiten, vergeblich blieben.

Inzwischen hatten die Bewohner des Wietersheimschen Hauses Lärm geschlagen, und bald eilten die Nachbarn mit Waffen und Lampen versehen zur Hilfe herbei. Als man über die Brückenbrüstung in den Stadtgraben hinableuchtete, entdeckte man bald den bis unter die Arme eingesunkenen Flüchtenden. Man zog ihn mit Seilschlingen auf die Brücke, fesselte und knebelte ihn trotz heftigster Gegenwehr. Nun erst wurde man gewahr, um wen es sich handelte: es war der gefürchtete Mordmichel. Unverweilt zog die ganze Mannschaft, den Gefangenen mit sich führend, zum Schlosse. Der Torwächter staunte nicht schlecht und lief schnell zum Amtmann, ihn von der Ergreifung des Michel Brandt in Kenntnis zu setzen.

Der gefesselte Raubmörder wurde dem Amtmann übergeben und auf dessen Befehl in einem unterirdischen Kerker in Ketten gelegt. Da wartete er auf seinen Prozeß. Der Prozeß gegen Michel Brandt dauerte mehrere Wochen, denn erst nach wiederholten furchtbaren Folterungen gestand er all seine Mord- und Raubtaten. Schließlich erkannte der Amtmann nach Abschluß der Untersuchungen auf die Todesstrafe durch das Rad, geschärft durch Schmorkung (*Verbrennung*) der Hände. Das Urteil, das von der juristischen Fakultät der Universität Marburg bestätigt werden mußte, wurde am 29. Juni vollstreckt.

Der Hinrichtung selbst ging das Halsgericht, auch Blutgericht genannt, voraus. Das wurde auf dem Amthofe gehalten, wo sich die Bluthege befand, eine Fläche von etwa fünf Metern im Durchschnitt, die kreisförmig von einer Anzahl nebeneinander in den Erdboden eingesetzter rauher Steine umgeben war. Innerhalb dieser Steinumfriedung wurden am frühen Morgen des Hinrichtungstages ein schwarzbehangener Tisch und sieben Stühle aufgestellt, auf denen die Mitglieder des Halsgerichts Platz nahmen, um nach tausendjähriger Sitte unter freiem Himmel im Angesicht des Volkes über den dem Tode Geweihten das Halsgericht zu hegen. Nachdem sich die Mitglieder des Halsgerichts, der Amtmann Gerhard von Staffhorst, der Amtsvogt Ulrich Deichmann, der Maleficschreiber *(Gerichtsschreiber/Urteilsschreiber)* Martin Höcker und vier vom Amtmann ernannte Beisitzer, alle schwarz gekleidet, auf ihren Stühlen niedergelassen hatten, wurde die Bluthege von bewaffneten Rodenberger Bürgern umstellt. Dann begaben sich unter dem Geläut der Armensünderglocke der Grove-Rodenberger Pastor Johannes Orsäus und der Pastor Anton Mensching zu Apelern in Begleitung des Scharfrichters, des Schließers und der auf der Vorburg stationierten sechs Amtswebel nach dem Schlosse, holten den Delinquenten aus dem Gefängnis, brachten ihn nach dem Amthofe und führten ihn an die Bluthege heran. Er war zu seinem letzten Gang mit einem langen, weißen, leinenen Kittel gekleidet, der am Halsausschnitt und an den Ärmeln mit schwarzem Band besetzt war. Seinen Kopf bedeckte eine hohe weiße, mit schwarzem Band besetzte Mütze. Der Scharfrichter trug ein rotes Kammisol, rote Hosen und einen roten Hut.

Michel Brandt wurde seiner Fesseln entledigt, der Scharfrichter nahm ihm die Mütze vom Haupte und führte ihn in die Bluthege dicht an den Tisch, an dessen anderer Seite die Mitglieder des Halsgerichts saßen. Der Amtmann forderte ihn nun auf, das Bekenntnis seiner Missetaten auch an dieser Stelle öffentlich vor allem Volk abzulegen. Dann las der Maleficschreiber das von der juristischen Fakultät der Universität Marburg bestätigte Urteil vor. Nach dieser öffentlichen Urteilsverkündung erhoben sich die Mitglieder des Halsgerichts von ihren Sitzen und entblößten ihre Häupter. Der Amtmann ergriff einen Stab, brach ihn mitten durch und warf ihn vor sich auf die Erde, indem er sprach: „Das Urteil ist gesprochen, der Stab ist endgebrochen, hier ist fortmer keine Gnade. Nur bei Gott dem Herrn ist Gnade."

Dann wandte er sich an den Scharfrichter mit den Worten: „Nehmt ihn hin und schaffet ihm das Urteil, so wir gefunden haben und so allhier verkündet ist." Worauf dieser dem Verurteilten die Hand auf die Schulter legte und dabei sprach: „Wenn ich ihm das Urteil schaffen soll, so will ich ihn nehmen und hinausführen auf die Malstätte und ihn richten vom Leben zum Tode."

Nun trat der Amtsvogt vor, stellte sich auf einen Stein des Bluthegeringes und rief mit lauter Stimme: „Wapen Wapen, Zeter, Zeter, Blot und Dot ower Michel Brandt!" *(= Waffen Waffen, Zeter Zeter, Blut und Tod über Michel Brandt!"),* was die tausendköpfige Volksmenge, die den weiten Amtshof füllte, dreimal laut schreiend wiederholte. Dieser alte Brauch, der bei jedem Blutgericht unter Namensnennung des Verurteilten vor sich ging, hieß das 'Blutgeschrei' oder das 'Zetermordio'.

Als das Blutgeschrei verklungen war, verkündete der Amtmann die Aufhebung des Hals- und Blutgerichts, die Gerichtsmitglieder bedeckten sich wieder mit ihren Hüten, warfen ihre Stühle um und traten aus der Bluthege heraus. Danach führten der Scharfrichter und der Schließer Michel Brandt heraus. Der Schließer legte ihm die Fesseln wieder an, und der Scharfrichter setzte ihm die weiße Mütze wieder auf, zwängte ihn auf eine am Erdboden ausgebreitete Kuhhaut und band seinen Körper mit Stricken darauf fest. Vor der Kuhhaut wurde das vom Henkersknecht geführte Pferd eingespannt, und der Todeszug nach der Richtstätte ordnete sich:

Voran schritt der mit einem schwarzen Samtrock bekleidete Schwertträger, ein langes, breites Schwert mit beiden Händen tragend. Ihm folgte der Amtmann, umgeben von den Mitgliedern des Halsgerichts. Hinter ihm gingen zwei Rottschaften der Rodenberger Bürger in Wehr und Waffen. Nach diesen kam die Hauptgruppe des Zuges, der auf der Kuhhaut gefesselte Raubmörder, an jeder Seite ein Prediger und drei bewaffnete Amtswebel, dann der Scharfrichter und der Schließer. Hinter diesen schritten wieder zwei Bürgerrottschaften, gleich den beiden ersten, in Wehr und Waffen. Den Schluß des Zuges bildeten die älteren Rodenberger und Grover Schulknaben, die unter Leitung des Kantors Sebastian Röhler auf dem ganzen Wege bis zur Richtstätte ununterbrochen Buß-, Bitt- und Sterbegesänge sangen. Außerdem begleitete die bereits beim Halsgericht anwesende Menge den Zug, weil sie nun auch das grauenvolle Schauspiel der Hinrichtung sehen wollte.

Unter dem Geläut der Armensünderglocke setzte sich die Kolonne in Bewegung, zog unter dem Amtstore hindurch auf die Amtsstraße, wo sich der Bürgermeister, der Schreibsenator und mehrere Ratsmänner den Mitgliedern des Halsgerichts anschlossen. Der Ratsdiener reichte dem Gefesselten die mit Bier gefüllte Armesünderkanne zum letzten Trunk. Dann ging der Zug weiter über die Langestraße unter dem Ratstor durch, über die Ratsbrücke, über die Steinaubrücke, auf dem Steinweg entlang und bog dann beim Armenhause in die Fünfhäuserstraße ein. Hier fand unerwartet eine ergreifende Unterbrechung statt, denn als die Kolonne an der Krugwirtschaft, dem Elternhause des Michel Brandt, vorüberkam, stürzte seine Mutter aus dem Hause, stieß die Amtswebel zur Seite, warf sich laut jammernd auf ihren Sohn und umklammerte seinen Hals. Die Amtswebel konnten nur mit der größten Mühe die unglückliche Mutter ins Haus zurückführen, wo sie alsbald einen gellenden Schrei ausstieß und tot zusammenbrach.

Nach diesem erschütternden Zwischenfall bewegte sich der Zug die Fünfhäuserstraße hinab, am Pfarrhause vorüber nach der Grovermasch zu und bog beim Henkerhause in den Henkerweg ein, der nach dem Richtplatz führte. Auf der Richtstätte angelangt, versuchten die beiden Prediger den Sünder zur Buße und Beichte zu bewegen. Da Michel Brandt aber jeden geistlichen Zuspruch beharrlich von sich wies, erteilte man ihm den Segen nicht.

Die Hinrichtung nahm ihren Verlauf. Michel Brandt wurde entfesselt, entkleidet und vom Scharfrichter unter Mithilfe des Henkerknechts auf das neben dem Galgen stehende Rad geflochten. Nachdem der Scharfrichter ihm beide Hände mit einem brennenden Kienspan bis zur Verkohlung verbrannt hatte, begann von unten auf anfangend die Räderung, indem ihm in langsamer Folge die Knöchel, Schienbeine, Knie, Hüfte und Schultern zerstoßen und zermalt wurden. Von seinen furchtbaren Qualen wurde der Unglückselige erst erlöst, als ihm der Scharfrichter mit einem letzten Streich den Kopf vom Rumpfe trennte. Das abgeschlagenen Haupt steckte der Henker auf eine hohe Stange, die er am Galgen aufstellte.

(nach Mithoff: Chronik der Stadt Rodenberg, Bd. 1, S. 78 ff)

Der rote Barthel

Eine der schlimmsten Folgen des Dreißigjährigen Krieges war die allgemeine Unsicherheit. Von den Soldaten, während der langen Kriegszeit mit Rauben und Morden vertraut, fanden viele nicht mehr zu einem geordneten Leben und zu ehrbarer Arbeit zurück. Auch sonst trieb sich allerlei gefährliches Gesindel im Lande umher. Straßenraub, Einbruch, Raub und Mord kamen immer häufiger vor. Obwohl die Behörden mit allen Kräften bestrebt waren, die Ordnung wieder herzustellen, besserten sich diese Zustände nur sehr langsam. Einer der kühnsten und verwegensten Straßenräuber in der Rodenberger Gegend war zu dieser Zeit der „rote Barthel“, ein allgemein gefürchteter Räuberhauptmann namens Barthel Prange. Als Sohn des ehrsamen Rodenberger

Bürgers Alf Prange war er in schwedische Dienste eingetreten und mit in den Krieg gezogen. Nach dem Friedensschluß suchte er, vom Militär verabschiedet, seinen Heimatort wieder auf. Doch Eltern und Geschwister fand der Heimgekehrte nicht mehr am Leben. Sein Vaterhaus sah er als Schutt- und Aschenhaufen wieder.

Auf dieser Trümmerstätte errichtete Barthel Prange sich nunmehr eine Wohnstätte und fand bald reichliches Einkommen, indem er allerlei Wundertränke, Pillen und Salben anfertigte, die er als unfehlbare Heilmittel gegen alle vorkommenden Krankheiten anpries. Seine Erzählungen, daß er seine wunderbaren Arzeneien und Zauberkünste einem, in fernem Lande gefundenen alten Zauberbuche verdanke, fanden gläubige Aufnahme. Dieses geheimnisvolle Buch lehrte ihn, Kranke gesund und Gesunde siech werden zu lassen. Außerdem besaß er die Gabe, sich in einen Wolf und auch in einen roten Raben zu verwandeln. Ja, man behauptete, er könne sich sogar unsichtbar machen. Er galt als hieb-, stich- und kugelfest und dem allgemeinen Volksglauben nach als ein Meister in allen Teufelskünsten. Weil er aber neben der Ausübung seiner Heilkunst heimlich auch giftiges Leichenwasser und andere Zaubergifte zu unlauteren Zwecken an böse Menschen verkaufte, wurde er verdächtigt, mit dem Teufel im Bunde zu stehen. Und weil dieser Verdacht immer dringender wurde, ließ ihn der Rodenberger Amtmann Bernhard Höcker ergreifen und in dem festesten Kerker des Schlosses in Ketten legen. Doch als man tags darauf den roten Barthel zum ersten Verhör vor das Amtsgericht führen sollte, fand man das Verlies leer. Barthel Prange war trotz aller getroffenen Sicherheitsmaßregeln verschwunden, ohne eine Spur hinterlassen zu haben.

Nun suchte Barthel Prange in den Schlupfwinkeln des Deisters Zuflucht und begann ein wildes Räuberleben. Bei seiner außerordentlichen Kühnheit und Listigkeit war weit umher nichts mehr vor ihm sicher. Bald sammelten sich um ihn Spießgesellen, die ihn, den größten aller Räuber zwischen Deister, Leine und Weser, zu ihrem Hauptmann erkoren. Die Bande betrieb nun ihre Raubzüge im Großen und verschonte selbst Kirchen, Edelhöfe, Renthäuser und Amtshöfe nicht. Wer sich ihnen widersetzte, den machten sie ohne weiteres nieder.

Der Deister mit seinen ausgedehnten Dickichten bot der Bande mehrere Unterschlupfe. Besonders am Großen Hals, an der Hohen Warte, am Höfeler und am Bröhn befanden sich schwer zugängliche Höhlen, die den Räubern zur vorläufigen Unterbringung ihres Diebesgutes dienten. Dort fanden sie auch selbst Schutz vor Verfolgung und vor schlimmer Witterung. Die Amtmänner der um den Deister liegenden Amtsbezirke ließen es an Anstrengungen nicht fehlen, die gefürchtete Bande auf ihren Raubzügen abzufangen oder in ihren Schlupfwinkeln auszuheben, aber alle Versuche scheiterten an der Schlauheit des roten Barthel.

Infolge einer eigentümlichen Begebenheit gelang es dem Rodenberger Amtmann endlich doch, fast die ganze Bande in dem Grover Edelhofe, dem heutigen v. Hammersteinschen Hofe, gefangenzunehmen. Dieser Hof, zu damaliger Zeit im Besitz des Freiherrn Achatius von Münchhausen-Remeringhausen, war mit hohen, starken

Mauern und einem festen Tor bewehrt. Das Herrenhaus, 1826 wegen Baufälligkeit abgebrochen, lag an der Westseite des Hofes unweit der Steinaue und diente dem Gutsverwalter Rudolph Heinichen als Wohnung.

Eines Nachts erschien diesem seine einige Wochen zuvor verstorbene Gattin und rief ihm die warnenden Worte zu: „Herzliebster hüte Dich, denn in nächster Nacht wird der rote Barthel Dir ins Haus eindringen." Sogleich am andern Morgen begab sich der Gutsverwalter zum Amtmann Heinrich Pestell und teilte ihm diese wunderbare Erscheinung mit, auch daß er vor etlichen Tagen eine größere Summe für verkaufte Gerste eingenommen habe, wovon der rote Barthel offensichtlich Kunde erhalten habe und wahrscheinlich aus diesem Grunde einen nächtlichen Einbruch bei ihm plane. Der Amtmann versprach dem Gutsverwalter, das Herrenhaus für die nächsten Nächte mit bewaffneter Mannschaft zu besetzen, gebot aber hierüber tiefstes Schweigen zu bewahren.

Mit Eintritt der Dunkelheit ließ nun der Amtmann seine elf Amtsdragoner mit Wehr und Waffen auf dem Schloßhofe antreten und auch noch eine Anzahl zuverlässiger Hofknechte bewaffnen. Um jedes vorzeitige Aufsehen zu vermeiden, zog er mit dieser ganzen Schar auf dem kürzesten Wege, direkt die Steinaue durchschreitend, dem Gutshofe zu und besetzte mit seinen Mannschaften da alle Räume.

Diese Vorbereitungen sollten nicht vergeblich getroffen worden sein! Im Dunkel der Nacht schlich sich der rote Barthel mit seiner Bande heran. Er öffnete kraft seiner Zauberkunst die festverschlossene, eisenbeschlagene Außenpforte des Herrenhauses, die zu dem zwischen Gutshof und Steinaue liegenden Küchengarten hinausführte und drang mit sieben seiner Spießgesellen in das Haus ein, während zwei Mann vor der Pforte Wache hielten. Doch als sie auf dem hinteren Hausflur die Laternen anzündeten und die Ausraubung der verschiedenen Räume beginnen wollten, stürzten die Dragoner und Schloßknechte aus ihren Verstecken hervor und besetzten sofort mit einigen ihrer Leute die Außenpforte, um ein Entweichen der Einbrecher zu verhindern. Dank ihrer Überzahl errang die Schloßmannschaft nach kurzem erbittertem Kampf den Sieg über die Räuber, die sie samt ihrem Anführer fesselten und knebelten. Nur die zwei Wachtposten vermochten sich in der Finsternis durch schleunige Flucht zu retten.

Aus Vorsicht legte man dem roten Barthel außer den Fesseln auch noch schwere Ketten an Hand- und Fußgelenke. Dann trat man beim Schein der Fackeln und Laternen mit den Gefangenen den Rückzug nach dem Schlosse an. Kaum aber waren einige hundert Schritte zurückgelegt, streifte der rote Barthel unversehens seine Fesseln ab, verwandelte sich in einen roten Raben und schwang sich laut krächzend hoch in die Lüfte. Nach nur wenigen Augenblicken war er am nächtlichen Himmel entschwunden. Alle Anwesenden entsetzten sich ob dieses Teufelsspuks, und der Amtmann geriet in große Wut, weil ihm der gefährliche Bursche auch dieses Mal wieder entwichen war!

Die Raubgesellen aber kamen in den Kerker. Schon nach wenigen Tagen begannen die mit harten Folterungen verbundenen Verhöre. Die Hinrichtung der sieben Räuber fand fünf Wochen nach ihrer Gefangennahme am Gallustage 1655 auf der Grovermasch statt, sechs von ihnen wurden gerädert und einer gehenkt.

Der rote Barthel war eine Zeitlang gänzlich verschollen. Dann trat das Gerücht auf, daß er im Lippischen, im Osninggebirge, wieder aufgetaucht sei und da, besonders in der Umgegend des Völmerstotberges, als gefürchteter Räuber wieder sein Unwesen trieb.

(nach Mithoff, Band II S. 22-23)

Un da speuket et huite noch . . .

Es war ein regnerischer Herbstabend. Vom Walde her hörte man Hufgeklapper. Zwei Reiter in fremden Uniformen bogen von der Heerstraße ab in den Weg, der zum Dorf hinunterführte. Es war ein Offizier mit seinem Burschen. Sie führten noch ein drittes Pferd mit, das auf dem Tragsattel einen schweren, eckigen Gegenstand trug. Das Pferd des Offiziers hatte ein Hufeisen verloren und lahmte. Den Schaden wollten die Reiter beim Hufschmied beheben lassen. Dorfbewohner, die zum Feierabend vor ihrer Haustür saßen, wiesen den Fremdlingen den Weg dorthin. Der Schmiedemeister machte sich auch sogleich an die Arbeit. Bald stellten sich einige Neugierige ein, die Reiter und Pferde in Augenschein nahmen. Der Offizier beauftragte einen Jungen, einen Arm voll Heu für die Gäule zu beschaffen. Dem Packpferd nahm er mit Hilfe seines Burschen die in eine Decke verschnürte gewichtige Last ab. Der Junge kam bald wieder, brachte ein schönes Bündel Heu. Mit ihm kamen noch andere, drei starke Männer, die mit Kennerblicken die Pferde musterten. Der Offizier belohnte den Jungen und befahl seinem Begleiter, gut auf alles zu achten, dann ging er ins Gasthaus, um sich zu erquicken.

Einige Dorfleute traten zum Schmied, sprachen mit ihm, redeten und redeten und redeten. - Und dann ging es doch nicht so schnell voran mit dem Beschlagen des Pferdes. Der fremde Offizier hatte indes keine Langeweile. Schnell fand er in der Schenke einen lustigen Kreis. Der Wirt mußte einige gute Flaschen aus dem Keller holen. Endlich kam der Schmied, ein alter weißhaariger Handwerksmeister, meldete, daß er mit dem Beschlagen des Pferdes fertig sei. Weil es aber inzwischen stockdunkle Nacht geworden war, wollten die Reisenden ihren Weg erst am andern Morgen fortsetzen. Sie sattelten die Pferde ab, führten sie in den Stall des Kruges und versorgten sie gut. Das Gepäck ließ der Offizier durch seinen Burschen und einige Helfer in seine Stube schaffen.

„Minsche, wat is dat swaar! Wat is denn da inne?“ - „Dummkopp, liuter Dalers! Haste noch nich emerket, dat düt de Zahlmester me sienen Burschen un de Kriegskasse is?“

Statt einer Antwort pfiff der Frager durch die Zähne. In der Gaststube wurde es lauter und lustiger Der Bursche bekam Befehl, sich in der dem Offizier angewiesenen Schlafstube aufzuhalten. Dort setzte er sich auf das schwere Gepäckstück, und der Wirt mußte ihm auch ein gefülltes Glas hineintragen. In der Gaststube ging es bis gegen Mitternacht hoch her. Am längsten hielten es natürlich junge, starke Burschen aus, vielleicht hatten sie sich auch im Trinken mehr zurückgehalten und dann und wann draußen frische Luft geschöpft.

Der Regimentszahlmeister, er reiste von Hannover nach Hameln, ließ sich früh am Morgen wecken. Die Pferde wurden gesattelt, das Packpferd beladen, und dann gings zum Wald hinauf, zur großen Hamelner Chaussee. Eine Zeit lang war noch Hufgeklapper zu hören, dann nichts mehr. Im Osten dämmerte ein regnerischer Morgen. Aber einige Dorfbewohner wollten an jenem Morgen doch noch etwas gehört haben: Rufen, Schüsse, Schreien, galoppierende Pferde. Es mag aber auch sein, daß sie das später, als das Raunen im Dorfe kein Ende nahm, nur geträumt haben und nach einiger Zeit für wahr hielten.

Als es an jenem Morgen hell wurde, begann im Dorfe überall das Tagewerk. Die Bauern fütterten das Vieh, versorgten ihre Wirtschaft in Stall und Hof wie alle Tage, und die Kinder gingen in die Dorfschule. Von einigen Scheunendielen hörte man das rhythmische Geklapper der Dreschflegel. In der Schmiede stand der alte Meister schon längst wieder am Amboß und ließ den Hammer klingen. Am nächsten Tag das gleiche. Am Abend des dritten Tages gab es Aufregung. Ein Einwohner aus dem Nachbardorf kam in die Schmiede und erzählte, man habe drei Pferde eingefangen. Der Bauermeister habe sie vorläufig in seinen Stall genommen, bis der Eigentümer sich melden würde.

Nach einer Woche traf eine halbe Schwadron im Dorf ein. Sie suchten etwas. Ein Offizier und sein Bursche mit drei Pferden und wichtigem Gepäck sollten verloren gegangen sein. Die durch viele Dörfer verfolgte Spur führte auch hierher. Das Durchsuchen dauerte den ganzen Tag. Der Alte vom Amboß wurde ins Kreuzverhör genommen, aber der hatte ein gutes Gewissen und seine Angaben blieben immer dieselben. Er war gänzlich unschuldig. Bei dem Gastwirt lagen die Dinge genauso. Endlich hörten die Durchsuchungen und Verhöre auf. Aber das Gerede im Dorf ging weiter. „De is eok me bi de Smiee wäsen, un de hat de Peere in'n Kreuger sienen Stall ebrocht. Ja, un de? De hat de Kriegskasse up'n Puckel von der Smiee na'r Wirtschaft esliepet! Un de, de schall den annern Morgen all so freuhe Licht in Stalle hat han!"

Nach Weihnachten war offenes Wetter. Der Schweinehirte des Dorfes trieb seine Herde zur Faselmast in den Wald hinauf. Gleich oberhalb der Hamelner Chaussee unter den mächtigen Eichen lagen gute Futterplätze. Als der Hirte einen Pulk Schweine auseinandertrieb, fand er da Uniformteile, zwei Tschakos, zwei Säbel und noch anderes mehr. Die Tiere hatten das Zeug unter den Eichen hervorgewühlt. Der Schweinehirte brachte die Funde ins Dorf. Der Bauermeister stellte sie sicher und schrieb eine Meldung. Man wollte ihn davon abbringen, aber er wollte sich den Buckel rein halten.

Im Dorf soll es an diesem Tag einen Mann gegeben haben, der in seinem Keller einen Sockelstein losmachte und dahinter eine Kiste mit blitzenden Talern versteckte. Ein anderer soll ziellos über die Felder geirrt sein und immer vor sich hingemurmelt haben: „Minsche, packe täa, süs geiht't dek eben säa!“ Das - so sagt man - hätten an jenem Morgen seine Kumpane ihm zugerufen, als er nicht mitmachen wollte.

Wieder gingen die Vernehmungen los. Häuser, Scheunen, Ställe, alles wurde durchsucht. In einem Kuhstall saß auf einem großen Neste die alte Gans und brütete 14 Eier aus. „Goos, sitte wisse, Goos, sitte wisse!“ soll der Hausherr gerufen haben. Es wurde nichts Verdächtiges gefunden. Aber die Leute sagen: Da speuket et huite noch.

(nach Gustav Gewecke)

Anmerkung: Art und Inhalt dieser Erzählung deuten darauf hin, daß es sich bei den Reitern um französische Soldaten aus der Napoleonischen Zeit gehandelt haben muß.

Der Doppelmord im Deister

Früh am Morgen waren der staatliche Hilfsförster Meyer aus Egestorf und der im Ruhestand lebende Haumeister Bode aus Wennigser Mark aufgebrochen, um in dem Jagdrevier oben im Deister nach Füchsen zu spüren. Gegen 10 Uhr wollten sie wieder daheim sein. Als der Förster am Nachmittag noch nicht zurück war, wurde seine junge Frau ungeduldig. Ebenso ging es dem Sohn des Haumeisters. Deshalb riefen sie einige Leute zusammen, um nach den Vermißten zu suchen.

Oben auf dem Kammweg trafen sie mitten auf dem Weg auf eine große Blutspur. Von da aus führte eine Schleifspur ins Dickicht, der sie sogleich folgten. Sie sahen zuerst die Hüte der beiden Vermißten auf den niedrigen Zweigen liegen und dicht daneben im Unterholz, verdeckt von Farn, deren Körper. Beide waren tot, niedergestreckt aus geringer Entfernung, der Förster mit drei und der Haumeister mit vier Schüssen. Ihre Taschen waren umgestülpt, Uhren, Ketten, Ringe und auch das Geld fehlten. Ihre Prismengläser, sowie der geladene Drilling des Försters, waren noch vorhanden.

Die Kriminalbeamten der Mordkommission Hannover trafen schon nach wenigen Stunden am Unglücksort ein und begannen mit den Ermittlungen. Sie fanden keine nennenswerten Kampfspuren, entdeckten aber, daß die tödlichen Schüsse aus einem Revolver abgegeben wurden. Daraus schlossen sie, daß es sich bei dem Täter nicht um einen Wilddieb handeln konnte. Dunkelrote Plakate wurden ausgehängt und die Bevölkerung zur Mithilfe bei der Fahndung aufgerufen. Belohnungen wurden ausgesetzt. Die Tagespresse griff den Fall immer wieder auf. Aber es fand sich keine Spur. Langsam fand man sich damit ab, daß der Mörder nicht zu finden war.

Einer aber, der Kriminalkommissar Ramberg vom Polizeipräsidium Hannover, gab sich mit den bisherigen Ermittlungen nicht zufrieden. Er folgerte, daß nur ein Verbrecher der Todesschütze gewesen sein konnte. Er begann nachzuforschen, welche Straftaten sich zur Tatzeit rund um den Deister erreignet hatten und ob diese in Zusammenhang mit dem Doppelmord stehen könnten: Ein Fahrraddiebstahl schied aus, weil es keine Radspuren gab. Zwei Landarbeiter aus Landringhausen, die unter dem Verdacht der Brandstiftung standen, kamen auch nicht in Frage. Ein am 11. August bei dem Versuch in Bad Nenndorf einen falschen 50-Mark-Schein umzusetzen, Festgenommener, machte den Eindruck eines geistig minderwertigen Mensch, außerdem wohnte er in Bückeburg. Er schied als Mörder auch aus. Ein Dieb, der am 12. August nachts in Eimbeckhausen eingebrochen war, kam als Mörder nicht in Frage, weil er nachweisen konnte, daß er mit dem Frühzug nach Hannover gefahren war. Ein weiterer Einbrecher, der bei einem Bauern in Springe einen Einbruchdiebstahl verübte hatte, konnte nachweisen, daß er nach der Tat nicht über den Deister, sondern direkt nach Hannover in seine Wohnung gegangen war.

Dann wurde eines Tages aus Peine ein bewaffneter Raubüberfall auf eine Mühle gemeldet. Der Müller hatte den Täter schwer angeschossen, so daß er festgenommen werden konnte. Der Verletzte, ein Pole, kam in ein Krankenhaus nach Hannover. Bei der polizeilichen Vernehmung sagte man ihm auf den Kopf zu, daß er der Deistermörder sei. Doch er bestritt das energisch. Nach längerem Verhör gab er jedoch an, den Täter zu kennen: der Pole Felix Dymkowski habe ihm gegenüber mit der Mordtat geprahlt. Außerdem kämen noch zwei weitere Landsleute in Frage. Der eine konnte nachweisen, daß er mit dem Mord im Deister nichts zu tun hatte, wußte aber, daß Dymkowski sich im Polenlager in Springe mit der Tat gerühmt hatte. Der andere wollte Felix Dymkowski nie gesehen haben. Als man ihn selbst als den Deistermörder bezeichnete, kannte er Dymkowski doch und gab an, daß sie im August zusammen in Lauenau „ein Ding gedreht“ und danach lange über den besten Heimweg gestritten hätten und Felix schließlich, weil er nicht die Landstraße benutzen wollte, allein mit seinem Rucksack über den Deister gegangen sei.

Nun suchte man nach Felix Dymkowski. In seiner Wohnung in Hannover war er nicht. Aber man fand viel Diebesgut und eine Mauser-Pistole mit noch zwei Patronen. Aus der Hannoverschen Unterwelt erfuhr man, daß Dymkowski mit falschen Papieren in seine polnische Heimat fliehen wollte. Schließlich verriet ihn seine Geliebte: „Heute nachmittag um 14,30 Uhr bin ich mit Felix auf dem Klagesmarkt verabredet.“ Das war die Chance! Großalarm bei der Polizei! Aus dem Gefängnis holte man den einen der beiden festgenommenen Polen, der Dymkowski kannte. Er mußte sich im Auto neben den Kommissar setzen.

Die Zeit verging. Es war schon 14,30 Uhr, aber Felix Dymkowski tauchte nicht auf. Noch fünf Minuten verstrichen. Da ging auf dem Bürgersteig ein Mann an dem langsam fahrenden Wagen vorbei, stutzte und wandte sich zur Flucht. Doch der Kommissar war schneller. Er stürzte auf den verdutzten Dymkowski zu und setzte ihm die Pistole auf die Brust. „Hände hoch!“ schrie er. Dymkowski war fassungslos. Nur mit Mühe konnte er die Hände hochheben. Seine einzigen Worte lauteten „Unschuldig festgenommen!“, einer seiner typischen Aussprüche. Zunächst bestritt er alles, was man ihm zur Last legte. Doch die bei den Toten gefundenen Kugeln stimmten mit dem Kaliber der in der Wohnung Dymkowskis sichergestellten Geschosse überein. Im weiteren Verlauf gab er dann den Einbruch in Lauenau zu und auch, daß er einen Komplizen hatte. Auf die Frage, warum er die beiden Forstleute erschossen habe, schrie er: „Ich? Niederknallen? Forstmänner? Weiß nix! Weiß absolut nix!“ Und auf die Frage, woher denn der bei ihm gefundene Revolver stamme, sagte er: „Ich nix Revolver. Freund hingelegt.“

Endlich, müde und mürbe geworden, gab Dymkowski zu, mit seinem Teil des Diebesgutes in der Morgendämmerung über den Deister gegangen zu sein. Da wären ihm zwei Männer begegnet, die ihm mit ihren Jagdgewehren „an den Kragen wollten“. Da sei ihm nichts anderes übrig geblieben, als sie in Notwehr zu erschießen, um sein eigenes Leben zu retten. Am nächsten Tag gab er zu Protokoll, er habe die beiden bei der Durchsicht seines Rucksackes erschossen und die Leichen in das nahe Gebüsch geschleppt.

Bei der Rekonstruktion des Geschehens am Tatort sagt Dymkowski aus, er habe auf dem Heimweg von Lauenau auf dem Deisterkamm zwei Männer getroffen, von denen einer eine grüne Uniform angehabt habe. Der hätte ihn gefragt, was er zu so früher Stunde in seinem Rucksack davontrage. Er habe geantwortet, der Inhalt des Rucksacks sei sein Eigentum. Die beiden hätten ihn dennoch gezwungen, den Rucksack zu öffnen. Daraufhin habe er ihn auf die Erde gelegt. Die beiden Männer hätten sich niedergebeugt, um den Inhalt zu untersuchen. In diesem Augenblick habe er die Pistole gezogen und beide mit mehreren Schüssen erledigt. Anschließend habe er sie ins nahe Gebüsch geschleppt, ihnen noch einen Fangschuß gegeben und ihnen die Uhren abgenommen. Felix Dymkowski mußte sich vor dem Schwurgericht in Hannover verantworten. Der Pflichtverteidiger versuchte den Kopf seines Klienten zu retten und die Tat als Totschlag darzustellen. Doch das Schwurgericht sprach Dymkowski „mit allen Stimmen“ des Mordes für schuldig und verurteilte ihn zum Tode. Das Urteil wurde einige Wochen später im Hof des Gerichtsgefängnisses zu Hannover vollstreckt.

(nach Busdorf)

Ein Findling mit den Namen und Daten der Ermordeten erinnert noch heute an dieses Verbrechen. Der Stein steht am Kammweg oberhalb von Egestorf auf dem Bröhn und trägt außer den Namen und Daten der Ermordeten folgende Inschrift:

IM STILLEN WALD
EIN ERNSTES WORT
VON BÖSER TAT
UND TREUE BIS ZUM TOD

Die Elten-Geschichte

Auf dem Wennigser Friedhof steht gleich hinter dem Eingang rechterhand ein etwa zwei Meter hohes, efeuumwachsenes Denkmal aus Deistersandstein. Es trägt auf der Vorderseite die Inschrift

HOFFEND AUF DIE HIMMLISCHE GERECHTIGKEIT
ÜBTE ER STERBEND DIE IRDISCHE

und erinnert an den Königlichen Jäger Eduard C. I. F. Elten, der 1835 von einem Wilddieb erschossen wurde. Das Denkmal zeigt über der Inschrift die Göttin der Gerechtigkeit mit der Waage. Am Fuße des Denkmals ist ein Hund zu sehen, eine Anspielung darauf, daß Eltens treuer Hund seinen Herrn so lange am Ort der Tat bewachte, bis man ihn gefunden hatte.

Ausschnitt
aus dem Entwurf
für das Elten-Denkmal,
das
Ernst von Bandel*
im Jahr 1835
geschaffen hat.

Die Rückseite trägt folgende Inschrift:

EDUARD C. I. F. ELTEN, KÖNIGL. JÄGER,
GESTORBEN IM WENNIGSER FORSTREVIER DEN 1. MÄRZ 1835.
ALS MENSCH ACHTUNGSWERTH UND LIEBENSWÜRDIG,
IM DIENSTE DURCH MUTH UND TÜCHTIGKEIT AUSGEZEICHNET
STARB ER IN SEINEM BERUFE IN DER BLÜTHE DES LEBENS
DURCH DIE KUGEL EINES WILDDIEBES,
DEM ER SELBST STERBEND DEN TOD GAB.

KAMERADEN, JAGDGENOSSEN UND FREUNDE ERRICHTETEN DIESES DENKMAL

Über den Hergang der Tat sind trotz der Inschrift immer wieder Zweifel entstanden, da es unglaubhaft erscheint, daß ein verwundeter Jäger noch die Waffe erheben kann, um einen gezielten Schuß auf seinen Mörder abzugeben. Nach Berichten älterer Einwohner stellt sich der Vorgang anders dar:

Es war für einen Forstbeamten schon immer nicht ungefährlich, einen Wilderer auf frischer Tat zu stellen. Ein Wilddieb namens Meyer aus Münder war ein sicherer und gefürchteter Schütze. Er und seine Freunde machten zu jener Zeit bei dem reichlichen Wildbestand im Deister „gute Geschäfte". Ihre Beute schafften sie mit einem Ponywagen nach Hannover und Hameln und verkauften sie dort. Den Jägern und auch dem Jägerhof in Hannover blieb dieses Treiben nicht verborgen. Die Regierung in Hannover setzte eine Belohnung von 300 Talern bei der lebendigen Ergreifung des Wilddiebes aus und außerdem eine größere Förderstelle aus, oder, bei Einbringung des toten Wilddiebes, 200 Taler und eine kleine Förderstelle. Der junge Elten fand sich bereit, der Wildererplage am Deister mutig entgegenzutreten. Es dauerte auch nicht lange, da überraschte er am Sandkopf den Wilddieb Meyer beim Aufbrechen eines Stückes Rotwild. Meyer forderte ihn auf, zurückzubleiben. Elten ging aber weiter und erhielt von Meyer einen Schuß in die Beine. Dabei erhob Elten seine Waffe. Als Meyer das sah, fürchtete er um sein Leben und gab einen gezielten Schuß ab, der tödlich war.

Andere Jäger, die die Schüsse hörten, begaben sich eilends in die Richtung, aus der sie gekommen waren und fanden den toten Elten. Meyer hatte sich inzwischen entfernt, wurde aber trotzdem von den Jägern aufgespürt und erschossen. Dann schleppten die Jäger den toten Meyer bis etwa 30 Meter an Elten heran und hinterließen dabei eine Blutspur. Zufällig in der Nähe mit dem Spalten von Bäckerholz beschäftigte Waldarbeiter hörten diese Schüsse, gingen auf die Suche, entdeckten die Blutspur und fanden Meyer und Elten. Die Förster mußten nun ihrer vorgesetzten Behörde einen Bericht geben. Da sie Meyer aber erschossen hatten, ohne daß er gerade dabei war, ein Stück Wild aufzubrechen, konnte die Angelegenheit nach damaligem Gesetz für sie ungünstig ausgehen. Sie wollten auch vor Racheakten anderer Wilddiebe sicher sein. Darum stellten sie den Sachverhalt so dar, wie er auf dem Mahnmal zu lesen ist. Und sie hatten es offensichtlich sehr eilig mit dem Denkmal. Es wurde noch im Todesjahr Eltens errichtet.

(nach Matthei, in: Deister-Leine-Zeitung 11. u. 12. Jan. 1922)

* Ernst von Bandel,geb. am 17. Mai 1800 in Ansbach , gest. am 25. September 1876 in Donauwörth auf der Rückreise von Italien, begraben auf dem Engesohder Friedhof in Hannover. Bandel hatte seine Werkstatt in der Eisenstraße in Hannover. Sein wohl bekanntestes und imposantestes Werk ist das Hermannsdenkmal (Gesamthöhe 53,5 m) im Teutoburger Wald bei Detmold.

Anmerkung: Auch am Sandkopf, wo der tote Elten gefunden wurde, erinnert ein Gedenkstein an den Königlichen Jäger und sein Schicksal. Über die Elten-Geschichte gibt es zwei Bilder. Sie werden, wie die Gewehre des Försters und des Wilddiebes, im Bomann-Museum in Celle aufbewahrt.

Der Unglückshof

Gegen Ende des Siebenjährigen Krieges lebte in der Nähe des heutigen Westerholzes in einer aus Lehmstein erbauten, mit Schilfrohr überdeckten Kate, Straubinger mit seiner Frau und seinen drei Kindern. Sie waren kleine Leute und hatten sich vordem durch die Erträgnisse ihrer kleinen Landwirtschaft zwar bescheiden, doch recht und schlecht ernährt. Der Krieg aber ließ sie in tiefe Armut geraten und die durchziehenden fremden Soldaten mit ihrem wilden Gebaren und ihrem schlechten Vorbild hatten aus dem einst rechschaffenen Manne einen Menschen gemacht, dem jedes Mittel recht war, wenn es ihm nur nutzte. Als abgefeimter Wilderer - der große Wildreichtum des Deisters verlockte ihn dazu - verfügte er über eine Menge Wildbret und Felle. Sein flinker Hundewagen war Tag und Nacht unterwegs, um an geheimen, vorher vereinbarten Plätzen, die verbotene Ware an den Mann zu bringen.

Eines Abends in der Herbstzeit - die Franzosen verließen kolonnenweise das niedersächsische Land - stürmte ein brausender Orkan über das Dach der kleinen Kate. Die Wände zitterten in ihren Fugen. Der schwachglimmende, als Beleuchtung dienende Kienspan zuckte gespenstisch auf und nieder. Da pochte es plötzlich am Haustor. Immer lauter und dringender klopfte es. Straubinger, der bis dahin im stumpfen Vorsichhinbrüten am offenen Herdfeuer gesessen hatte, sprang erschrocken auf, griff zum knorrigen Eichstock, ging auf die Dielentür zu und schob den Riegel vorsichtig zurück. Da trat ihm aus dem Halbdunkel der Vordiele in schimmernder Uniform ein fremdländischer Offizier entgegen, der flehentlich um Obdach bat. „Helft mir, liebe Leute, helft mir“, so sprach er hastig und sank erschöpft auf einen Binsenstuhl nieder. „Gönnt mir diese Zuflucht vor meinen Verfolgern, verbergt mich, rettet mich - an Geld und Gut soll’s euch nicht fehlen!“

Die Not des Flüchtlings rührte Straubinger und seinem Ehegemahl das Herz. Sie ließen den Fremden dableiben und versprachen, ihn niemals zu verraten und beschworen diese Aussage noch obendrein mit einem feierlichen Eide. Der arme Flüchtling hatte somit einen Unterschlupf und fiel bald darauf in einen tiefen und festen Schlaf.

Straubinger und seine Frau hingegen fanden in dieser Nacht nicht so bald Ruhe. Nicht ohne Gefallen musterte Straubinger des Offiziers Mantelsack mit gierigen Blicken. Wie wär’s, dachte er sich, wenn er den Fremdling dennoch verriete, dann würde ihm nicht nur ein Teil, sondern der gesamte Inhalt der Börse in die Hände fallen. Mit der Frage „wie wär’s?“ erwog der längst zum Gauner gewordene Mann alle Möglichkeiten und versuchte mit diesen Gedanken auch in die Seele seiner Frau einzudringen und ihre Zustimmung zu erhalten.

Die Stürme einer Unheil verkündenden Nacht brausten durch das herbstkahle Gezweig der über dem Dach der Kate sich ausbreitenden Eichen. Da erfolgte abermals ein wuchtig herrisches Klopfen am Haustor. Gleichzeitig hörte man Kommandoworte sowie das Schnauben und Stampfen von Pferden. Kein Zweifel - das waren die Verfolger! Und abermals schob Straubinger den schweren Türriegel zurück.

Schwarzbärtige Reiter mit stechendem Blick unterm blinkenden Küraß forschten in gebrochenem, reichlich mit niedersächsischen Kraftausdrücken gespickten Deutsch, nach dem flüchtigen Offizier und versprachen eine hohe Belohnung für seine Auffindung. In der Seele Straubingers wogte es unheimlich. Voller Unruhe kämpfte in ihm das bißchen Gute, das noch in ihm war, gegen die schnöde Habgier in seiner Brust. Die aber wuchs rasch lawinenartig an und gewann die Übermacht in ihm. Und er vertauschte die Gastfreiheit gegen klingenden Judaslohn.

Klirrend dröhnten die wuchtigen Stiefel der Kürassiere über die kleinpflastrige Diele, vorbei an dem noch glimmenden Herdfeuer, drangen sie mit wüstem Lärm in das drei Stufen höher gelegene kleine Schlafgemach ein und führten den Flüchtling heraus. Todesbleich folgte er seinen Häschern. Sie fesselten ihn an einen Baumstamm und, um das Ziel in der Dunkelheit nicht zu verfehlen, hefteten sie ihm eine brennende Laterne auf die Brust. Schon erhoben sich die Gewehrläufe, als er die beiden Straubinger wahrnahm. Mit lauter Stimme bat er um einen kurzen Aufschub der Vollstreckung. Man gewährte sie ihm.

„Kommt näher!“ rief er den beiden Verrätern zu. Mit schlotternden Knien, zitternd vor Furcht, traten ihm Straubinger und sein Ehegespons gegenüber. Und mit letzter Kraft verfluchte er die Leute, die ihr Versprechen so schmählich gebrochen hatten: „Euer Verrat wird nicht ohne Sühne bleiben“, rief er aus Leibeskräften. „So wahr ein Gott im Himmel ist, soll nie wieder Segen auf Euch und Eurer Arbeit ruhn. Kein Kind soll Euch gedeihn und Not und Sorge sollen lasten immerdar auf diesem ewig verfluchten Hofe!“

Die Gewehre krachen. Der Verratene hatte ausgelitten.

Die Verwünschungen des Offiziers aber erfüllten sich zusehends. Im Haus und auf dem Acker Straubingers ging alles einen Krebsgang. Zwei seiner Kinder starben, das dritte nahmen mitleidige Verwandte zu sich und sorgten für seine Erziehung. Die Ernten im Felde mißrieten, das Vieh ging ein und Jammer und Tränen netzten das kärgliche Brot der beiden Leute.

Da zog eines Abends im Monat Juli ein schweres Unwetter über die Deistergegend und hüllte auch das Westerholz in eine undurchdringliche Staubwolke, aus der hie und da schwefelgelbe Blitze niederzuckten. Schlag auf Schlag rollten die Donner. Ein einsamer Wanderer, der sich zu der Zeit auf dem Heimweg befand, wollte während dieses Wetters am Westerholz Feuerschein bemerkt haben. Am andern Tage brachte der Kuhhirt die Nachricht ins Dorf, daß der „Unglückshof“, wie ihn der Volksmund inzwischen nannte, mitsamt seinen Bewohnern verschwunden sei. Um einen Haufen Asche winsele ein schwarzer Hund und kläffe . . . .

(nach Matthei)

Der Geldhof

Es war zur Franzosenzeit. Da zog einmal ein französischer Kriegswagen durch Goltern, auf dem sich die wohlgefüllte Kriegskasse befand. Ein Offizier und mehrere Soldaten bewachten ihn.

Die Einwohner von Goltern beäugten den gut bewachten Wagen mit viel Neugier. Ein Bauer aber, der erfahren hatte, was er in seinem Inneren barg, fand keine Ruhe, und er nahm sich vor, die Kriegskasse zu rauben. Er dingte sich einen Kumpanen, und die beiden schlichen in der kommenden Nacht zuerst zu dem im Hause einquartierten Offizier und töteten ihn im Schlafe. Gleich danach gingen sie auf leisen Sohlen zu dem Wagen, überrumpelten die wachhabenden Soldaten und metzelten auch sie nieder. Daraufhin nahm der Bauer den Kriegsschatz an sich.

Die Beute, mit der er große Schuld auf sich geladen hat, sollte ihm aber kein Glück bringen, denn der Geist des ermordeten Offiziers ist geblieben: Seitdem erschien um die Mitternachtsstunde ein Schimmel auf dem Hof, scharrte mit den Hufen und blickte wiehernd über die halbgeöffnete Tür ins Haus. Da diese Erscheinung kein Ende nahm, überkam die Bewohner des Hauses mit der Zeit große Angst, und niemand wollte mehr darin wohnen. So sind sie schließlich alle ausgezogen, aber keiner weiß, wohin.

(nach Bock)

Der Schimmelreiter von Goltern

In der Franzosenzeit, als die Dörfer rund um den Deister von den Kaiserlichen besetzt waren, mußten unsere Vorfahren alle möglichen Schikanen ertragen und gute Miene zum bösen Spiel machen. Da kam es schon vor, daß hier und da einmal ein Franzose verschwand und keiner wußte, wo er geblieben war. Seine Freunde suchten ihn dann überall und durchkämmten manches Haus und manche Scheune. Aber es war nichts herauszukriegen.

Nun lag auf einem Hof in Goltern ein französischer Offizier schon längere Zeit im Quartier. Da die Bewohner die Last nicht mehr ertragen wollten, machten sie dem unliebsamen Gast eines Tages den Garaus. Den Leichnam verscharrten sie irgendwo in der Feldmark. Genaueres weiß man darüber nicht, aber es wird erzählt, daß es von der Stunde an auf dem Hof nicht mehr geheuer war. Zu gewissen Zeiten erscheint um die Mitternachtsstunde der Ermordete und reitet mit lautem Getöse auf einem Schimmel im Haus umher. Die Bewohner des Hofes packt dann große Angst, und sie verstecken sich unter ihren Betten, denn niemand wagt es, dem unheimlichen Gast zu begegnen.

(nach Meier, Goltern)

Der herrenlose Schimmel

Zu der Zeit, als die Franzosen unser Gebiet besetzt hatten, gab es für die Bauern in Nenndorf und Umgebung nichts zu lachen. Sie mußten hohe Abgaben leisten, die auch mit Gewalt eingetrieben wurden. Als die Bauern sich deshalb beim französischen Kommandanten in Nenndorf beschwerten, ließ er sie zwar vor. Er hörte sie an, wies sie dann aber kurz ab. Darüber waren sie verärgert, und gebessert hat sich auch nichts. Deshalb schworen sie ihm Rache.

Als nun der französische Kommandant von Nenndorf aus auf seinem Schimmel wieder einmal nach Bantorf zu über Land ritt, versteckten sich die Bauern im Gebüsch und warteten, bis er zurückkam. Es wurde späte Nacht. Ein Bauer, der als Posten aufgestellt war, sprach den Kommandanten freundlich an und grüßte ihn. Der Kommandant, nichts Böses ahnend, bat den freundlichen Mann, ihm doch den kürzesten Weg nach Nenndorf zu zeigen. Das tat der nur zu gern, ja, er bot ihm sogar an, ihn ein Stück zu begleiten, damit er den rechten Weg nicht verfehle. Er führte den Franzosen aber direkt in das Versteck der Bauern. Als die den Schimmel mit seinem Reiter durch die Nacht daherkommen sahen, krochen sie aus ihrem Hinterhalt, umstellten beide und stachen auf den Kommandanten ein, bis er tot vom Pferd fiel. Danach verscharrten sie die Leiche. Dem Schimmel gaben sie einen Schlag in die Flanke, daß er davon trabte.

Ein Wanderer, der bald darauf um Mitternacht des Weges kam, sah plötzlich einen herrenlosen Schimmel neben sich, der wiehernd den Kopf hob und senkte, als ob er etwas suche. Kam ein Fuhrwerk um Mitternacht des Weges gefahren, blieben die Pferde stehen, sobald sie den Schimmel witterten und waren durch nichts zum Weitergehen zu bewegen. Mit dem ersten Glockenschlag des neuen Tages verschwand der rätselhafte Spuk, und die Pferde zogen wieder an. Die Leute aber mieden diesen Weg noch lange.

Was man sich über bedeutende Personen erzählt

- Legenden und Wirklichkeiten -

Ein Prinz als Mönch - Prinz Waldemar von Dänemark in Hamelspringe -

Im frühen 13. Jahrhundert weilte oft ein geheimnisvoller Mönch aus dem Kloster Loccum in Hamelspringe. Es war Prinz Waldemar von Dänemark, dem eigentlich das Anrecht auf die dänische Krone zustand. Er bewohnte da im Turm, der später nach ihm 'Waldemarsturm' hieß, eine Kammer.

Prinz Waldemar wurde im Jahr 1157 geboren, kurz nach der Ermordung seines Vaters, des Dänenkönigs Knut V. durch seinen Vetter Grathe. Es war eine Zeit voller politischer Wirren und Thronkämpfe in Dänemark. Mehrere Herrscher wechselten kurz hintereinander ab. Intrige und Mord waren an der Tagesordnung. Als er herangereift war, hoffte man, ihn von seinen Thronansprüchen abzuhalten, indem man ihm das Bistum Schleswig übertrug. Prinz Waldemar wurde also Bischof. Die Chroniken berichten, daß er im Jahre 1192 aber doch Ansprüche auf die dänische Krone erhob und sich sogar als rechtmäßiger dänischer König ausgab. Während der sich daraus ergebenden Machtkämpfe wurde Waldemar gefangengenommen und erst im Jahre 1206 wieder freigelassen, nachdem er seinen Gegnern versprochen hatte, künftig die Nähe Dänemarks zu meiden. Das Bremer Domkapitel wählte ihn zum Erzbischof. Der Papst aber versagte ihm auf Betreiben seiner mächtigen dänischen Gegner die Zustimmung, doch in der daraus folgenden Auseinandersetzung zwischen weltlicher und kirchlicher Macht fand Waldemar die Unterstützung bei dem deutschen König Philipp. Auch die Bremer und die Stedinger hielten zu ihm, als ihn der Bann des Papstes traf. Als der Nachfolger Philipps, Kaiser Otto IV., ein Welfe, sich mit dem Papst weiter zerstritt, wurde Waldemar Bundesgenosse des Kaisers und blieb bis zum Jahre 1217 als deutscher Erzbischof im Range eines Fürsten an der Regierung. Nun verteidigte er die deutschen Interessen gegen das Vordringen dänischer Macht unter Waldemar II. Nach 1217 änderten sich die Machtverhältnisse wieder, und Waldemar verlor die Unterstützung der Bremer und Stedinger. Er resignierte, gab alle seine Ämter auf und zog sich als Mönch in das Kloster Loccum zurück. Aus der engen Klosterzelle trieb es ihn immer wieder hinaus in die Fluren und Wälder der Umgebung, wo er nach einem ruhelosen Leben inneren Frieden suchte. Besonders die Einsamkeit des Süntels und Hamelspringes hatten es ihm dabei angetan.

Als Waldemar starb, bettete man ihn zur letzten Ruhe in der Klosterkirche zu Loccum, seine rechte Hand aber, seine Schwur- und Schwerthand, nahm man ihm vorher ab und mauerte sie in einem Turm des Klostergutes ein. Die genaue Stelle kennt heute keiner mehr. Warum man das tat, weiß heute so genau auch niemand mehr. Die einen meinen, es sei die späte Rache der Kirche, weil Waldemar zum Kaiser und nicht zum Papst gestanden hatte, andere erzählen die Geschichte von einem Rock Christi: Danach soll Waldemar, als er sich von seinem hohen Amte als deutscher Erzbischof als Mönch nach Loccum zurückzog, den ungenähten Rock Christi, die kostbarste Reliquie des Bremer Domes, mit sich genommen haben. In der Nähe seiner engen Klosterzelle verbarg er die heilige Kostbarkeit in der Mauer der Klosterkirche. Die Stelle, wo das geschah, ist bis heute ein Geheimnis, das Waldemar mit ins Grab nahm.

(nach Meissel)

Der letzte Rottorf

Es ist viele hundert Jahre her, da saß auf dem Schloß zu Hülsede ein hartes, herrschsüchtiges, fehdelustiges, weit und breit als Raubritter bekanntes und gefürchtetes Geschlecht, die Herren von Rottorf. Doch niemand konnte ihnen etwas nachweisen, denn sie ritten nur zur Nachtzeit aus. Ihren Pferden hatten sie die Hufeisen verkehrt untergeschlagen, so daß keiner sehen konnte, ob sie nun hinein- oder hinausgeritten waren. Das konnte auf Dauer nicht gut gehen.

Nun hatte eines Tages Graf Adolf von Schaumburg alle Edlen zu einem Bankett auf die Schaumburg geladen, auch den von Rottorf aus Hülsede. Das Gelage dauerte bis tief in die Nacht. Da saßen die edlen Herren bei Becherklang und Würfelspiel im Rittersaal dem Grafen gegenüber. Plötzlich sprang dieser auf und rief: „Du spielst falsch, Rottorf!“ Der entlarvte Ritter erbleichte und verließ mit haßerfülltem Blick den Saal.

Als Graf Adolf am nächsten Tage mit seinem Gefolge nach Bückeburg zurückzog, schoß man aus dem Hinterhalt auf ihn. Der Verdacht fiel sogleich auf den Rottorf, der, auf seine feste Burg in Hülsede vertrauend, den Verdacht nicht einmal von sich wies. Da rückte der Landesherr mit seinen Knechten vor die Burg Hülsede. Auf der Klippenburg, einer kleinen Anhöhe, stellte er seine Kanonen auf. Er ließ die Burg so hart beschießen, daß Rottorf sich ergeben mußte. Großzügig gewährte Graf Adolf ihm und seiner Familie freien Abzug in die Fremde, wo er 1584 gestorben und fern der Heimat begraben ist. Aber er fand keine Ruhe im Grabe.

Wenn Hülsede in hellen Vollmondnächten in tiefer Ruhe lag, geschah es, daß die Mägde plötzlich aufschreckten. Mit Zittern vernahmen sie das Rasseln einer schweren Rüstung und das Klirren der Sporen. Ängstlich hüllten sie sich dann in ihre Decke, denn sie wußten: er ist wieder da, der alte Rottorf, schreitet durch die Gänge und steigt über die steinernen Wendeltreppen seiner Burg. Wenn die hohe Gestalt des längst verstorbenen Ritters über den Burghof ging, öffnete sich geräuschlos die Tür des Pferdestalles. Die Pferde schnaubten aufgeregt. Die Pferdeknechte wurden wach. Mit Grausen sahen sie, wie der Rottorf ihnen zuwinkte, sein Roß zu satteln. Beim ersten Glockenschlag des nahen Kirchturms verschwand der Spuk.

Ein großes Epitaph in der Kirche St. Aegidi in Hülsede erinnert an den „Edlen, Gestrengen unt Ernvesten Claves von Rottorf, Anno 1559 . . .“ und an seine liebe Hausfrau, die „Edle unt Vieltugsame Armgardten . .“. Adolf von Rottorf, die vermeintliche Spukgestalt, findet als letzter Rottorf in der Kirchenrechnung Erwähnung. Anno Domini 1584, als das Geschlecht erlischt, trägt der Pfarrer ein:

> Item von Adolfs von Rottoppfs freundschaften ist seligen Adolfs Klepper, so fast alt und steif gewesen, und Sabel und Zaun an die Kirche gegeben und zu Hameln verkauft für 13 Dal.

(in Anlehnung an Meissel)

Jöbstken von Hülsede - Schutzgeist der Redlichen -

Als das Geschlecht derer von Rottorf im Jahr 1584 ausstarb, belehnte Graf Adolf XVII. seinen Drosten Hermann von Mengersen mit dem Rittergut in Hülsede und Schmarrie. Der war ein tüchtiger Mann der Verwaltung. Sein Sohn Jobst, das 'Jöbstken von Hülsede', folgte ihm im Alter von 24 Jahren im Jahre 1594. Auch er war ein tüchtiger Verwalter. Er kümmerte sich nicht nur um seine Ländereien, sondern ließ auch die Weser, die sich zwischen Fischbeck und Hessisch Oldendorf in mehrere Arme teilte, in ein festes Bett dämmen. Dadurch schuf er ein Gebiet mit fruchtbarem Ackerboden. Überhaupt - seine ganze Lebenskraft galt weniger dem eigenen Wohl, als dem seiner redlichen Untertanen. Jöbstken von Hülsede starb im Jahre 1621. Bald schon entstanden Sagen, die sein segensreiches Wirken über seinen Tod hinaus bewahrten:

Der alte Edelmann wurde zum Schrecken aller faulen und diebischen Dienstleute. Wenn der Stalljunge morgens nicht aufstehen wollte, um die Pferde zu füttern und zu striegeln, schleuderte Jöbstken ihn am Schopfe aus dem Bette. Knechte und Tagelöhner, die sich an fremdem Eigentum vergriffen, wurden durch sein Poltern und Rumoren verjagt und Obstdiebe, die nachts in den Schloßgarten eindrangen, sahen plötzlich Jöbstken in der Nähe. Entsetzt ließen sie dann die gestohlenen Früchte fallen und stürzten davon. Wenn sie dann am nächsten Tage voll Angst an Jöbstkens Sarg traten um Abbitte zu tun, bemerkten sie, daß eines seiner Beine aus dem Sarge herausragte. So oft man es auch wieder hineinzwängte und den Sarg verschloß, so oft hing es am nächsten Tage wieder heraus: Jöbstken war wieder unterwegs gewesen. Nachts wurde er mitunter am Weserufer zwischen Fischbeck und Oldendorf gesehen. Dort wandelte er, umtanzt von Irrlichtern, um sein segensreiches Werk vor ruchloser Hand zu schützen.

So wirkt Jöbstken von Hülsede noch jahrhundertelang als segensreiches Schreckgespenst. Sein einbalsamierter Leichnam ruhte aber in Wirklichkeit nicht in der Kirche St. Aegidii in Hülsede, sondern im Kloster Fischbeck bis zu dessen Restaurierung.

Und noch heute soll er sich hin und wieder durch Poltern und Rumoren in Erinnerung bringen.

(nach Meissel)

Der Tod des Otto von Münchhausen
nach einer Hochzeitsfeier Anno 1600

Börries von Münchhausen war der Stammvater der Münchhausen in Apelern. Nach seinem Tode im Jahre 1563 übernahmen seine Söhne Klaus und Otto das nahegelegene Amtsschloß Lauenau, welches bereits über zehn Jahre im Pfandbesitz des Börries von Münchhausen gewesen war. Während Klaus von Münchhausen nach dem Vorbild seines Vaters mehr Interesse am Kriegshandwerk zeigte und an Feldzügen in den Niederlanden und in Frankreich teilnahm, war Otto ein beschaulicherer Typ. Er zog als 'Kavalier' durch England, Frankreich und Italien und lernte beim Marburger Landgrafen höfische Sitten. Im Jahre 1587 kehrte er in die Heimat zurück und heiratete die zweite Tochter des Heinrich von Saldern. Sie verstarb jedoch schon drei Jahre später, nachdem sie drei Kinder geboren hatte. Ihr Grabstein steht in der Kirche zu Apelern. Otto ehelichte darauf die Tochter des Celler Jägermeisters von Fronhorst. Er war ein gläubiger Mann, las immer wieder die Heilige Schrift und füllte ganze Bücher mit Bibelsprüchen und Gebeten. Aber trotzdem ereilte ihn ein Schicksal, das nicht im geringsten seinem Wesen entsprach.

Im Jahre 1600 feierte der Eimbeckhäuser Schloßherr Claus von Haus mit der Tochter des hessischen Herrn von Plesse auf dem Haus'schen Burglehen zu Wunstorf eine große Hochzeit. Otto von Münchhausen amtierte als Festmarschall und schritt nach Beendigung der Tafel, als das Konfekt aufgetragen wurde, den Dienern voran. Bei dieser Zeremonie kam ihm ein Knecht in die Quere, der nicht ausweichen wollte. Otto schickte ihn mit barschen Worten zu Seite. Am darauffolgenden Tage kam dieser Knecht mit seinem Herrn und einem anderen Junker in Otto von Münchhausens Quartier, um ihn zur Rede zu stellen. Münchhausen rechtfertigte sich mit den Worten: „All die dergleichen Ämter schon bedienet, können bezeugen, daß er dem Knecht nicht zuviel getan."

Um weiteren Auseinandersetzungen auszuweichen, wollte Otto vom Hof fahren und ließ anspannen. Sein Kontrahent jedoch hielt ihn auf und forderte ihn zum Duell. Dem durfte Otto von Münchhausen sich nicht entziehen. In dem Zweikampf erlitt er eine scheinbar ungefährliche Verletzung am Arm. Danach reiste er heim. Doch nach kurzer Zeit stellte sich Wundfieber ein. Er starb fünf Wochen später, kaum vierzigjährig, doch ganz gefaßt: „Wenn Gott will, ich bin bereit." Er wurde in Oldendorf, dem heutigen Hessisch Oldendorf, bestattet. Im Innern des Lauenauer Schlosses Swedesdorf, dessen Erbauer Otto von Münchhausen war, erinnert ein wappengeschmückter Kamin an ihn und seine beiden Gemahlinnen. Eine Inschrift am Nebenflügel des Schlosses zeugt von seinem Geist:

„Gewalt, Geld und Gunst
bricht oft Recht, Treu und Kunst."

Eine Erinnerung an Christian von Münchhausen in Heuerßen

An der Südseite der Kirche zu Heuerßen befindet sich ein schlichter Denkstein mit dem Bild eines Ritters. Das Steinbild ist dem Junker Christian von Münchhausen gewidmet, über dessen Ende in der Lindhorster Chronik zu lesen ist:

Es war im Spätherbst des Jahres 1643. Die Grafschaft Schaumburg hatte unter dem Schrecken des Dreißigjährigen Krieges schwer gelitten. In allen Orten herrschte bittere Armut. Schlimm sah es in Lindhorst aus. Hier hatten Freund und Feind lange Zeit arg gehaust. In Remeringhausen konnte kaum ein Hof der Gutsherrschaft noch die fälligen Abgaben entrichten. Besonders getroffen hat es Hans Suhrens Hof *(heute Nr. 10)*, auf dem seine Witwe mit ihren beiden erwachsenen Söhnen wohnte.

Schon wiederholt waren die hörigen Hofleute zur Leistung der rückständigen Pflichten gemahnt worden, doch immer vergebens. Endlich entschlossen sich die Junker Christian und Achatius von Münchhausen, mit Gewalt ein Pfand zu entnehmen. Eines Abends kamen sie mit fünf Knechten auf Suhrens Hof. Es heißt, daß sie dort „gehauen und gestochen“ haben. Sie fanden heftigen Widerstand, dennoch gelang es ihnen, eine Kuh wegzuführen. Da reizte die Mutter ihre Söhne und einen Krämergesellen zur schleunigen Verfolgung. Die Leute vom Herrenhof flüchteten und ließen die gepfändete Kuh zurück. Am Ausgang des Dorfes holte der älteste Sohn, Hermann Suhren, den Junker Christian ein. Dieser wollte seinem Verfolger dadurch ausweichen, daß er über den Graben sprang. Dabei versetzte ihm Hermann mit einer langen Forke einen Stich in den Kopf, so daß er bald darauf starb. Sein Leichnam wurde in der Grabkapelle der Heuerßer Kirche beigesetzt. Aus Furcht vor Strafe flüchtete die Witwe Suhren nach Sachsenhagen, woher sie stammte. Am folgenden Osterabend brannte Suhren Hof nieder. Über das Schicksal des Mörders ist nichts aufgezeichnet worden.

Die Münchhauseneiche

An den Ausläufern des nordwestlichen Süntels liegt zwischen Pohle und Antendorf das Gut Nienfeld, das lange Zeit zum Besitz der Familie von Münchhausen in Apelern gehörte. Vom Gut aus führte ein Laubengang zum Südholz, in dessen Mitte eine gewaltige hohle Eiche stand und in ihrem Inneren mehreren Personen Platz bot. Die Öffnung zu dem Versteck befand sich zwischen den Ästen. Die Sage erzählt, daß dieser Baum in der Zeit, als die Franzosen unter ihrem Kaiser Napoleon das Land besetzt hielten, einem Münchhausen als Versteck gedient hat.

Damals lebte auf dem Schloß zu Apelern der Freiherr Franz Carl von Münchhausen. Er war von guter deutscher Gesinnung und scheute sich nicht, diese auch öffentlich zu äußern. Deshalb mußte er außer Landes fliehen. Zunächst versteckte er sich für längere Zeit in der hohlen Eiche zu Nienfeld. Sein treuer Hund saß neben dem Baum und hielt Wache. Sobald das Tier Feinde witterte, knurrte es leise und sprang zu seinem Herrn hinunter. Nur des Nachts verließ der Freiherr sein Versteck, um auf dem nahen Gute zu essen und zu schlafen. Schließlich stellten die Feinde die Verfolgung ein, weil sie meinten, daß der Herr von Münchhausen bereits entkommen sei. So konnte Franz Carl von Münchhausen es nach einiger Zeit wagen, die Flucht fortzusetzen. Glücklich erreichte er nach mehreren Wochen Wien. Sein Versteck heißt seitdem im Volksmund die Münchhauseneiche.

(nach Meissel)

Der steinerne Tisch derer von Münchhausen

Im Südholz bei Nienfeld steht unter hohen Buchen der 'steinerne Tisch'. Da saß gern Alexander von Münchhausen, der letzte Sproß des Hauses Apelern und Nienfeld, wenn er auf seinem Gute in Nienfeld weilte. Alexander ist der bekannte hannöversche Minister, der 1866 nach der Schlacht bei Langensalza im deutsch-preußischen Krieg einen letzten Versuch unternahm, die Annektion des Königreichs Hannover durch Preußen und die Auflösung des Deutschen Bundes zu verhindern. Das Volk erzählt, er hätte Bismarck wegen der schroffen Ablehnung sogar zum Zweikampf aufgefordert. Der habe aber abgelehnt. Da sich Alexander von Münchhausen mit der Neuordnung der deutschen Verhältnisse nicht anfreunden konnte, lebte er fortan zurückgezogen auf seinem Gute in Apelern.

Der steinerne Tisch

Es wird auch erzählt, daß am steinernen Tisch zur Nachtzeit oft ein unheimlicher Gast sitzt. Es soll der ruhelose Geist eines Münchhausen sein, der dort einst mit einem Knecht in Streit geriet. Da der Knecht sich seinem Herrn hartnäckig wiedersetzte, zog der Edelmann sein Schwert und stieß ihn nieder. Der Knecht war auf der Stelle tot. Sein Mörder aber muß zur Sühne so lange mit dem Kopf unterm Arm durch das Südholz wandern, wie noch ein Baum steht, der Zeuge dieser Bluttat war. Knechte und Mägde wollen den Mann ohne Kopf gar oft bald hier, bald da, gesehen haben, und nur ungern gehen die Leute nach Sonnenuntergang durch das Südholz, um ihm nicht zu begegnen.

(nach Meissel)

Was die von Münchhausen
zum Überleben der Süntelbuche beitrugen.

Die Süntelbuche wird im Volksmund auch Krüppelbuche genannt, ihr botanischer Name ist 'fagus sylvatica tortuosa suntalensis'. Ihre ursprüngliche Heimat ist, wie ihr Name schon andeutet, der Süntel. Hier wuchs sie einzeln oder in Gruppen, und ihr Geäst bildet weit ausladende, bis zur Erde reichende Verzweigungen. Der Baum ist heute vom Aussterben bedroht. Auf der Westeregge zwischen Hülsede und Raden gab es um die Mitte des vorigen Jahrhunderts einen ganzen Wald davon. Der störte die damaligen Waldbesitzer, und weil auch kein Handwerker mit dem verdrehten und krüppeligen Holz etwas anfangen konnte, holzten sie das ganze Areal im Jahre 1643 ab, verkokten die dickeren Äste so weit es ging und brannten den undurchdringlichen Rest an Ort und Stelle nieder. Sie ahnten nicht, daß sie damit ein einmaliges Naturvordenkmal vernichteten. Nur der damalige Landdrost schien die Bedeutung dieses Krüppelwaldes erkannt zu haben. Er bemühte sich vergeblich um die Erhaltung wenigstens eines kleinen Teiles dieses Süntelbuchenareals.

Daß die Süntelbuche dennoch nicht ganz ausgestorben ist, verdanken wir u. a. der in der ganzen Gegend reich begüterten Familie von Münchhausen. Ihre Mitglieder liebten den eigenartigen Baum, der, einzeln stehend, zu herrlichen Exemplaren heranwächst, und betrachteten ihn als etwas Besonderes. So kam es, daß es in der Familie von Münchhausen Brauch wurde, einer Frau, die heiratete und das Haus verließ, eine Süntelbuche mitzugeben. Der Baum fand dann in der Regel im Park ihres neuen Zuhauses seinen Platz. Damit sorgte die Familie von Münchhausen auf ihre Weise für die Erhaltung der Süntelbuchen und für ihre Verbreitung über ganz Deutschland. Als Einzelbaum steht sie in vielen alten Parkanlagen von Gütern, Herrensitzen, Amtssitzen und Schlössern. Ein besonders schönes Exemplar ist im Gutspark der Familie von Lenthe in Lenthe zu bewundern.

Die unglückliche Prinzessin: Sophie Dorothea in Lauenau

Kinder fürstlichen oder königlichen Geblütes haben es oft schwer, wenn es ans Heiraten geht. Was heute jedoch dank der bunten Medien oft eher wie ein Possenspiel aussieht, war in alten Zeiten oft eine bittere Tragödie. Eine solche Tragödie überschattete vor rund 400 Jahren den englischen Thron, als Kurfürst Georg Ludwig von Hannover als Georg I. zum ersten König von Großbritannien aus dem Hause Hannover avancierte. Er lebte zu diesem Zeitpunkt mit seiner hannoverschen Mätresse zusammen. Von seiner Gemahlin, der Prinzessin Sophie Dorothea aus dem Hause Lüneburg-Celle, war er zu diesem Zeitpunkt schon seit zwanzig Jahren geschieden. Zur Vergessenheit verurteilt lebte sie in einsamer Verbannung mit einem kleinen Hofstaat, gut bewacht, in Ahlden. Eine wichtige Station auf ihrem Wege vom Königsschloß in Hannover zu ihrem Verbannungsort Ahlden war das Amtsschloß in Lauenau.

Im Sommer des Jahres 1694 trieb man dort in aller Eile Bauarbeiten voran. Das Wasserschloß erwartete eine adelige Gefangene, die Kurprinzessin Sophie Dorothea, Gemahlin des hannnoverschen Kronprinzen Georg Ludwig. Die Toreinfahrt wurde verstärkt, eine Wachstube entstand, einige Räume erhielten neue Öfen. Man hatte es verheimlichen wollen, aber in dem kleinen Flecken ließ sich der Zuzug des prominenten Gastes nicht verbergen. Anlaß zu diesem unfreiwilligen Aufenthalt in Lauenau war das Liebesverhältnis der Prinzessin zu dem seinerzeit berühmten Soldatenführer Christoph von Königsmarck aus einem bekannten schwedischen Geschlecht. Die Königsmarcks hatten nach dem Dreißigjährigen Kriege in Deutschland Fuß gefaßt, als die Erzstifte Bremen und Verden und noch andere deutsche Länder zur schwedischen Krone gehörten. Sophie Dorothea kannte den fast gleichaltrigen Grafen schon aus frühen Jugendtagen am Celler Hof. Ein Liebesverhältnis entwickelte sich daraus aber erst etliche Jahre später, als die unglückliche Prinzessin immer mehr erkennen mußte, daß ihr fürstlicher Gemahl, Vater ihrer zwei Kinder, sie eigentlich nur als Alleinerbin des Hauses Lüneburg-Celle geheiratet hatte und daß sie ihm persönlich menschlich völlig gleichgültig war. Noch schlimmer: In aller Öffentlichkeit bekannte sich der Kurprinz nach wie vor zu seiner Mätresse.

Mit aller Macht wollte Sophie Dorothea aus dieser qualvollen Situation herauskommen. Man plante die Flucht. Alles war vorbereitet. Am 1. Juli 1694 sollte es so weit sein. Im letzten Augenblick wurde der Plan verraten. So kam die Kurprinzessin am 2. September 1694 unter strenger Bewachung über den Deister nach Lauenau. Hier wartete sie auf die Entscheidung über ihr weiteres Schicksal. Das traf ein eigens ins Amtsschloß einberufenes Ehegericht. Weil sich die Prinzessin einem weiteren Zusammenleben mit ihrem Gemahl verweigerte, schied es die Ehe am 28. Dezember wegen böswilligen Verlassens und wegen beabsichtigter Flucht. Es verbot der Prinzessin eine Wiederheirat. Nicht zu verantworten brauchte sie sich trotz zahlreicher Beweisstücke wegen ihres Liebesverhältnisses zu Königsmarck. Das hatte seinen Grund. Am 1. Juli 1694 war Königsmarck* unter mysteriösen Umständen verschwunden und niemand wußte, was geschehen war. Es heißt, vier Männer hätten ihm am Abend dieses Tages im Leineschloß in Hannover aufgelauert, und Augenzeugen wollen gesehen haben, daß ein mit Steinen beschwerter Sack in die Leine geworfen wurde. Ein Zusammenhang zwischen dem Verschwinden Königsmarcks und der Scheidung wurde auf diese Weise offiziell vermieden.

Der unfreiwillige Aufenthalt Sophie Dorotheas in Lauenau dauerte bis Anfang Februar 1695. Dann wies ihr Georg Ludwig das alte Jagdschloß in Ahlden an der Aller als Wohnsitz zu. Dort lebte sie mit einem kleinen Hofstaat und unter ständiger Bewachung in einem kleinen Umkreis von wenigen Dörfern bis zu ihrem Tode.

Auch nach ihrem Tode erlosch der Haß ihres Gatten noch nicht. Beigesetzt in Ahlden, dem damals gottverlassenen Niederungsgebiet, in dem Aller und Leine zusammenfließen, sollte sie ganz in Vergessenheit geraten. Das Schicksal wollte es anders: Zum Zeitpunkt ihres Begräbnisses stand das ganze Land um Ahlden unter Wasser. Eine Beisetzung war völlig unmöglich. Ihr Leichnam wurde also einstweilen in die elterliche Begräbnisstätte, die Celler Fürstengruft, verbracht. Dort liegt sie zwischen den Prunksärgen anderer Familienmitglieder bis zum heutigen Tage, denn nur kurze Zeit nach ihr starb auch Georg I. von Großbritannien auf seiner letzten Reise von London ins heimatliche Hannover. Noch heute legen hin und wieder Besucher eine Rose auf ihren schlichten Sarg.

Ihre beiden Kinder, ihren Sohn, der als Georg II. seinem Vater auf dem englischen Thron folgte, und ihre Tochter Friederike, die Königin von Preußen und Mutter von Friedrich II. (Friedrich der Große) wurde, hat Sophie Dorothea nie wieder gesehen.

(Lit.: Morand, Redman, von Oppeln, Schnath)

Sophie Dorothea

Georg I. von England

* Die Nachforschungen des hannoverschen Historikers Georg Schnath haben ergeben, daß Königsmarck beim Betreten des Leineschlosses von vier gedungenen Personen gestellt wurde. Ob sie ihn umbringen oder nur festnehmen sollten, läßt sich nicht mehr ermitteln. Mit den vier Gegnern, dem Oberkammerjunker Klencke, dem Hofmeister von Eltz, dem Kammerjunker von Stubenvoll und dem Grafen Nicolò Montalban kam es zum Kampf. Königsmarck unterlag der vierfachen Übermacht. Schnath stellt fest „daß die Gräfin Platen (die ‘regierende’ Mätresse des Kurfürsten Ernst-August, welche sich von Königsmarck verschmäht fühlte) die Knoten der Intrige geschürzt hatte, wurde von der Kurprinzessin Sophie Dorothea vermutet und ist mit großer Wahrscheinlichkeit richtig.“

Amtsschloß Lauenau, Burgtor
(mit Wappenstein von 1664)

Sophie Dorotheas unheimlicher Bote
- das Gottesgericht auf dem Helweg -

Nach dem Tode der unglücklichen Prinzessin Sophie Dorothea war etwa ein halbes Jahr vergangen, da brach Georg I. von Großbritannien zu einer Reise nach Hannover auf. Düstere Ahnungen quälten ihn, als er beim Abschied von dem Prinzen von Wales und der Prinzessin Caroline tiefbewegt andeutete, daß diese Reise wohl seine letzte sein könnte. Von Greenwich segelte das Geschwader in die Mündung der Maas und ankerte dort. In Dahlen, in der Nähe der deutschen Grenze, war große Rast und Pferdewechsel. Früh am Morgen des 20. Januar 1726 ging es weiter nach Osnabrück, dem Geburtsort des Königs (Schloß Iburg).

In einem Dorf kurz vor Lingen kam in gestrecktem Galopp ein Reiter auf die Kutsche des Königs zu. Der Kurier auf schwarzem Rappen mit schwarzem Reitermantel bestand darauf, seinen mehrfach versiegelten Brief dem König selbst zu überreichen. Als das geschehen war, salutierte er und sprengte davon.

Im ersten Morgenlicht brach Georg I. die Siegel und begann zu lesen. Entsetzen! Alles Blut wich aus seinem Gesicht. Der Brief war das letzte Schreiben der verstorbenen Sophie Dorothea: die Abrechnung. Ihr ganzes Leben hatte er mit seiner zügellosen Lust und seiner unmenschlichen Rache zerstört. Jetzt klagte sie ihn an und forderte ihn vor einen höheren Richterstuhl: ein Jahr und einen Tag nach ihrem Tode.

Georg ließ die Hand sinken. Er zitterte. Wilde Gedanken durchzuckten sein Hirn. Als er seinen Diener heranwinken wollte, versagte ihm der Arm. Als er ihn rufen wollte, gelang ihm nur noch ein Stammeln. Ein Schlaganfall hatte ihn getroffen. Sein Diener Fabricius meinte zu verstehen: „Es ist zu Ende mit mir! Nach Osnabrück! Schnell! Schnell!"

Der Medicus in Lingen ließ ihn zur Ader. „Ihr braucht Ruhe, Majestät, Ihr könnt jetzt nicht weiter!" Man hörte nicht auf ihn. Auf dem großen Helweg (vor dem Santforte) ging es vorwärts. Als man abends gegen zehn Uhr in Osnabrück eintraf, war Georg I. tot.

Den Toten überführte man nach Hannover. Das Mausoleum im Berggarten in Herrenhausen ist seine letzte Ruhestätte.

(Lit.: Morand, Redman, von Oppeln, Schnath)

Das Ende
des Geschlechts
derer
von Goltern

Die Familie von Goltern

gehörte ehedem zum alten Calenbergischen Uradel. Sie hatte ihren Stammsitz in Goltern (*Nordgoltern*) und besaß außerdem reiche Güter ringsum im Lande, so u. a. auch das Gut in Ecker (Eckerde) und drei Hofstellen in Stemmen. Johannes Oeters, (Pastor in Goltern und Stemmen von 1930 bis 1945) hat die geschichtliche Überlieferung vom Untergang dieser Familie dichterisch verarbeitet und 1940 im Hannoverschen Volkskalender veröffentlicht. Wir übernehmen sie nach den Archiv-Unterlagen von Alma Seidel (†).

Alheits Einzug auf Ecker

Es war ein heißer Julimorgen. Eine schwere Wolkenwand lugte im Südwesten über dem Deisterkamm hervor, und die Sonne brannte vom Himmel hernieder. Die Roggenfelder standen goldgelb da, reif zur Ernte. Überall in den Dörfern klangen die Sensen durch die schwüle Stille. Schnitter und Binderinnen waren bei der Ernte. Um Ecker *(Eckerde)* aber blieben die Felder menschenleer. In Ecker war heute ein besonderer Tag. Alheit Grotian, die sich Wolfgang von Goltern zur erwählt hatte, hielt heute als neue Herrin Einzug auf Ecker und alles war neugierig, sie zu sehen, denn sie stammte von weit her.

Noch hatten alle Hände mit den letzten Vorbereitungen für das Fest zu tun. Die Knechte hatten Tannengrün aus dem nahen Deister geholt. Damit bestreuten sie hie und da den langen Weg von der Golterner Kirche, wo die feierliche Eheschließung stattfand, bis hin zum Gutsweg in Ecker, den man gänzlich mit duftenden Zweigen belegte. Zu beiden Seiten waren Birkenbäume aufgestellt, die man von weit her aus der Heide geholt hatte. So schuf man eine Triumphstraße für die neue Herrin - und der Augenblick ihres Einzuges in Ecker kam näher.

Das Geläute der Golterner Kirchenglocken verkündete das Ende der feierlichen Handlung. Nun dauerte es nicht mehr lange, bis unter Trommeln und Schalmeienklängen der Festzug ankam. Am Eingang des Gutsweges wartete die Jugend des Dorfes in weißen Kleidern auf das Brautpaar, um es feierlich zu empfangen. Dann geleiteten die jungen Leute den Festzug, in dessen Mitte die Jungvermählten schritten, blumenstreuend den Weg entlang bis zum Gutshaus. Es war prächtig anzusehen.

Wolfgang von Goltern war ein stattlicher Ritter, der seinem Geschlecht, das im Mittelalter über Jahrhunderte manch hochachtbaren und edlen Sproß hervorgebracht hatte, wohl Ehre machen konnte. Seine junge Frau aber, Alheit, war von einmaliger Schönheit: eine hohe Gestalt, breit und voll üppiger Fülle. Durch den Schleier schimmerte das tiefschwarze Haar, aus den von schwarzen Brauen umzogenen Augen blitzte ein gewaltiges Feuer - fast unheimlich für den, den es traf. Als das Brautpaar zur Schloßtür hineintrat, dröhnte von fern her ein Donner aus der Wolkenwand im Südwesten. Man hörte es nicht, denn gerade setzte Jubelgesang ein, mit dem die Männer des Gutes ihre neue Herrin begrüßten.

Das Fest war auf einer grünen Wiese vorbereitet, die sich dort ausbreitete, wo heute der weite Park im Süden des Schlosses liegt. Unter dem Schatten der breiten Äste einer alten Linde standen Tische und Bänke, die mit weichen Kissen und farbigen Polstern belegt waren. Die Tische hatte man mit feinem Linnen bedeckt und reich geschmückt. Hier setzten sich die Ritter und ihre edlen, herrlich anzusehenden Frauen nieder. Die Frauen trugen schwere seidene Gewänder in kräftigen Farben, Hals und Schultern mit zarter, durchsichtiger Seide bedeckt. Doch die dunkle, berauschende Schönheit Alheit stellte alle in den Schatten. Duftende Speisen wurden aufgetragen, Wein, den man eigens aus Frankreich hatte kommen lassen, wurde gereicht. Man aß und trank und lachte und keiner merkte, wie der Donner immer stärker rollte und die Blitze immer greller zuckten. Mit Wettkämpfen und Spielen sorgten die jungen Rittersleute für Kurzweil und Unterhaltung der Festgesellschaft. Und wieder rollte der Donner, noch lauter als bisher, und wieder zuckten die Blitze. Und wieder beachtete es niemand. Das Rasseln der Ritterpanzer und das Krachen der Schilde übertönte alles. Zum fröhlichen Tanz am Abend waren auf der Wiese Bretter ausgelegt. Spärliches Licht von Fackeln beleuchtete gespenstisch den Tanzplatz. Da erhob sich ein mächtiger Wind, zauste an Lichtern und Röcken und wirbelte alles durcheinander. Doch toller und toller drehte sich alles in ausgelassenem Tanze, voran die Herrin des Festes. Da - plötzlich - ein blendender Strahl, ein furchtbares Krachen! Ein Blitz geht nieder auf der Festwiese und auf dem Fuße folgt prasselnder Regen mit Graupel und Hagel. Im Nu verlöschten alle Lichter. Die Gesellschaft zerstob in alle Winde. So endete der Festtag, auf den sich Ecker seit Jahren gefreut hatte.

Als sich das Unwetter nach geraumer Zeit verzogen hatte, lag in Ecker die alte Schäfersfrau in ihrem Bett und konnte keinen Schlaf finden. Allerlei Gedanken gingen ihr durch den Kopf. Da drehte sie sich noch einmal zu ihrem Ehemann hin und meinte: „Vater, wenn das nur keine böse Prophezeihung bedeutet“. „Ach, Du alte Närrin!“, antwortete knurrend der Schäfer, drehte sich um und schlief weiter. Die Schäfersfrau aber, die am Hochzeitstisch bedient hatte und die neue Gutsherrin dabei beobachten konnte, lag noch lange wach. Das unheimliche Leuchten stand ihr vor dem Gesicht, das von den dunklen Augen Alheits ausging, und beunruhigte sie sehr.

Wie das Gut zu Ecker arg verschuldete

Die Ahnung der alten Schäfersfrau sollte sich bald als allzu wahr erweisen. Mit Alheit Grotian zog der Teufel in die Wasserburg zu Ecker ein. Ein Fest jagte das andere, die Nacht ward zum Tage, der Tag zur Nacht. Nirgends in der Runde gab es solch leckeres Mahl, solch prickelnden Wein, solch hemmungslose Ausgelassenheit, wie bei Alheit Grotian. Sie führte das Regiment im Hause, und allerlei Volk aus der weiten Umgebung gab sich ein Stelldichein im Schloß zu Ecker. Wolfgang von Goltern verlor mit der Zeit mehr und mehr das Interesse an seiner Wirtschaft. Knechte und Mägde schalteten in Stall und Feld nach eigenem Belieben, und so dauerte es nicht lange, da munkelte man, die Güter seien arg verschuldet.

Dieser Gang der Dinge bereitete auch Frau Immika, der alten Mutter Wolfgangs, größten Kummer. Sie wohnte nicht auf Ecker, sondern auf dem Gute ihres zweiten Sohnes Henning und dessen Frau Armgard in Goltern.

Eines Abends, Armgart hatte gerade ihren einzigen Sohn, den Liebling der Familie, zu Bett gebracht und lehnte zum Fenster hinaus, um sich an dem lieblichen Abendbilde zu erquicken, da trat Mutter Immika herein. Sie war am Nachmittag in Ecker gewesen und kam, wie schon so oft in letzter Zeit, der Schwiegertochter wieder einmal ihr kummervolles Herz auszuschütten, denn was sie dort hatte hören müssen, übertraf all ihre Befürchtungen.

Schon vor dem Tor war sie der alten Schäfersfrau begegnet. Die hatte offensichtlich schon auf Immika gewartet und machte ihr nun allerlei Andeutungen über die Zuständen auf dem Gute. Was sie nicht glauben wollte, fand sie dann aber im Schlosse mehr als bestätigt. Wolfgang bekannte ihr unter vier Augen, daß er am Ende sei und die Güter nicht mehr halten könne, wenn nicht Hilfe von außen käme. Diese Hilfe erhoffte er sich von seinem Bruder Henning. Und obwohl Mutter Immika sich zunächst weigerte, versprach sie es Wolfgang schließlich in die Hand, daß sie sich bei seinem Bruder für ihn einsetzen würde. Nun wollte sie zuerst mit der Schwiegertochter darüber reden, von Frau zu Frau.

Armgard befürchtete aber, daß dadurch auch das Golterner Gut in Schwierigkeiten geraten könnte und sträubte sich zunächst gegen den Plan. Doch schließlich gelang es der Mutter, sie umzustimmen. Was für ein Schlag wäre es auch für das angesehene Geschlecht derer von Goltern, wenn einer der ihren an den Bettelstab käme. Und um die Ehre der Familie zu retten, half Henning seinem Bruder aus der Not, und Ecker schien gerettet.

Auch Henning verfällt dem Wohlleben

Da aber nahmen die Verhältnisse einen erschütternden Verlauf. Auch Henning geriet mehr und mehr unter den Einfluß der Alheit Grotian. Immer unheimlicher wurde ihr Einfluß auf ihn. Darüber breitete sich Unfriede in der Familie des Henning von Goltern aus. So sehr Mutter Immika und Gattin Armgard auch mahnten und flehten, es half alles nichts. Nur der Anblick seines Sohnes hielt Henning noch eine Weile von der Zügellosigkeit ab, war es doch seine Vaterpflicht, ihm die Golternschen Güter zu erhalten. Doch bald kam der Tag, wo auch diese Hemmungen wichen und bei Henning gleich wie bei seinem Bruder Gleichgültigkeit und Liderlichkeit die Oberhand gewannen.

Wieder waren nur wenige Jahre ins Land gegangen, und schon sah man den Augenblick kommen, wo sich Ecker samt Goltern nicht mehr halten ließen. Wieder kam der Tag, an dem guter Rat teuer war. Da entsannen sich die beiden Brüder ihres Vetters Harbord auf dem Stemmer Berge. Der besaß unter anderen die Güter der Robbecke Rundeshorn, die ihr Vorfahr Harbord 1423 als Mindensches Lehen erhalten hatte. Das schien den Brüdern plötzlich als Unrecht. Henning beschwerte sich beim Bischof zu Minden, daß ihm diese Güter ohne sein Wissen und ihm zum Schaden entfremdet wären. Der Bischof bat Herzog Erich von Calenberg, Henning bei der Wiedererlangung behilflich zu sein. Aber der Herzog beantwortete die Bitte mit einer Anweisung an seinen Vogt Gevert Stecä, daß ein etwa ergangener Befehl, Henning mit den Gütern zu belehnen, ungültig sei. Damit schienen die Güter Ecker und Goltern unrettbar verloren.

Harbord lädt zur Jagd im Stemmer Wald

Nach Wochen des Nebels und der Wintertrübnis lachte ein prächtiger Wintermorgen über dem weiten Vorlande des Deisters. Der Boden war leicht gefroren und strahlend breitete die frühe Morgensonne ihr Licht über die weite Flur. Harbord von Goltern war auf den Altan seines Schlosses zu Stemmen getreten und konnte sich nicht sattsehen an dem Reichtum an Schönheit, mit dem der Schöpfer diesen Januarmorgen begnadet hatte. Plötzlich durchzuckte ihn ein freudiger Entschluß: Tage wie dieser waren wie geschaffen für die winterliche Jagd. Für übermorgen schon setzte er sie an. Eilends ließ er den Jägermeister zu sich rufen und hieß ihn die Rosse und die Meute für den Jagdtag zuzurüsten. Da sah man bald aus dem Schloßhof in Stemmen Boten sprengen zu den vieledlen Rittern und Herren in der weiten Runde gen Munzel und Goltern, gen Leveste, Lemmie und Lenthe, gen Gehrden und Barsinghausen. Alle freuten sich der Einladung, denn die Jagd im Stemmer Wald versprach immer besondere Freuden, erstreckte sich der Wald doch damals noch über den ganzen breiten Buckel des Berges vom Ahlerholz bis zur Göxer Grenze, von Goltern bis Lathwehren.

Welch Roßgetrappe und Gewieher war da am zweiten Morgen in dem stillen Dorf! Neugierig steckten die Bauern die Köpfe zur großen Dielentür hinaus. Und was sie da sahen, war wahrlich eine Pracht! Auf feurigen Rossen sprengten die vieledlen Ritter schmuckvoll gekleidet in grüne Jagdgewänder, dem Schlosse zu. Im Schloßhof heulte die Hundemeute freudig der Jagd entgegen, und die Treiber stärkten sich mit einem frischen Trunk für die Arbeit des Tages.

Es war ein herrlicher Morgen! Diese ersten Stunden versprachen einen wahrlich glückhaften Tag. Kaum hatten die Jäger am Waldessaume die Bracken gelöst, spürten sie schon den Hirsch, und wie die wilde Jagd brauste die Meute dahin. Da überquerte ein Hirsch den Waldweg, den eben Herr Harbord geritten kam. Zielnehmen und schießen war das Werk einer Sekunde. Verendet lag der kapitale Zwanzigender auf dem Waldboden. Am Abend nach der Jagd versammelten sich alle im Schloßhof. Wo aber war der Schloßherr? Man rief nach ihm, man suchte nach ihm. Und siehe, da nahten vier Treiber. Sie trugen, auf Tannenreisig gebettet, einen Toten. Es war Harbord von Goltern.

Man erzählte, Absaloms Schicksal habe ihn ereilt. Als er unter Eichen mit mächtig ausladenden Ästen vorbeijagte, hätte sein langes Haar, vom Winde hochgeweht, sich im Gezweig verfangen und ihn festgehalten. Dabei habe sein Pferd gescheut und sei unter ihm weggelaufen. So habe Harbord den ganzen Tag über im dichten Tann gehangen und erst am Abend hatten ihn die Treiber tot gefunden.

Ein teuflischer Plan

Der gute Mond aber wußte es anders: Er hatte in der vergangenen Nacht heimlich ins Zimmer der Wasserburg von Ecker geschaut und alles vernommen, was dort verhandelt wurde. Henning und Wolfgang saßen im unbeleuchteten Gemache um den Tisch und klagten einander ihre Not, die ihnen bis an den Hals reichte. Wie sollten sie ihre Güter halten? Heftiger und lauter waren die Worte im Eifer der Rede geworden und darüber erwachte Alheit, die im Nebengemach in ihrem Bett lag. Sie erhob sich und gesellte sich zu den beiden Brüdern. Als sie vernommen hatte, worum es sich handelte, verzog sich ihr Gesicht zu einem gräßlichen Lächeln. „Ihr Toren! Morgen ist Euch schönste Gelegenheit gegeben, Eure Güter zu verbessern. Erschlagt ihn doch einfach auf der Jagd, Euren kinderlosen Vetter. Dann fällt Euch sein Gut von selbst zu!

Zunächst zeigten Wolfgang und Henning großes Entsetzen über diesen teuflischen Vorschlag. Doch wieder gewann das böse Weib Macht über sie, so daß sie schließlich einwilligten und den verbrecherischen Handel mit einem Händedruck abschlossen. Hell hat der Mond ins Zimmer geschienen und alles mit angesehen. Er war auch dabei, als die böse Tat im Stemmer Wald geschah: Zwei Männer hatte er gesehen, Wolfgang und Henning von Goltern und er hatte beobachtet, wie die beiden den gemächlich vorbeitrabenden Harbord anfielen, vom Pferd rissen, totschlugen und an einem Eichbaum aufhängten. Dann stahlen sie sich davon. Der gute Mond konnte nichts machen. Aber so oft in künftigen Zeiten einer aus Stemmen nächtlicherweile durch den Wald ging und an der Stelle vorüberkam, schob sich eine dunkle Wolke vor sein Gesicht. Dann fingen auch die Blätter der alten Eiche an zu rascheln und raunten dem Vorübergehenden zu von dem, was am Tage der Jagd unter seiner Krone geschah.

In den umliegenden Dörfern erzählten die Leute mit verdächtigem Augenblinzeln, Henning und Wolfgang von Goltern hätten sich gesund gemacht. Und das hatten sie auch, denn als rechtmäßige Erben ihres Vetters Harbord fielen ihnen dessen Güter zu, die sie untereinander aufteilten. Doch mit der ruchlosen Tat war auch der letzte sittliche Halt dahingeschwunden, und in voller Hemmungslosigkeit ergaben sie sich jetzt erst ganz einem Leben des Lasters und der Liderlichkeit. Was Wunder, wenn nach gar nicht langer Zeit die Not von Neuem an die Tür klopfte. Da verfielen sie auf einen Ausweg, der zum endgültigen Untergang des durch lange Zeiten so achtbaren Golternschen Geschlechts führen und seinen Namen völlig tilgen sollte.

Die Bauern sollen bezahlen!

Wolfgang und Henning beschlossen, sich an ihren Bauern schadlos zu halten und suchten aus ihnen noch mehr Abgaben herauszupressen. Sie legten ihnen einen zweiten Zehnten auf, verdoppelten die Hand- und Spanndienste und nahmen ihnen noch dazu einen Teil ihrer Wiesen und Äcker weg. Zähneknirschend fügten sich die Bauern zunächst, denn seit dem Bauernkrieg saß ihnen die Angst im Nacken, und sie wagten nicht,sich zu widersetzen. Doch bald mußten sie am Niedergang ihrer eigenen Wirtschaft, um die sie sich kaum noch kümmern konnten, erkennen, daß ihnen Unmögliches abverlangt wurde. Da faßten sie sich ein Herz. Der

Mutigste unter ihnen ward bei den Herren von Goltern vorstellig und bat flehend um Milderung der Lasten. Doch die edlen Herren jagten ihn hohnlachend zum Schloß hinaus und hetzten ihm noch dazu die Hunde nach. Und die Lasten wurden noch drückender. Da nahte auf den Schwingen der Winde eine furchtbare Nacht. Den ganzen Tag über war das Unwetter schon über Goltern gekreist und finstere Wolken türmten sich am Himmel. Da ward der Wind zum Sturm, der Sturm zum Orkan, und an die Fenster des Golterner Schlosses platschte der Regen, daß die Scheiben klirrten.

In Barsinghausen fand an diesem Abend ein Fest statt. Henning von Goltern blieb ihm wegen des Unwetters fern. Schweigend saß er neben seiner Frau Armgard im Saal des Schlosses. Das Gespräch zwischen ihnen war schon seit langem erstorben. Seit Mutter Immika nicht mehr lebte, mußte Armgard ihren Kummer allein tragen, und während draußen die Elemente tobten, quälte sie ein bitterer Schmerz. Ihre Gedanken richteten sich auf den inzwischen zum Jüngling herangereiften einzigen Sohn. Wo mochte er stecken? Vor Wochen schon war er fortgezogen, und kein Zeichen war von ihm seitdem zuhause angelangt! In dieser Stunde wurde für die Mutter das Gedenken an ihn zur quälenden Pein. Plötzlich ein Pochen am Tor! Die Wachhunde schlugen an. Henning, von Gewissensbissen gequält, sprang auf. Das konnte nichts Gutes bedeuten! Und da drang auch schon ein Burgmann ins Zimmer und rief mit fast erstickter Stimme: „Flieht, Herr, flieht! Die Bauern sind da! Keine Gnade dem Schinder! schreien sie. Flieht, flieht!"

Mit dem Kahn, der immer im Burggraben lag, gelang es Henning von Goltern noch im letzten Augenblick zu entkommen. Unter dem Toben des Sturmes eilte er durch die stockfinstere Nacht nach Barsinghausen, wo er seinen Bruder Wolfgang wußte, der trotz des Unwetters nicht auf das Fest hatte verzichten mögen. Henning wollte ihm von dem Geschehen in Goltern berichten, doch er kam zu spät. Auch in Barsinghausen hatten die Bauern schon ganze Arbeit geleistet und Wolfgang aus dem oberen Stockwerk zum Fenster hinausgeworfen. Im Schein eines aufleuchtenden Blitzes fand Henning den Leichnam seines Bruders. Da packte ihn höllische Angst. Er floh ins Dickicht, das zwischen Goltern und Barsinghausen die Flur bedeckte, weil er sich dort am ehesten sicher glaubte. Doch als er sich an Fillinghausen vorüberschlich, geriet er Bauern, die von Goltern zurückkamen, geradewegs in die Arme. Die stürzten sich mit wilder Wut auf ihren verhaßten Herrn und stachen auf ihn ein, daß er leblos niedersank.

Im Schloß von Goltern lag Armgard auf ihren Polstern. Die Bauern hatten wüst gehaust, Fenster und Türen eingetreten, das Mobiliar zerschlagen und die Gerätschaften durcheinandergeworfen. Den Sohn hatten sie schon zuvor im Kruge zu Quernheim hingemordet. Das Haupt des jungen Henning auf dem Spieß tragend, waren sie vor die Mutter hingetreten. Bei seinem Anblick brach Armgard vor Entsetzen tot zusammen.

Bald ließ das Unwetter nach. Über dem Park ging ein greller Blitzstrahl nieder. Er fuhr in die große Eiche, die der Golternsche Ahnherr einst gepflanzt hatte, und fällte sie. Als am andern Morgen in der Burg zu Ecker das böse Weib von dem Zusammenbruch des Golternschen Geschlechts hörte, geriet sie in ein teuflisches Lachen, von dessen Schall die ganze Burg widerhallte. Dann verfiel sie dem Wahnsinn.

(nach Johann Oeters)

Literatur:

Backhaus, Otto: Heimatfreude Wanderlust! Barsinghausen, am Johannistag 1927.

Bock, Ernst: Heimatbuch des alten Landkreises Linden, Gersbach Verlag Hannover 1915, Reprint Gehrden 1986.

Brandes, Waldemar u. a. (Hrsg.): Lenthe, Ortschronik, 1987.

Brettner, Paul / **Judas,** Friedrich: Apelern, Chronik. Rodenberg 199

Busch, Wilhelm: Ut ôler Welt, Lothar Joachim Verlag, München 1910, Neuauflage: Regensberg, Münster, 1981.

Busdorf, Otto (Kriminalkommissar): Wilddieberei und Förstermorde, Kameradschafts-Verlags-GmbH, Berlin, 1927.

Chronik der Kirchengemeinde Luttringhausen-Bantorf (von 1957): Die Luttersage (S. 6 - 11 in plattdeutsch nach Fromme, S. 12 - 18 in hochdeutsch übertragen von G. Reinecke, Pastor in Hohenbostel).

Colshorn, Karl und Theodor: Märchen und Sagen aus Hannover, Hannover, 1854.

Diebitsch, Victor von: Die Königlich-Hannoversche Armee auf ihrem letzten Waffengange, Bremen 1897.

Deister-Leine-Zeitung, Barsinghausen. „Un da speuket et huite noch" 16./17. Januar 1965; Holzkohle für den königlichen Hof" 26./27. Juni 1965; 'Fritz von Kalenbarge': „Wär dot is lat dat Keeken hier" 18. April 1992.

Die Grover Kirche im Wandel der Zeit, Rodenberg.

Dinghaus, Angela (Hrsg.): Frauenwelten, Georg Olms Verlag Hildesheim, 1993.

Espe, Hans: Heimatbilder aus dem Schaumburger Land und seiner Umgebung, Langensalza 1930, Beltz Verlag, Berlin - Leipzig o. J.

Feder, L., Lehrer in Bantorf von 1920 bis 1924: nach einem Zeitungsartikel in der Provinzial-Deister-Leine-Zeitung (Feder veröffentlichte während seiner Amtszeit in Bantorf heimatkundliche Artikel in der örtlichen Zeitung).

Fromme, Rudolf Karl Theodor (Pastor in Hohenbostel von 1962 - 1888) in: Kirchliches Volksblatt aus Niedersachsen, 1877, S. 47 - 50. Auch in: Chronik der Kirchengemeinde Luttringhausen-Bantorf, 1957 (S. 6 - 11 in Plattdeutsch, S. 12 - 18 ins Hochdeutsche übertragen von dem damaligen Hohenbosteler Pastor G. Reinecke)

Garbe, Wilhelm, u. a.: LAUENAU - Der Zweite Weltkrieg und die Zeit danach. Hrsg: VHS Landkreis Schaumburg, Lauenau 1995. Selbstverlag.

Gersbach, Friedrich: Das Lönsbuch, Pyrmont 1916.

Gewecke, Gustav, in: Deister-Leine-Zeitung, 16. und 17 Januar 1965, 26. und 27. Juni 1965.

Gewecke, Gustav, in: Hannoversche Presse Nr. 264 vom 11. November 1966.

Grosshans, Ursula: Rund um den Deister - Ein histor. Freizeitführer durch das Deisterland. Harenberg-Verlag 1983.

Häßler, Hans Jürgen (Hrg.): Ur- und Frühgeschichte in Niedersachsen. Theiss Verlag, Stuttgart 1991.

Hannoversche Allgemeine Zeitung, Landkreis Hannover, v. 13.11.95.

Hannoversche Presse: Gewecke, Gustav: Durch Tribunalserkenntnis bestätigt. Nr. 264 vom 11.11.1966.

Heimatland, Zeitschrift des Heimatbundes Niedersachsen e. V., Hannover, Jahrgang 1951, Heft 7/9, Seite 228 ff, Jahrgang 1966, Heft 2, S. 76 ff, Jahrgang.

Heimatsagen aus der Grafschaft Schaumburg, ausgewählt u. bearbeitet von einem Arbeitsausschuss des Kreislehrervereins. Erschienen bei Bösendahl, Rinteln, für den Schulgebrauch genehmigt unter der Nr. III/677/51 durch das Nds. Kultusministerium am 15. Febr. 1951.

Homeyer, Friedel / **Vespermann,** Klaus: Sigmund Weiss, das Schicksal einer Familie. Hrsg. Landeshauptstadt Hannover, Bildungszentrum „Weiße Rose" und DIG-Arbeitsgemeinschaft Hannover, Selbstverlag, Hannover 1988.

Kageler, August: Land zwischen Deister und Leine, Hildesheim 1929.

Kastl, Gottfried, in: Der Söltjer, Bad Münder.
Kirchliches Volksblatt aus Niedersachsen, 1877, S. 47 - 50: Rudolf Karl Theodor Fromme: Die Luttersage.
Läpple, Alfred: Das Hausbuch der Heiligen und Namenspatrone. Delphin-Verlag, München 1984;
Lauenstein, G.: Löns Blätter, Jahrg. 35,2/96.
Lathwesen, H.: Das Lagerbuch des Amtes Blumenau von 1600, Hildesheim 1978.
Lüpke, Willy: 1945 - Kriegsende miterlebt, aus dem Tagebuch eines 16jährigen in Barsinghausen. Hrsg. Verein für Orts- und Familienkunde Barsinghausen e. V., Selbstverlag, Barsinghausen 1995.
Matthei, Friedrich (Friedel): Heimatklänge. Barsinghausen (o. J.), Deister-Leine-Zeitung, verschiedene Jahrgänge.
Meier, Heinz-Chr.:Chronik der ev.-luth. Kirchengemeinde Großgoltern-Nordgoltern-Eckerde, 1980.
Meissel, Friedrich: Beiträge zur Beschreibung, Geschichte und Sagenkunde des Kreises Springe, herausgegeben im Auftrag des Lehrervereins Münder, 1. Auflage Springe, 1907, 2. Auflage 1935.
Meyer, Heinz: DAMALS - Der Zweite Weltkrieg zwischen Teutoburger Wald, Weser und Leine, Verlag Schütz, Preußisch Oldendorf, 3. Aufl. 1983 (1. Aufl. 1980).
Michaelis, Herbert, u. a.: Der Zweite Weltkrieg. Verlag Reinhard Mohn, Gütersloh 1968
Mithoff, Adolf: Rodenberger Chronik, 2 Bde. Druck- und Verlag Friedrich Oppermann, Rodenberg - Nenndorf 1912,
Mittelhäuser, Käthe: Der Landkreis Hannover. Hannover 1963.
Morand, Paul: Sophie Dorothée de Celle, Flammarion 1968. Deutsch: Sophie Dorothee von Celle, Christian Wegner Verlag, Hamburg 1970.
Müller, Werner / Baumann, Günther: Kreuzsteine und Steinkreuze in Niedersachsen, Bremen und Hamburg. Nieders. Landesverwaltungsamt Hannover, 1988.
Neue Deister-Zeitung, Springe, verschiedene Ausgaben.
Oeters, Johann: In: Alt-Hannoverscher Volkskalender von 1940. Plenge & Sohn, Sulingen.
Oppeln, Frieda von: Königsmarck, Dresden 1924.
Orsäus, Johannes, (Magister Johannes Orsäus), Pfarrer, Dichter und Schriftsteller: „Das Schaumburger Historienbuch". Orsäus, Pfarrer in Rodenberg von 1608 bis an sein Lebensende, starb am 29.11. 1626 an der Pest.
Parisius, Karl: Das vormalige Amt Lauenau. Geibel-Verlag, Hannover 1911.
Pischke, Gudrun: Geschichtlicher Handatlas von Niedersachsen. Hrsg. vom Institut für historische Landesforschung, Göttingen. Neumünster 1989, Blatt 60.
Poppe, Robert: Ida Schulze. In: „Deisterland", Beilage der Neuen Deister-Zeitung vom 21.3.53.
Provinzial-Deister-Leine-Zeitung, Barsinghausen 1926, 27. April bis 1. Mai: Eine geschichtliche Erzählung aus dem Dreißigjährigen Krieg (1. Die Toten von Goltern , 2. Hinnerk, der Klosterhirte, 3. Heinrich Schein).
Redman, Alwin: The House of Hanover, London 1960. Deutsch: Auf Englands Thron, München 1961.
Rein, Helmut, in: Wappengeschmückte Grenzsteine im Kreis Hameln-Pyrmont, Hrsg. Lkrs Hameln-Pyrmont, Hameln, März 1985.
Rein, Helmut: Die Wolfsangel - ein welfisches Grenz- und Forstzeichen. Deister-Weser-Zeitung vom 25. 7. 1995
Saft, Ulrich: Das bittere Ende der Luftwaffe, Langenhagen I, 1992, Verlag Saft.
Saft, Ulrich: Krieg in der Heimat - Das bittere Ende zwichen Weser und Elbe, Langenhagen I, Selbstverlag, 1. Aufl. 1988 (3. Aufl 1990).
Schaumann, August Ludolf Friedrich: Kreuz und Quer Züge, 2 Bde., Leipzig, 1922.
Schasse, Heinrich, in: Heimatland, Jahrg. 1951, Heft 7/9, S. 228 ff.

Scheuermann, Ulrich: Flurnamenforschung - Bausteine zur Heimat- und Regionalgeschichte. Ernst Knoth Verlag, Melle, 1995
Schieder, Wolfgang: Hexenverfolgungen als Gegenstand der Sozialgeschichte, in: Geschichte und Gesellschaft, Zeitschrift für Historische Sozialwissenschaft, Jg. 16/1990, H. 1, S. 5ff.
Schiefer, Wolfgang: Haniél und Esegir. In „Der Söltjer", 1985.
Schnath, Georg: Der Fall Königsmarck, Hannoversche Geschichtsblätter Jahrg. 1953.
Seidel, Alma: Ein Lesebuch für Jung und Alt, Selbstverlag, Stemmen (heute Ortsteil von Barsinghausen).
Seidel, Alma: Archiv, unveröffentlichte Manuskripte.
Stedler, Wilhelm: Beiträge zur Geschichte des Fürstentums Kalenberg, Barsinghausen 1886, Reprint 1987 bei Philipp Aug. Weinaug, Verlag und Druckerei GmbH, Barsinghausen 1987.
Stein, Werner: Steins Kulturfahrplan. Herbig Verlagsbuchhandlung, 1946.
Wagenführer, Otto: Kleine Heimatkunde des Kreises Grafschaft Schaumburg, Verlag Albert Wehling, Rinteln, 3. Auflage 1921.
Weber, Heinz: Alvesrode, Die Geschichte eines Ortsteils der Stadt Springe, Dokumentation, Selbstverlag, 1980.
Weber, Heinz: Flurnamensammlung Barsinghausen-Südwest und Hohenbostel, Hrsg. Landkreis Hannover, 1991.
Weichelt, Hermann: Geschichten und Geschichte aus Niedersachsen. In: Zeitschrift des Historischen Vereins f. Nds.
Whiting, Charles: Die Schlacht um den Ruhrkessel, New York 1970, deutsch 1983, Verlag Möwig, Rastatt 1983.
Wiegmann, W.: Heimatkunde des Fürstentums Schaumburg-Lippe. Stadthagen 1912.
Wilan, G.: Sidonia und die Hexen - eine Kalenbergische Giftmordgeschichte. In: Hannoverscher Anzeiger 23.1.37, Wochenbeilage.
Wilhelm, H.-E./ **Meier,** F.: Zur Geschichte der Dörfer Lenthe und Northen, Festschrift,. Hrsg. Evangelisch lutherische Kirchengemeinde Lenthe-Northen. Selbstverlag, Lenthe Norden 1994.
Wüllner, Friedrich: Der Deister - Ein Erlebnis. Verlag Philipp Aug. Weinaug, Barsinghausen, 1980.
Ziegler, Hermann, in: „Kleeblatt", Zeitschrift für Heraldik und verwandte Wissenschaften, Hannover, 3/96.

Bildnachweis für Band 1